페이스북 인스타그램
통합 마케팅

쇼핑몰 · 스마트스토어 매출 10배 올리기

페이스북 인스타그램
통합 마케팅

임헌수 최규문 지음

이코노믹북스

페이스북을 넘어
인스타와 유튜브로 가는 사람들

왜 산에 오르는가라는 질문에 한 산악인은 미소만 띤 채 답했다. 거기 산이 있기 때문이라고.

왜 페이스북을 하고 왜 인스타그램을 하는가 묻는다면, 우리는 답한다. 거기 사람이 있기 때문이라고!

작년 추석을 지날 무렵이었다. 국내에서 사용자 층이 넓어지기 시작한 인스타그램을 비즈니스 도구로 활용하려는 움직임이 커지고, 네이버가 비즈니스 플랫폼 구축 작업을 마무리하면서 스토어팜을 키우는 데 힘을 집중하던 때. 페이스북은 맞춤 타겟 광고가 힘을 발휘하기 시작하면서 전환 광고의 가능성을 홍보하기에 바쁘던 참이었다.

이 책의 공동 필자인 임헌수 님으로부터 제안 전화 한 통이 걸려 왔다. 내용은 단순 명쾌했다. 소셜미디어 마케팅은 어느 한 채널에만 집중해서 승부를 볼 수 있는 게 아니라 핵심 채널을 통합적으로 구축하고 서로 연동하여 시너지를 창출하는 전략을 펴야만 경쟁에서 이길 수 있으니 페이스북과 인스타그램, 네이버(스마트스토어)를 하나로 통합하여 성과를 낼 수 있는 SNS 마케팅 전략과 기술을 전달하는 교육 과정을 함께 만들어보자는 것이었다. 망설임 없이 "OK!" 회신을 보냈고, 곧이어 두 사람의 합작으로 만들어진 교육 프로그램이 바로 「페이스북&인스타그램 통합 마케팅 마스터」 과정이다. 이 책은 그렇게 시작된 두 사람의 강의 자료를 모아 책으로 엮어낸 것이라 보면 된다. 둘이 쉽게 합의에 이를 수 있었던 것은 마케팅에 대한 관점과 철학이 꽤 비슷했기 때문이다. 마케팅 교육은 이론이 아닌 실전에서 써먹을 수 있어야 하고, 어뷰징 기술이나 품앗이와 같은 일시적 방편보다는 정도와 원리에 기초한 콘텐츠로 승부하도록 해야만 오래 갈 수 있다는 믿음이 일치했던 것이다.

우리는 시종일관 페이스북의 가능성을 보고 적극 활용할 것을 권장해왔다. 하지만 동시에 페이스북은 결코 만병통치약이 아니란 이야기를 기회 있을 때마다 되풀이 강조했다. 페이스북 광고 기법을 배우러 오는 분들께 "페이스북 광고에 빠지게 되면 영영 페이스북의 굴레에서 벗어날 수 없게 된다"고 경고하고, 자신만의 마케팅 채널과 커뮤니티를 구축하는 노력을 한시도 게을리 하지 말라고 거듭 당부해 왔다.

아니나 다를까, 페이스북은 개인정보 유출 문제로 홍역을 치르기 시작했다. 광고성 콘텐츠의 증가로 인해 사용자들의 이탈도 눈에 띄게 늘었다. 한 통계에 따르면 안드로이드 폰에서 국내 페이스북 사용자들의 체류시간은 작년 대비 1년 사이에 30% 이상 줄었다. 유튜브 사용시간과 비교한 격차는 작년에 3배 정도였던 게 지금은 8배 이상으로 벌어졌다.

페이스북이 그렇게 애를 썼건만 격차가 오히려 커지고 있는 셈이다.

대안이 뭘까 궁금해하던 차에 페이스북이 인스타그램을 집중적으로 키우기 시작했다. 없었던 포스트 공유하기 기능과 본문 링크 기능 도입을 테스트 중이란 소식이 들려왔다. 거기에 이어 '세로형 동영상 전문 채널'을 표방하며 IGTV라는 인스타그램 전용 TV 앱까지 출시했다. 페이스북 페이지 「샵」에 올린 제품에 링크를 걸어서 인스타그램 이미지 게시물로 노출하는 「쇼핑 태그」 기능이 우리나라에도 도입되었다.

그러나 문제가 있다. 인스타그램은 팔로워를 갖고 있지 않는 한 노출 범위가 제한된다. 팔로워가 적은 업체들 입장에서는 이미 많은 팔로워를 거느린 인플루언서에 의존하거나 광고를 통한 노출을 요구할 수밖에 없다. 외부 쇼핑몰과 연결된 제품(쇼핑) 태그 기능이 유료 광고와 접맥되는 것은 시간문제일 뿐이다. 네이버가 그랬고 페이스북이 그랬듯이, 인스타라고 예외일 수 없다. 사람들이 모이고 교류하는 모든 플랫폼은 성장하면 비즈니스 용도로 바뀌게 마련이고, 그러면 유료 광고 수요가 자연스럽게 생겨난다. 돈을 벌 수 있는 유혹을 뿌리칠 수 있는 비즈니스 플랫폼은 없다. 서서히 그러다 급격히 광고 콘텐츠가 늘어나게 되고 이용자의 편의성은 떨어지기 시작한다. 사용자 이탈이 시작되면 그 플랫폼의 가치는 성숙기를 넘어선다. 이것이 거의 모든 광고 매체의 숙명이다.

네이버 키워드 검색 광고로 대박을 냈던 선구 업체들이 있다. 그리고 페이스북 타겟 광고로 톡톡히 효과를 봤던 선도 업체들도 있다. 분명 인스타그램으로 효과를 보는 이들이 생길 게 분명하다. 대도서관 같은 셀럽급 초기 유튜버들의 성공사례가 보여주듯이, 셀럽급 인스타그래머들 또한 새로운 전성기를 맞게 될 것이다. 하지만 그건 어디까지나 소수의 이야기이고 그들의 이야기다. 하루하루 매출에 목을 매고 새로운 고객을 찾아야 하는 쇼핑몰 운영자나 판매자 입장에서 그것은 내 이야기가 아니라 내게 광고비를 요구하며 내 지갑을 열라고 압박하는 이들의 성공사례일 뿐이다.

오늘도 업계에서는 수많은 디지털 마케팅 솔루션들이 경쟁하며 난무한다. 이메일 자동화 솔루션부터, 키워드 검색자를 찾아서 리스트를 만들어주는 ID 추출기, 드루킹 사례와 같이 매크로를 이용하여 특정한 글의 조회수를 높이거나 댓글을 자동으로 생성해서 네이버 상위 노출을 도와주겠다는 프로그램들은 이제 고전에 속한다.

지금은 인공지능과 머신러닝 기법이 광고 분야의 기술 발전과 진화를 선도한다. 위치 추적은 기본이다. 스마트폰의 보급 확대와 더불어 모바일 기반 사용자 행동 정보를 추적하고 일치시키는 식별 기술과 자동화 기술이 고도화되면서 이제는 모든 광고들이 '1:1 맞춤 타겟'을 기반으로 동작하도록 빠르게 진화하고 있다.

구글 애드워즈는 광고 전환 효율이 높을 것 같은 대상의 행동을 자동 분석해 '스마트 잠재고객'을 만들어준다. 페이스북은 캠페인 목표와 최적화 옵션만 설정해주면 머신러닝을 통해 원하는 행동(전환)에 가장 적극 반응하는 사람들을 찾아내어 타겟을 자동 설정하고 노출 성과를 극대화하는 수준으로 발전했다.

그 뿐이 아니다. 우리 쇼핑몰에 방문한 고객이 어떤 상품을 얼마나 관심 있게 보고 갔는지, 장바구니에 넣었는지 말았는지, 물건값을 냈는지 안 냈는지 결제 행동까지 추적하고 저장한다. 한 고객의 평생 고객가치가 얼마인지를 분석하고, 언제쯤 다시 재방문하는지까지 분석해서 고객별 구매 여정과 패턴에 따라 고객 행동 데이터베이스를 만든다. 그리하여 해당 고객이 다음 번 구매를 고민할 즈음에 그 고객이 좋아할 것 같은 상품을 미리 제안하는 콘텐츠를 송출하는 타겟 마케팅 수준으로 진화하고 있다.

이것이 바다 건너 먼 나라 이야기로 들리는가? 혹은 대기업 수준의 이야기로 들려서 우리와는 거리가 먼 '그림의 떡'으로 여겨지는가? 그렇다면 안타깝지만 여러분은 또 한 번 경쟁에서 뒤쳐질 것을 예감해야 한다. 그 결과가 또 한 번의 처절한 실패여도 괜찮다면 그것을 감수하면 된다. 하지만 그런 꼴을 당하고 싶지 않다면 이러한 변화에 미리 대처해야 한다. 지금 이 흐름의 정체가 도대체 무엇인지 알아내고 배우고 익히고 그에 맞춰 준비하고 행동해야 한다.

이 책은 그런 행동 방안을 찾고 과감히 도전해 보려는 이들을 위해 쓰여진 것이다. 온라인 글로벌 세일즈 플랫폼은 이미 완성 단계로 들어섰다. 수많은 이들이 성장하는 글로벌 디지털 마켓의 가능성을 보고 이 전선에 뛰어들고 있다. 작년 한 해 우리나라 전자상거래 거래액은 무려 70조원을 넘어서 100조원 시대를 코앞에 두고 있다. 20년 전 테헤란로의 한 구석 벤처에서 '인터넷 쇼핑몰'을 기획하던 시절 많은 사람들이 반신반의했다. '세상에 누가 인터넷으로 물건을 사겠냐'고! 그때를 돌아보면, 지금은 천지가 개벽하는 수준이다.

2017년 한 해 네이버에 스토어팜을 새로 오픈한 수가 1만 5천 명을 넘는다. 스마트스토어로 이름을 바꾼 네이버 쇼핑몰 개설자 수는 지금까지 10만 명을 넘어섰고, 인터넷 쇼핑몰 창업자의 30% 이상이 20대라고 한다. 취업을 포기한 청년층의 절망을 반증하는 수치일까 아니면 디지털 노마드를 꿈꾸는 청년들의 새로운 도전을 보여주는 지표일까? 어떤 경우이든 이런 현상은 비극이 아니라 희망의 씨앗으로 보인다. 지금은 취업을 할 때가 아니라 창업을 할 때다. 오프라인 창업보다 온라인 창업을! 다만 국내 온라인 시장은 이미 포화 단계에 들어서 무한 경쟁의 전쟁터가 된 지 오래다.

지금은 알리바바에서 물건을 찾아 아마존으로 파는 시대다. 디지털 세일즈맨들이 인터넷 하나로 전 세계를 누비며 지구촌 곳곳의 손님을 잡고 팔아대는 시대다. 바라건대, 이제 온라인 쇼핑몰도 글로벌로 눈을 돌려야 한다. 그리고 글로벌을 상대하려면 글로벌 마케팅 도구를 알아야 한다. 스마트스토어는 오픈 게임일 뿐이다! 기껏 네이버 하나에 내 목을 매고 성공을 구걸하고 싶은가? 그렇지 않다면 지금부터라도 글로벌 마케팅과 세일즈 도구를 공부하라. 그 시작이 구글과 페이스북이고, 지금 그 미래 축이 인스타와 유튜브로 향하고 있다.

지금부터 당신이 이 책을 읽어야 하는 이유이다!

contents

part 1 쇼핑몰 운영자를 위한 페이스북 마케팅

chapter 1
페이스북 세일즈, 무엇을 어떻게 준비할까

chapter 2
페이스북 페이지와 쇼핑몰 연동 운영하기

chapter 3
페이스북 맞춤 타겟과 판매 광고하기

chapter 4

인스타마켓, 무엇을 어떻게 준비할까

chapter 5
인스타쇼핑과 쇼핑태그 활용하기

chapter 6
인스타그램 맞춤 타겟과 세일즈 타겟 광고하기

1
쇼핑몰 운영자를 위한
페이스북 마케팅

페이스북 세일즈,
무엇을 어떻게 준비할까

chapter

1

페이스북,
마침내 추락이 시작되었나

작년 9월 무렵 국내 안드로이드폰 사용자들의 페이스북 사용시간이 유튜브의 3분의 1 수준이었다. 올해 5월 기준 그 격차가 여섯 배 이상으로 벌어졌다. 페이스북 사용시간은 작년 가을 대비 채 1년이 지나지 않아 30% 가량 줄었다. 인스타그램이 감소분을 약간 메꿔주고는 있지만 유튜브 쏠림 현상에 비추어보면 이런 추세는 멈추지 않을 것 같다. 국내 페이스북은 정점을 찍고 정체기에 접어든 느낌이다.

그러나 이건 어디까지나 개인 사용자들의 체류 시간을 비교한 이야기다. 어떤 플랫폼이 비즈니스 관점에서 쓸 만한 도구인지 아닌지는 개인들이 아니라 광고주들의 행동을 살펴봐야 한다. 광고주들이 돈을 더 쓰는가 아니면 빼는가를 보라! 그러면 그 서비스가 비즈니스 플랫폼으로서 가치가 있는지 없는지 알 수 있다. 얼핏 페이스북이 개인들간 커뮤니케이션 소통 수단으로 힘이 약화된 듯 보인다. 하지만 비즈니스 분야에서의 영향력까지 떨어지고 있을까?

광고업계에서 나오는 지표를 하나 살펴보자. 인스타그램과 통합되어 운영되는 페이스북 광고의 국내 모바일 광고시장 수주액은 여전히 성장세다. 메조미디어가 연초 발표한 자료에 따르면 2016년 대비 2017년 유튜브와 페이스북의 동영상 광고 매출액은 전년 대비 5% 성장했다. 반면 네이버와 다음의 점유율은 감소했다. 페이스북의 동영상 광고시장 점유율은 30.8%로 유튜브(38.4%)에 이어 2위 자리를 지키며 약간 증가했다. 다시 6개월이 더 지난 2018년 상반기 마감 자료를 보면 유튜브의 점유율은 40%를 넘겼고, 페이스북도 32.4%까지 증가했다. 두 채널의 점유율을 합하면 73.1%에 이른다.

페이스북이 비즈니스 영역에서, 특히 모바일 광고 플랫폼으로서 가치를 확대하고 있다면 그 이유와 작동 구조를 제대로 알아야 더 효과적인 활용이 가능하다. 이 책은 페이스북과 인스타그램을 비즈니스 목적으로 활용하기 위해 어떤 점들을 알고 익혀야 하는지에 초점을 둔다. 대부분의 쇼핑몰들이 자신이 취급하는 아이템을 알리고 판매하기 위해 온라인(모바일) 광고에 의존한다. 그들이 판매액을 늘리기 위해 페이스북과 인스타그램을 어떤 방법으로 통합하여 활용하는지, 어떻게 운영할 때 마케팅 효과를 극대화할 수 있는지 그 노하우와 팁을 정리해 전하는 게 이 책의 핵심 목표이다.

페이스북·인스타그램 통합 마케팅 준비 리스트

온라인 쇼핑몰 운영자가 페이스북과 인스타그램을 세일즈 마케팅 목적으로 활용하려면 다음과 같은 것들이 먼저 준비되어야 한다.

(1) 페이스북 개인 계정(프로필)

(2) 페이스북 페이지(연결 그룹 추가 생성 권장)

(3) 페이스북 광고 계정(비즈니스 관리자 계정 생성 필수)

(4) 인스타그램 비즈니스 계정

(5) 다이내믹 광고용(제품) 카탈로그

순서는 중요하지 않다. 하지만 이 중 어느 하나라도 빠지면 페이스북이나 인스타그램을 쇼핑몰 비즈니스 용도로 활용하는 것은 불완전하거나 곧바로 한계에 부딪히게 된다. 이들 요소를 준비할 때 꼭 고려해야 할 점들은 무엇일까?

1 | 페이스북 운영자 프로필은 '개인 실명'으로 만든다

먼저 페이스북 「이용 약관」을 살펴보라. 2018년 4월 19일에 전면 개편된 이용 약관은 「3. Facebook 및 커뮤니티에 대한 약속」 부분에서 가입 회원들에게 아래와 같은 준수 의무를 명시하고 있다.

3. Facebook 및 커뮤니티에 대한 약속

당사는 Facebook의 사명을 실현하기 위해 회원님 및 다른 사람들에게 서비스를 제공합니다. 이에 대해 회원님은 다음과 같은 약속을 해야 합니다.

1. Facebook을 이용할 수 있는 사람
사람들이 각자의 의견과 행동에 대한 책임을 질 때 Facebook 커뮤니티는 더 안전하며, 높은 책임감을 갖게 됩니다. 이러한 이유로 회원님은 다음의 사항을 준수해야 합니다.

- 일상 생활에서 사용하는 것과 동일한 이름을 사용해야 합니다.
- 본인에 대해 정확한 정보를 제공해야 합니다.
- 하나의 계정(본인 계정)만 만들고 개인적인 용도로 타임라인을 사용해야 합니다.
- 비밀번호를 공유하거나, 회원님의 Facebook 계정에 대한 접근권한을 다른 사람에게 부여하거나, (당사의 허락 없이) 회원님의 계정을 타인에게 양도하지 않아야 합니다.

당사는 모든 사람이 Facebook을 광범위하게 사용할 수 있도록 최선을 다하지만 다음에 해당하는 사람은 Facebook을 사용할 수 없습니다.

- 만 14세 미만인 경우
- 성범죄로 유죄 판결을 받은 경우
- 이전에 Facebook 약관이나 정책을 위반하여 계정이 비활성화된 경우
- 관련 법률에 따라 Facebook 제품, 서비스 또는 소프트웨어에 대한 이용이 금지된 경우

일상 생활에서 사용하는 것과 동일한 이름(실명)으로 한 사람이 하나의 계정만 만들라고 요구한다. 개인적인 용도로만 타임라인을 사용하도록 당부하고, 약관이나 정책을 위반하여 계정이 비활성화된 경우 Facebook 사용을 금지한다고 명시한다. "상업적인 목적으로 Facebook 을 사용하려는 경우 Facebook 페이지를 이용해야 한다"고 명시했던 예전 규정(4조4항) 대신 「상업 사용 약관」이란 이름으로 더 상세하게 다듬어져 2018년 5월 25일부터 새롭게 적용되고 있다.

페이스북은 회사 공용 계정이나 ID를 만들어 여럿이 하나의 계정을 공유하는 것을 허용하지 않는다. 이런 계정을 '그레이 계정'이라 부르며 일종의 '가짜 계정'으로 취급한다. 의심스런 계정이라 판단되면 바로 비활성화 조치를 취해버린다. 페이스북은 왜 개인 이름이 아닌 회사나 단체의 공용 계정 사용을 거부하고 가짜 계정에 대한 단속을 강화하는 것일까?

그건 바로 페이스북 자체가 사람들이 실명으로 관계를 맺고 상호 소통하는 커뮤니케이션 서비스이기 때문이다. 비즈니스의 생명은 '신용'이다. 사람들은 물건을 구매할 때 물건 자체의 성능이나 가격도 보지만 그것을 파는 사람(주인)이나 가게(브랜드)가 얼마나 믿을 만한 곳인지도 따지고 살핀다. 페이스북은 대학교 학생들 간에 각자의 프로필을 공유하여 서로 필요한 정보나 소식을 주고받는 '실명의 SNS'로 시작된 서비스라는 점에 유의하라.

존재하지 않는 가짜 이름으로 자신의 정체를 숨기고 교류하게 되면 숨은 의도가 무엇인지 의심받게 된다. 그런 경우 비즈니스 관계에서 '신뢰'나 '평판'을 쌓기 어렵다. 그러므로 1인 기업이나 소수의 협업으로 온라인 쇼핑몰을 운영하고 있어 SNS를 활용한 입소문 의존도가 높다면 쇼핑몰 운영자가 누구인지 실명을 직접 밝히는 것도 나쁘지 않은 전략이다. 나와 가까운 친구나 지인들과 소통이 잦을수록 이들이 보이지 않는 후원세력으로 홍보 도우미 역할을 해줄 수 있기 때문이다.

2 | 페이스북 페이지는 관련 그룹과 함께 운영하라

페이스북을 비즈니스 목적으로 활용할 때 가장 강력한 도구는 누가 뭐래도 페이스북 '타겟 광고'다. 페이스북으로 광고를 하려면 1개 이상의 「광고 계정」과 '광고주'로 표시될 「페이지」를 갖고 있어야 한다. 광고 계정은 개인 타임라인(프로필) 계정에서 「광고 만들기」를 시도하면 개인 계정과 동일한 이름의 광고 계정을 자동으로 생성해 준다. 페이지가 없으면 광고 집행 자체를 허용하지 않는다.

페이지를 만드는 작업은 매우 쉽고 간단하다. 페이지 이름과 프로필 사진, 커버 포토 이미지만 미리 준비하면 개설은 5~10분이면 뚝딱 마칠 수 있다. 쇼핑몰 운영을 위한 것이라면 어떤 카테고리를 선택할지 고민할 필요도 없다. 「쇼핑」 템플릿만 선택하면 되니까!

유의할 것은, 페이스북 페이지에 올린 게시물이 페이지 구독자(좋아요를 누른 사람들)에게 도달되는 비율은 평균 10~15% 정도에 불과하다는 점이다. 의식적으로 전달 행동을 하거나 유료 광고를 집행하지 않는 한 널리 전파하기가 쉽지 않다는 말이다. 광고를 하려면 돈이 들게 마련이다. 그나마 돈을 안 쓰거나 적게 들이는 방법은 기존에 구축한 친구나 지인 관계망을 이용해 손품 발품을 팔아 '공유하기'로 전달하는 방법밖에 없다. 이때 가장 강력한 전파자 역할을 하는 것이 바로 페이지 주제와 연관성이 높은 '그룹'들이다!

페이스북 그룹은 개인들이 각자의 관심사나 기호에 따라 다른 사람들과 정보나 소식을 나누기 위해 만들거나 가입한 모임이다. 인터넷 포털의 '카페'가 모바일 버전으로 바뀐 것이라 생각하면 이해가 쉽다. 얼핏 카카오톡의 단톡방이나 네이버 밴드와 유사하다. 하지만 전화번호나 특정한 관계를 가진 사람으로 한정되는 '폐쇄형 SNS'보다 한층 열려 있는 곳이다. 때문에 평소에 알고 있는 사이가 아니더라도 누구나 참여할 수 있고 친구를 초대해 억지로 모셔올 수도 있다. 확장성 면에서 훨씬 자유롭고 열려 있으므로 잘 활용하면 페이지 포스트를 널리 전하는 도구로도 쓸 만하다.

무분별한 초대로 친구를 강제 가입시키는 폐해를 막기 위해 「비공개 그룹」이나 「비밀 그룹」으로 만들 수도 있다. 비공개 그룹은 그룹의 이름과 멤버가 누구인지는 알려주지만 가입 신청 후 승인을 얻기 전까지는 토론방의 내용을 볼 수 없다. 비밀그룹은 그런 그룹이 있는지조차 공개하지 않고, 이미 멤버 자격을 갖춘 사람이 초대해주어야만 가입할 수 있다. 친구가 아니면 초대할 수도 없고, 멤버가 아닌 사람은 그런 그룹이 있는지 여부조차 알 수 없는 폐쇄 공간이다.

어떤 형태든 페이지 운영자가 그룹을 만들어 적절하게 운영하거나, 혹은 다른 그룹에 가입하여 활발하게 활동함으로써 권위를 확보하거나 그룹 관리진과 협조 관계를 만들 수 있으면 자신의 페이지 운영에 큰 도움이 될 수 있다.

3 | 페이스북 광고 계정은 「비즈니스 관리자」로 만들어라

페이스북은 개인 광고 계정으로도 광고를 만들어 집행할 수 있다. 하지만 쇼핑몰을 운영하면서 페이스북을 광고나 비즈니스 목적으로 쓸 거라면 먼저 「비즈니스 관리자」 계정을 만들고, 이 계정으로 「광고 계정」을 만들어 이용할 것을 권한다. 비즈니스 관리자는 개인 계정이 아닌 '회사용' 관리 계정을 말한다.

페이스북은 기업이나 단체, 기관은 상호나 조직명으로 개인 프로필 계정을 만드는 걸 허용하지 않는다. 또한 특정한 개인의 이름으로 만든 프로필 계정을 공용으로 삼아 여럿이 하나의 접속 아이디나 비밀번호를 공유하여 사용하는 것도 금지한다. 대신에 조직명(브랜드 또는 쇼핑몰 이름 등)으로 '페이지'를 만들 수 있다. 또한 상호명(법인명)으로 '비즈니스 관리용' 회사 계정을 만들 수 있게 지원한다.

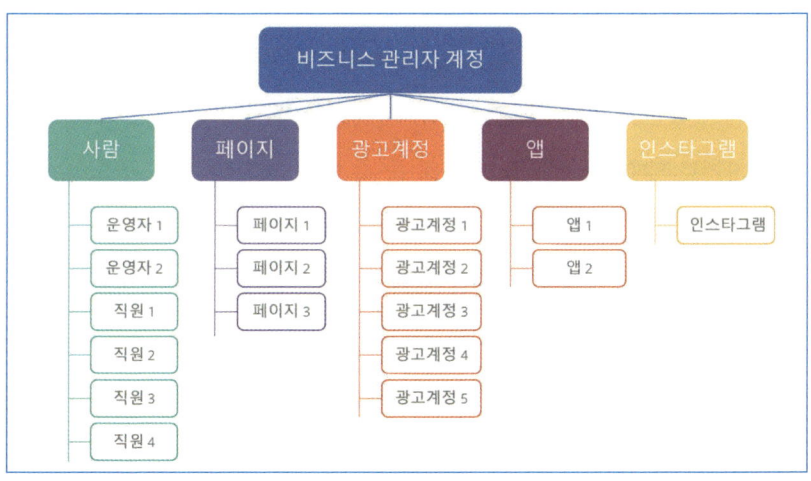

출처: 페이스북 비즈니스 관리자_2017 Mar.pdf (페이스북코리아, 2017) 9쪽
https://goo.gl/5fBMNr

페이지와 비즈니스 관리자는 역할과 기능이 전혀 다르다. 페이지는 특정한 상호나 제품, 브랜드를 대표하는 일종의 '브랜드 프로필'로 한 조직에서 얼마든지 만들 수 있다. 하지만 비즈니스 관리자는 회사 대 회사 간 정보의 공유나 업무 협력(비즈니스 파트너 할당)을 위해 한 개만 만들면 족하다. 그 안에 필요한 자원들(직원/운영자, 페이지, 광고 계정, 카탈로그, 인스타그램 계정 등)을 추가 등록하고 각 자원에 대한 사용 권한을 부여해주는 용도의 '비즈니스 자원 관리용' 회사 계정이라 할 수 있다.

비즈니스 관리자의 세부 기능에 대해서는 뒤에서 자세히 다룰 것이다. 여기서는 비즈니스 자원 관리를 위해 회사 계정을 만드는 게 필수적이고 바람직하다는 점만 강조해두고 넘어가자.

4 | 인스타그램은 비즈니스 계정으로 만들거나 전환하라

페이스북이 실명으로 1인 1계정만 가질 것을 요구하는 것과 달리 인스타그램은 1인 1계정을 강요하지 않는다. 프로필 작성을 요구하긴 하지만 꼭 실명을 쓰라고 하지도 않는다. 이메일만 중복되지 않으면 1대의 모바일 기기로 5개까지 계정을 생성해 쓸 수 있다. 개인 계정도 필요하면 비즈니스 계정으로 전환할 수 있다. 개인 계정과 비즈니스 계정이 기능상 큰 차이가 있는 것도 아니다. 그럼 무엇 때문에 비즈니스 계정을 요구할까?

페이스북과 인스타그램의 광고는 사실상 하나의 시스템으로 움직인다. 페이스북이나 인스타그램에 광고를 노출하려면 어떤 계정이 내보내는 광고인지 밝혀야 한다. 이때 광고를 송출한 주체가 누구인지를 인스타그램 계정명으로 밝히는 것뿐이다. 인스타그램 계정이 없을 경우 페이스북 페이지 이름으로 대신하므로 인스타그램 계정이 없다고 해서 인스타그램 광고가 불가능한 것도 아니다.

2018년 하반기 들어 인스타그램의 '쇼핑 태그' 기능이 우리나라에도 생겨났다. 페이스북 페이지의 「샵」에 등록된 제품을 인스타그램 게시물의 이미지에 연결(태그)하여, 터치하면 구매 가능한 쇼핑몰로 넘어갈 수 있도록 한 '간접 아웃링크' 기능이다. 쇼핑몰로 유인할 수 있는 만큼 인스타그램의 비즈니스 활용 가능성이 크게 증대되었다. 인스타그램 비즈니스 계정을 사용할 필요성이 그만큼 더 커진 셈이다.

● ● ●

5 | 「비즈니스 관리자」에 「카탈로그」 파일을 등록하라

페이스북 「카탈로그」는 여러 가지 상품을 취급하는 판매자가 자신들이 취급하는 제품 목록을 페이스북 광고 서버가 인식하여 식별할 수 있도록 약속된 필드명과 정해진 양식에 따라 만들어 업로드한 '제품 등록 파일'을 가리킨다.

이 파일은 쇼핑몰 상품 목록을 기초로 만든 csv(또는 tsv) 양식으로, 추적 픽셀이 설치된 온라인 쇼핑몰에 누군가 방문한 뒤 어떤 상품을 구경하고 나가면, 무엇을 보고 갔는지 추적해서 그 상품에 대응하는 광고를 자동으로 만들어 그 상품을 보고 간 사람들에게만 노출하는 '자동 맞춤 광고(다이내믹 광고)'를 만드는 데 사용된다.

카탈로그 파일은 「비즈니스 관리자」 메뉴에서만 등록이 가능하고, 사용 권한을 부여받은 사람만 관리할 수 있다. 개인 광고 계정 대신 비즈니스 관리자 계정을 개설하는 편이 바람직하다고 말한 이유이다. 실제로 많은 종류의 제품을 취급하려면 비즈니스 관리자 계정으로 카탈로그를 파일로 만들어 작업하는 것이 훨씬 효과적이다.

취급하는 제품의 수가 많지 않을 때(보통 50개 미만)는 페이스북 페이지에 「샵」 탭을 추가하고 여기에 제품을 하나씩 등록하는 것도 가능하다. 또 샵에 등록된 제품들 중 여러 개(기본 4개 이상)를 선택하여 하나의 「컬렉션」을 만들 수 있고, 이렇게 만든 컬렉션을 이용해 「컬렉션 광고」를 집행하는 것도 가능하다. 뒤에서 자세히 살펴보자.

이상 다섯 가지 요건을 갖추면 페이스북과 인스타그램을 통합하여 광고를 집행할 수 있다. 이 책이 쇼핑몰 운영자를 위한 것인 만큼, 온라인 쇼핑몰은 이미 만든 상태라고 전제한다. 쇼핑몰은 여러 가지 방법으로 구축할 수 있다. 네이버 스마트스토어를 비롯해 카페24쇼핑몰 또는 고도몰이나 메이크샵과 같은 솔루션을 이용하여 자사몰을 만들 수 있다. G마켓이나 11번가 같은 오픈마켓이나, 쿠팡이나 위메프 같은 소셜커머스몰 혹은 유명 백화점에서 운영하는 쇼핑몰이나 주요한 폐쇄몰에 입점을 할 수도 있다. 팔 수 있는 물건만 갖추면 쇼핑몰은 예산이나 인력, 역량 등을 고려하여 직접 만들거나 입점하는 방안을 선택하면 된다.

일반 소상공인들이 가장 쉽고 빠르게 만들 수 있고, 잘만 운영하면 홍보비도 절약할 수 있는 쇼핑몰로는 네이버 스마트스토어가 우선 권할 만하다. 개설 방법이나 운영 전략에 대해서는 임헌수 · 김태욱 저자가 함께 쓴 「스마트스토어(스토어팜) 마케팅」(이코노믹북스, 2018)을 참고하기 바란다. 이외에도 최근에는 스토어 관리를 쉽고 편하게 하기 위해 식스샵이나 아임웹 같은 간편 쇼핑몰 빌더를 이용하는 경우도 늘고 있다. 어떤 도구든 장단점이 있게 마련이니 운영자의 실력과 편의성을 고려하여 운영 목적에 적합한 도구와 솔루션을 선택하는 게 바람직하다.

페이스북 페이지, 왜 어떻게 만들까

• • •

1 | 페이스북 페이지, 왜 만들어야 하나

페이스북 초보자 분들에게 강의를 할 때면 늘 나오는 질문이 하나 있다. "페이지가 뭐예요?"란 질문이다!

페이스북 페이지란 기업이나 브랜드가 상호나 제품명으로 마치 개인 프로필과 유사하게 팬들을 독자로 삼아 서로 소통할 수 있도록 제공하는 '커뮤니티용 홈페이지'를 가리킨다. '브랜드 페이지' 또는 '팬 페이지'라 부르는 이유이기도 하다. 광고나 홍보를 목적으로 페이스북에 게시물을 올릴 때 개인 실명 대신 상호나 제품명, 단체나 조직명을 '작성자'로 표시할 수 있게 한 '브랜드 프로필'인 셈이다.

이렇게 설명하면 "프로필은 또 뭐예요?"라고 묻는다. 페이스북에서 말하는 '프로필'은 친구들과 대화하고 소식을 나누기 위해 개인이 실명으로 만든 '사용자 계정'을 말한다. 페이스북은 개인 계정을 페이지와 구별하여 '타임라인'이라 부르기도 한다. 그러므로 굳이 단순화시켜 구분하자면 프로필은 개인 계정, 페이지는 브랜드 계정으로 생각하면 편하다.

페이지의 경우 공동 관리자 중 누가 게시물을 작성해도 '페이지 이름'이 '게시자' 이름으로 표시된다. 하지만 글을 게시하려면 관리자는 모두 각자 자신의 개인 계정을 갖고 있어야 한다. 임의의 이름으로 기업 공용 계정(ID)을 만들어 함께 쓰지 말란 얘기다. 페이지에서 글을 작성해 올리면 '관리자 접속 모드'에서는 누가 올렸는지 작성자 '개인 이름'이 보이지만, 일반 사용자(방문자)들에게는 모두 동일한 '페이지 이름'만 표시된다.

페이스북은 광고를 만들 때 페이지를 의무적으로 요구한다. 따라서 세일즈를 목적으로 페이스북 광고를 하려는 쇼핑몰이라면 의무적으로 최소한 하나의 페이지가 꼭 필요하다.

광고 이야기가 나오면 꼭 이렇게 묻는 분들이 있다.

"페이스북 광고, 꼭 해야 하나요?"

모든 광고는 돈이다. 안 해도 된다면 안 하는 게 돈을 아끼는 길이다. 문제는 온라인 쇼핑몰은 길거리에 자리 잡고 있는 매장이 아니라는 점이다. 웹 서버에 html 파일로 구성된 코드의 집합일 뿐이다. 인터넷 망을 타고 누군가의 웹 브라우저 화면에 연결되어야만 비로소 보이는 곳이다. 온라인 쇼핑몰은 인터넷 주소(URL)를 널리 알리거나 소문을 내서 누군가 방문하도록 사방에 노출하지 않으면 어느 누구의 눈에도 띄지 않는 공간이다.

결국 홍보나 광고가 필수적이고, 노출 횟수에 따라 방문자 수가 달라질 수밖에 없다. 노출 대비 클릭이 일어난 횟수(클릭률)에 따라 방문자 수가 결정되고, 이 유입자 수에 따라 전환 수가 좌우된다. 그러므로 온라인 비즈니스에서 광고는 '필요악'인 셈이다! 홍보나 광고를 안 한다는 것은 장사를 하지 않겠다는 소리나 다름 없다. 관건은 '가능한 적은 돈으로 최대한 큰 효과를' 내는 것뿐! 공짜 입소문이 최고의 광고인 것도 이 때문이다.

역설적이지만 페이스북 광고의 굴레에서 벗어나기 위해서라도 일정 기간 일정한 정도의 페이스북 광고 집행은 불가피하다. 왜 그런지에 대해서는 이 책의 여정을 함께 하는 동안에 자연스럽게 알게 될 것이다. 궁금증은 뒤로 하고, 우선은 광고를 필수적인 통과 과정으로 받아들이고 그 효과를 높이는 방법을 익혀 두는 게 더 현명한 선택이다.

2 | 페이지를 만들어야 하는 첫 번째 이유

페이지를 만들어야 하는 중요한 이유가 하나 있다. 웹에 무제한 노출된다는 점이다. 페이스북 개인 프로필(타임라인)에 올린 콘텐츠들은 기본적으로 친구 관계를 맺은 지인들에게 '사적으로' 노출된다. 게시물에 대한 「공개 범위」 설정에 따라서 누구에게는 보이지만 누구에게는 보이지 않도록 제한할 수 있다는 말이다.

페이스북 그룹에 올린 글도 가입한 멤버에게만 보이는 게 기본 원칙이다. 비밀그룹은 말할 것도 없고 비공개 그룹에서도 가입이 승인되기 전까지는 토론방의 게시물을 볼 수 없다. 「공개 그룹」인 경우에 한해서 멤버가 아니어도 게시물 내용을 볼 수는 있지만 글을 작성해서 올리는 건 허용되지 않는다. 페이스북 가입 회원이 아니면 접속도 할 수 없다.

그런데 페이지는 다르다! 페이지 게시물은 웹(Web)에 제한 없이 공개된다. 페이스북에 로그인을 하지 않은 사람들에게도 보인다. 친구가 아니어도, 팬이 아니어도, 심지어는 페이스북 회원이 아니어도 '검색' 가능하고 '퍼 갈 수'도 있다. 한마디로 페이스북 페이지는 인터넷 사용자 모두에게 「전체 공유」로 열려 있는 콘텐츠 유포 공간인 셈이다.

더욱이 페이스북에 페이지를 개설하는 것은 무료다! 몇 개의 페이지를 만들어도, 몇 개의 게시물을 올려도 된다. 손품 발품 팔아 열심히 올리고 부지런히 퍼 나르면 무제한 쓸 수 있는 '공짜 홍보전단 배포 시스템'인 셈이다. 요구하는 것은 성실함과 꾸준함뿐이다!

자신이 취급하는 물건이나 아이템을 단 한 사람에게라도 더 많이 알리고 노출할 목적으로 온라인 홍보 채널을 찾고 있는가? 그런 경우라면 페이스북 페이지를 만들지 않는 것은 꽤나 어리석은 일이다. 이미 전 세계 20억 명이 가입해 있고, 매일처럼 10억 명이 들어와서 교류하고 있는 '지상 최대의 홍보 공간'을 그냥 멀뚱히 쳐다보며 방치하고 있는 꼴이니 말이다! 꼭 해외 수출 목적이 아니더라도 놓쳐선 안 되는 곳이 페이스북 페이지다. 우리나라만 해도 페이스북의 월간 활성 사용자(MAU) 수는 1,800~2,000만 명에 달하고, 이 중 절반인 900만~1천만 명이 매일 접속하고 있다. 국가 경제활동 인구의 절반이 매일 접속하여 교류하는 공간을 방치한다는 것은 온라인 쇼핑몰을 운영하는 마케터에게 있어선 안되는 일이다. 더욱이 SNS 영역에서 여전히 최고의 사용시간 점유율을 고수하고 있는 플랫폼이라면 더 말해 무엇하겠는가! 유튜브를 어떻게 활용할지에 대한 전략과 방안이 서 있지 않다면 적어도 페이스북과 인스타그램은 지금 놓쳐선 안 될 최고의 홍보 채널이다!

3 | 페이지를 마케팅 도구로 만들어주는 인사이트

페이지를 해야 할 이유를 하나만 더 부연하자면, 그건 바로 페이지가 '잠재고객의 행동 정보'를 「인사이트」를 통해 매우 상세히 알려주기 때문이다. 페이스북은 프로필에는 주지 않는 매우 유용한 '잠재고객 분석' 도구를 제공한다. 바로 「인사이트」라는 메뉴다. 최근 그룹에서도 기본적인 인사이트를 제공하기 시작했다. 얼핏 보면 네이버나 다음 블로그의 관리자 모드에서 제공하는 「통계」와 유사해 보인다. 하지만 내용이나 깊이 면에서 들여다보면 제공하는 정보의 차원이 다르다.

페이지는 개별 포스트 하나하나마다, 해당 글이 몇 명에게 도달되었는지, 그 도달로 실제 몇 명이 참여하여 어느 정도 반응을 남겼는지, 몇 명이 게시물에 직접 반응을 했고 누군가가 공유해간 포스트에 추가로 몇 명이 어떤 반응을 했는지까지 나누어 자세히 분석해준다. 웹 홍보에서 가장 중요한 지표인 링크 클릭 수는 물론이고, 몇 명에게 스팸으로 신고를 당했는지, 보기 귀찮다고 게시물을 숨겨 버리거나 차단한 사람은 몇이고, 「좋아요」를 취소해버린 사람은 몇 명인지까지 알려준다.

페이지에 올린 게시물이 우리 가게나 상품을 홍보하기 위한 홍보 전단이라면, 게시물 인사이트는 나눠준 홍보 전단에 대해 고객들이 보내오는 '살아있는 리뷰이자 실시간 피드백'인 셈이다. 홍보 전단은 단지 양만 많이 뿌린다고 좋은 게 아니다. 단 몇 장을 건넸더라도 실효성이 얼마나 있는지가 더 중요하다. 페이지 게시물과 인사이트 데이터는 그런 홍보 효과를 측정할 목적에 '안성 맞춤'인 수단이라 할 수 있다.

동영상 게시물은 조회 행태를 훨씬 더 상세하게 나누어서 별도 탭으로 분석 결과를 알려준다. 몇 명이 몇 시간을 봤는지, 한 사람이 평균 몇 분 몇 초를 봤는지는 기본이다. 시간의 흐름에 따라 몇 명이 보기 시작해서 몇 명이 끝까지 남았는지, 소리를 끈 상태로 봤는지 켠 상태로 봤는지, 내 게시물에서 직접 본 건지 누군가가 공유해간 게시물(다른 사람의 담벼락)을 통해서 노출된 것인지까지 구분해 준다.

인사이트 요소는 자주 업데이트되면서 새로운 요소들을 보여준다. 최근에는 성별이나 연령층별로 각각 얼마나 시청하는지 혹은 시, 군 단위를 기준으로 어느 지역에서 제일 많이 보는지에 대한 것까지 보여준다. 어떤 새로운 요소들이 더 추가될지 지켜볼 일이다.

물건이든 용역이든 고객의 행동 패턴과 관심사를 분석해야만 어떤 제품이나 서비스를 제공할지 혹은 어떤 부분을 개선해야 할지 알 수 있다. 오프라인 매장이라면 손님이 가게에 들어와 나갈 때까지 드러내는 불평이나 칭찬, 미세한 얼굴 표정과 동행끼리 소곤대는 한 마디 한 마디가 모두 '리뷰' 행위라 볼 수 있다. 감각이 좋은 주인이나 센스 있는 종업원이라면 손님의 사소한 말이나 반응, 표정만으로도 많은 개선 포인트를 찾아내고 서비스 대응책을 새로 만들어낼 수 있다.

문제는 온라인 상점이다. 직접 고객을 맞이하여 말과 행동, 표정을 살필 수 없으니 기껏해야 손님들이 남겨놓은 발자취나 댓글, 리뷰 등을 통해서 추적하고 짐작할 수밖에 없다. 페이지에 남겨진 고객(팬)들의 참여 행동과 반응에 대한 인사이트 분석 통계 자료는 현재와 미래의 잠재고객에 대한 추적과 분석에 유용한 근거를 제공해 주는 매우 소중한 정보들이다.

페이지 인사이트가 제공하는 데이터의 범위는 단지 게시물에만 국한되지 않는다. 페이지에 좋아요한 사람들의 방문횟수(페이지 조회), 「행동

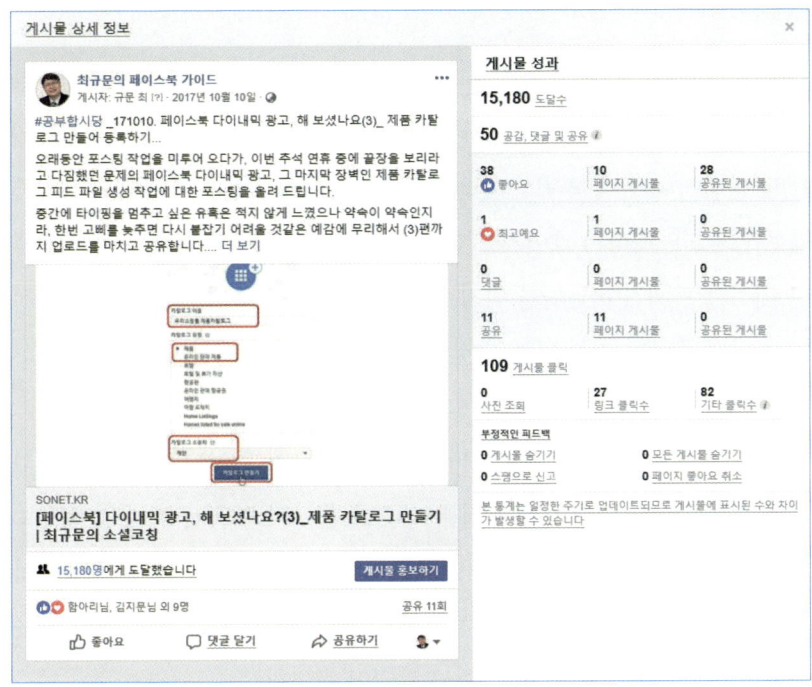

[그림1] 페이지 게시물 인사이트 예시 화면

유도버튼」에 반응한 수(페이지 행동), 이번주 신규 추가된 구독자 수(좋아요), 나아가 게시물의 총 도달 수, 참여 공감 반응 수, 동영상 조회 수와 게시물 본문 링크를 클릭한 사람의 수, 심지어는 게시물에 부정적인 반응을 남긴 사람의 수까지 파악해서 알려준다.

　세상에 어떤 종업원이 이처럼 세세하게 고객의 행동 하나하나를 관찰하고 분석해서 충실히 보고해 주기를 기대할 수 있겠는가! 인사이트 데이터의 소중함을 알지 못하는 이들이라면 굳이 페이지를 만들 필요가 없다. 페이지 팬이 쌓여 1천 명 이상에 이르면 「타겟 인사이트」라는 메뉴를 통해 팬들의 성별, 연령, 팬들이 좋아요한 페이지, 게시물에 반응하는 정도, 사용하는 기기의 종류 및 주로 접속하는 지역이나 도시 정보까지 알려준다.

　만약 페이지 팬들이 실제 우리 브랜드나 쇼핑몰의 진성 잠재고객이라면 이들의 인구통계학적 특성이나 행동 특성이 곧 우리 상품이나 제품에 대해 관심이나 구매 의지가 높은 마니아 고객들의 기본 특성이라고 추론할 수도 있다. 따라서 페이지를 만들 때 오픈 이벤트랍시고 선물이나 경품을 내걸고 뜨내기 손님들을 억지로 끌어 모아 팬 수부터 늘리는 건 페이지에서 가장 중요한 기본 타겟의 정체성을 흐트러뜨릴 위험이 다분하다.

　"Garbage in, Garbage out!"

　쓰레기를 넣으면 쓰레기가 나온다! 진성 고객이 아닌 팬들을 모아서 얻을 수 있는 건 엉터리 데이터뿐이다. 처음부터 어긋난 타겟을 팬으로 모아 놓고 가치 있는 고객 인사이트를 얻기 원하는 건 넌센스다! 인위적인 이벤트나 경품으로 뜨내기 체리피커들을 주워모으는 일은 페이지 운영에 백해무익한 일이라 해도 결코 과언이 아니다!

● ● ●

4 | 페이스북 페이지, 어떻게 만드나

　페이스북 페이지를 만드는 건 무척 쉽고 간단하다. 페이지 이름과 프로필 사진만 준비하면 5~10분이면 누구나 뚝딱 만들 수 있다. 최근 페이지 생성 인터페이스가 더 단순화되었으니 페이지를 처음 만드는 분들을 위해 간략하게 순서를 살펴본다.

01 웹 브라우저 주소창에 "facebook.com/page"를 입력하고 클릭하여 [페이지 만들기] 화면으로 들어간다. [비즈니스 또는 브랜드] 카테고리를 선택하고, 하단에 있는 [시작하기] 버튼을 클릭한다.

02 페이지 이름 칸에 쇼핑몰 이름을 입력하고 카테고리 칸에 "쇼핑몰"을 입력하여 선택하고, 상세 주소와 지역(시/도), 우편번호, 전화번호 등을 차례로 입력하고 [계속] 버튼을 누른다.

03 [프로필 사진 업로드] 버튼을 눌러 준비된 프로필 사진이나 이미지를 업로드해 준다. 이때 페이지의 프로필 사진은 1:1 비율로 표시되며, 컴퓨터에서 170×170 픽셀, 스마트폰에서 128×128픽셀, 대부분의 피처폰에서 36×36픽셀로 표시된 다. 따라서 가로와 세로 모두 170픽셀 이상의 크기로 준비하여 업로드할 것을 권장한다.

04 [커버 사진 업로드] 버튼을 클릭하여 페이지 초기화면 배경 이미지를 업로드해 준다. 이때 페이지의 커버 사진은 컴퓨터에서 너비 820픽셀, 높이 312픽셀, 스 마트폰에서는 너비 640픽셀, 높이 360픽셀로 표시된다. 최소 너비는 400픽셀, 높이는 150픽셀 이상이어야 한다. sRGB JPG 파일 형식으로 너비 851픽셀, 높 이 315픽셀, 100킬로바이트 미만일 때 가장 로딩 속도가 빠르다.

05 위 과정을 거치면 아래와 같이 곧바로 페이지 초기 화면이 생성되고 바로 페이지를 사용할 수 있다. 이 외에 권장되는 몇 가지 추가 정보만 입력하면 페이스북 페이지를 만드는 작업은 바로 완결된다.

여기서 추가 입력사항은 시간을 갖고 충분히 고려하여 입력하여도 무방하지만, 기본적인 입력사항은 바로 입력해주는 편이 페이지를 찾아오는 친구나 잠재고객들에게 친절한 조치라 할 것이다. 가급적 페이지 생성 초기에 입력하도록 권장하는 사항은 아래와 같다.

● 좌측 페이지 이름 아래 페이지 @사용자 이름 만들기 : 페이지 고유 ID에 해당하는 것으로 영문 철자 및 숫자를 조합하여 다섯 글자 이상 조합으로 만들어 사용 가능한 지 확인 후 초록색 체크표시가 뜨면 쓸 수 있다.

● 커버 사진 우측 아래 [+버튼 추가] 항목은 [행동유도버튼]이라고 부르며, 페이지 방문자에게 우선적으로 일으키고 싶은 행동을 설정해주면 된다. [메시지 보내기]를 비롯해 [전화하기] [예약하기] 등 여러 가지 콜투액션 버튼을 연계할 수 있다. 쇼핑몰을 운영하고 있을 때는 [더 알아보기] 또는 [지금 구매하기] 버튼을 선택하여 해당 쇼핑몰의 [웹사이트] URL 주소를 입력하여 연결해주는 편이 바람직하다.

- 페이지가 어떤 목적으로 만들어진 것인지 간략히 2~3줄의 설명을 첨가하는 것이 좋다.
- 기본 정보를 입력한 뒤 첫 게시물을 작성해서 게시하고, 우측에 나열된 가까운 친구 목록의 [초대] 버튼을 하나씩 눌러 가까운 친구들에게 [페이지 좋아요]를 해주도록 요청하여 초기 페이지 팬을 일정 수 이상 확보하는 것이 바람직하다.

위의 간단한 절차만으로 페이스북 페이지는 뚝딱 만들어진다. 그런데 페이지만 갖고는 쇼핑몰 홍보나 광고를 곧장 실시할 수 없다. 페이스북 광고를 하려면 「광고 계정」이 따로 있어야 하기 때문이다.

개인(프로필) 계정 접속 상태에서 최초로 「광고 만들기」를 하면 그 과정에서 개인 사용자 이름의 「광고 계정」 하나가 자동으로 만들어진다. 그러나 개인 프로필(타임라인)에 올린 게시물을 광고하는 것은 허용되지 않는다. 개인 이름의 광고 계정을 비즈니스 용도로 이용하는 것 또한 바람직하지 않다. 「비즈니스 관리자」 계정이 따로 있기 때문이다.

비즈니스 관리자, 무엇이고 어떻게 쓰나

앞서 페이지는 '브랜드 프로필'에 해당한다고 비유했다. 하지만 엄밀히 말해서 페이스북은 개인이 아닌 상호나 제품명에 대해 서비스 관리 주체로서 '계정'을 제공하진 않는다. 대신 앞서 언급했던 것처럼 조직의 페이지 및 광고 계정 등 자산의 운영 관리를 위해 회사나 기관에 소속된 사람(직원)이나 파트너(업체)의 소유권 및 접속 권한을 통합적으로 관리할 수 있도록 '비즈니스 관리자'라는 '회사용 계정'을 따로 만들어 쓸 수 있게 지원한다.

그런데 페이지를 만들어 놓고도 정작 「비즈니스 관리자」 계정을 따로 안 만들고 「개인 광고 계정」으로 페이지 게시물을 홍보하거나 페이스북 광고를 운영하는 분들이 적지 않다. 안 될 건 없지만 권하지 않는다. 「비즈니스 관리자」 계정을 만들어 두어야 페이스북 실무 담당자가 바뀌거나 페이지 운영 관리나 광고를 외부에 위탁하더라도 접속 통제 권한을 온전히 회사 측이 갖고 조율할 수 있기 때문이다.

여기서는 비즈니스 관리자가 왜 필요하고, 최초 개설할 때 어떤 점을 꼭 알아두어야 하는지 중심으로 「비즈니스 관리자」 계정 생성 및 설정 절차를 설명한다.

<!-- -->

1 | 「비즈니스 관리자」란 무엇인가

페이스북 「비즈니스 관리자」는 페이지 및 광고 관리를 위해 회사 차원에서 만드는 '비즈니스 목적의 관리자 계정(회사 공용)'이다.

페이스북 계정 생성시 약관에서 요구하는 '실명의 1인 1계정'은 한 사람이 한 개씩 개인별(프로필) 계정을 갖는 것임에 비해 「비즈니스 관리자」 계정은 비즈니스 운용 주체인 기업이 '회사용 계정'을 만드는 것이다. (사업자등록증에 적힌 「상호 계정」을 만든다고 생각하면 된다.)

다만 개인 프로필 계정과 달리 이 계정은 겉으로 드러나지 않는 내부 관리자 계정이다. 회사 연락처, 연혁, 인사말 등을 장황하게 소개하는 프로필 계정이 아니다. 다른 파트너(대행사/분석자) 또는 함께 관리할 내부 직원들과 소통 편의를 위해 그냥 '비즈니스 이름'만 부여하면 된다(비즈니스 계정 ID는 숫자로 임의 생성되어 주어진다). 고민하지 말고 그냥 「사업자등록증」에 표시된 '상호'를 「비즈니스 관리자」 계정의 '비즈니스 이름'으로 사용하는 게 제일 편하고 바람직하다!

2 | 「비즈니스 관리자」는 왜 필요한가

페이스북 광고를 집행할 경우, 회사 공용 개인 계정을 만들어 여러 사람이 함께 ID와 비밀번호를 공유하는 것을 페이스북은 허용하지 않는다고 했다. 만약 상호명의 개인 프로필이 적발되면 「이용 약관」 위반으로 간주하여 해당 계정이 비활성화될 수 있으니 주의해야 한다.

공용 계정 하나를 회사 직원 여럿이 함께 사용하는 것은 다음과 같은 경우에 불합리하고 위험하기 때문이다.

(1) 페이스북 담당자가 내일 당장 짐 싸서 회사를 떠나버릴 수 있다.

(2) 사정상 업무 부서나 직책이 바뀌어 담당 실무자가 바뀔 수 있다.

(3) 외부 대행사에 페이지 관리나 광고를 외주로 위탁할 수 있다.

(4) 다른 에이전트나 분석자에게 광고 집행에 대한 자문을 구하기 위해 계정 정보를 공유해주어야 하는 경우가 생길 수 있다.

이때 만약 개인 계정으로 회사 페이지나 페이스북 광고를 관리하고 있다면, 후임자나 업무 인수자 혹은 위탁 대행업자(분석자)에게 관리자의 개인 계정 아이디와 비밀번호를 공유해주어야 한다. 페이스북 계정은 원래 개인들이 친구나 지인들과 소통하려고 만든 '사적인' 계정이지, 회사의 업무를 위해 만든 '공적인' 계정이 아니다. 따라서 개인 계정의 아이디와 비밀번호를 외부인이나 타인에게 알려주거나 계정 사용 권한을 넘겨주어야 하는 곤란한 문제에 부딪히게 된다. 이 경우 당장 개인의 프라이버시가 침해될 수 있다.

이런 곤란을 피하기 위해 보통은 개인 정보를 넣지 않고 임의의 이름으로 회사공용 개인 계정을 만들어 사용하곤 하는데, 이때에는 다시 이런 문제들이 발생할 수 있다.

⑴ 여러 사람이 같은 계정을 사용하면 나중에 누가 어떤 글을 올리고 어떤 행동을 했는지 구별할 수 없어 책임 소재를 가리기 어렵다.

⑵ 외부에서 침입해도, 공동 관리자 중 누군가 다른 사람이 작업하고 있나 보다 싶어 놔두게 되면 자칫 해킹 사고를 당할 위험이 있다.

⑶ 공용 계정을 관리하던 직원이 회사를 그만두거나, 테스트 삼아 만들어놓고 계정 관리 정보를 잊어버리면 누가 언제 만들었는지 비밀번호도 몰라서 헤매는 경우도 생긴다.

⑷ 드문 경우지만 외부 대행사에서 생성한 계정일 경우 대금 지급 문제 등으로 분쟁이 발생할 경우 대행사 쪽에서 광고주의 계정 관리 권한을 차단해버리는 일이 발생하기도 한다.

이와 같은 여러 가지 문제점들을 고려할 때, 「회사 비즈니스 계정」을 만들어서 최고 관리자 권한을 가진 내부자가 회사 계정에 대한 사용권(접속권)과 소유권을 통제하는 것이 훨씬 안전하고 편리하다. 요컨대 비즈니스 목적으로 페이지를 운영하거나 광고를 집행할 경우 「비즈니스 관리자 계정」을 만드는 건 필수적인 선행 작업이다!

3 | 「비즈니스 관리자」 계정은 어떻게 만드나

비즈니스 관리자 계정은 관계자 중 누가 만들어도 상관 없다. 내부 관계자가 만들어도 되고 외부 대행사 직원이 만들어줘도 된다(단, 외부 대행사를 통해 비즈니스 계정을 만들었을 경우 꼭 계정 소유권을 이전받아야 한다). 개인 계정이 아니라 회사용 계정이기 때문에 따로 입력할 사항도 많지 않다. 필요한 건 딱 세 가지다.

(1) 비즈니스 이름 : 사업자등록증에 적힌 '상호'를 적는다.
(2) 관리자 이름 : 최고 권한 관리자, 실무 담당 직원의 이름을 쓰는 게 바람직하다(한글 이름을 쓸 경우 성과 이름을 꼭 띄어 쓰라).
(3) 관리자 이메일 주소 : 페이스북 광고팀과 교신에 사용할 '수신 가능한' 이메일 주소를 적는다(개인 이메일이든 회사 공용 이메일 주소든 관리자가 확인할 수만 있으면 된다).

위 세 가지를 준비하고 다음에 제시하는 순서로 진행하면 비즈니스 계정이 바로 생성된다.

01 아래 [비즈니스 계정] 링크를 인터넷 주소창에 입력하고 [계정 만들기]를 클릭한다!

🔵 https://business.facebook.com

이때 페이스북 개인 계정으로 [로그인]을 먼저 해야 한다. 정상적으로 로그인되면, [로그인] 버튼은 사라지고 [계정 만들기] 버튼만 보일 것이다.

02 [비즈니스 관리자 계정 만들기] 팝업 창에서 [비즈니스 및 계정 이름]을 입력하고 [다음] 버튼을 클릭한다. 사업자등록증이 있을 경우 '상호'를 그대로 입력할 것을 권장한다(영어/한글 상관 없음). 사업자가 아닌 경우 개인이 관리하고 있는 홈페이지 서비스명이나 쇼핑몰, 블로그, 브랜드명 등을 임의로 입력해도 된다.

[이름] 란에 '성'과 '이름'을 띄어쓰기로 입력한 뒤, [비즈니스 이메일 주소]에 수신 가능한 이메일 주소 정보를 입력하고, [다음] 버튼을 누른다.

03 [비즈니스 상세정보 추가] 팝업 창에 국가를 선택하고 상세 주소 및 우편번호, 전화번호 등을 입력한 뒤 비즈니스 용도를 선택하고 [제출] 버튼을 클릭한다.

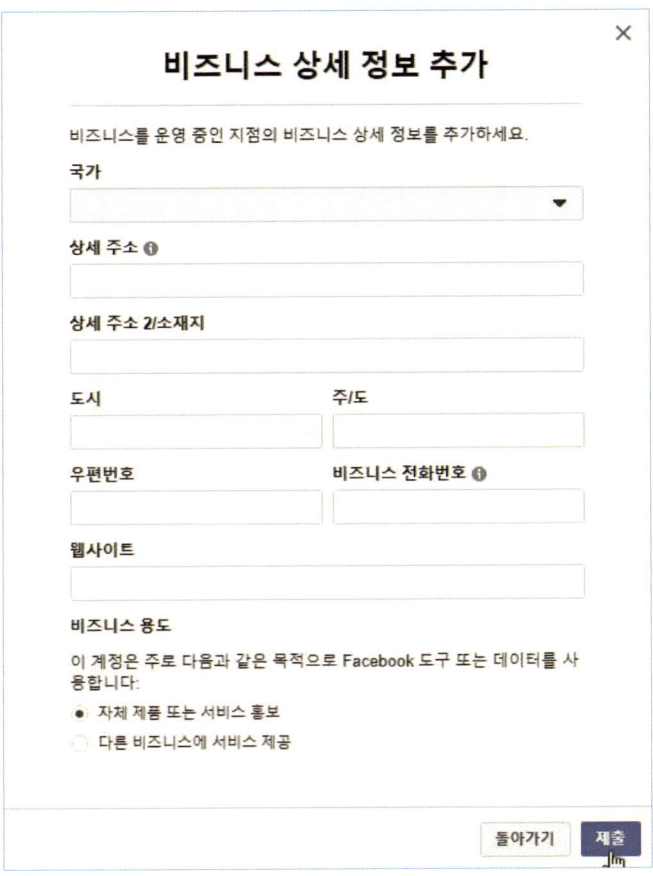

4 | 비즈니스 자산에 페이지 추가하기

다음과 같이 「비즈니스 관리자 설정」 화면이 펼쳐지면 「보안 단계 추가」
「가이드 열기」 등의 부가적인 설정 및 설명 안내 버튼이 함께 나타난다.

모두 선택사항이고, 기본 설정이 필요한 작업은 다음의 세 가지뿐이
다. 페이지, 광고 계정, 사용자! 그나마 「사용자」는 나중에 필요할 때 추
가해도 되므로 당장 필수는 아니다.

01 인터넷 주소창에 https://business.facebook.com을 입력하고 엔터키를 누른다.

02 [소유한 페이지 추가]의 [페이지 추가] 버튼을 눌러 '기본 페이지'를 추가한다.

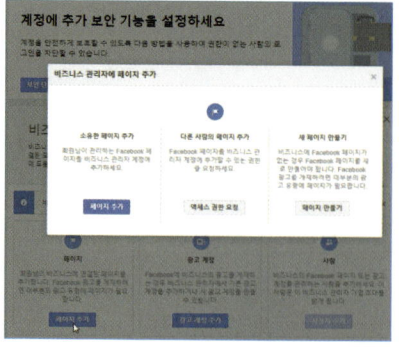
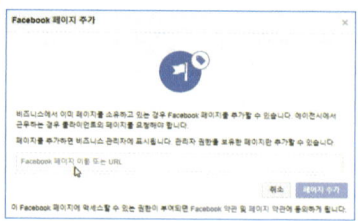

기존에 이미 만들어둔 페이스북 페이지가 있고, 비즈니스 관리자를 만든 개설자(관리자)가 그 페이지에 소유권(페이지 관리자 권한)을 갖고 있다면 세 가지 선택 옵션 중에서 [소유한 페이지 추가] 항목 아래 [페이지 추가] 버튼을 눌러서 해당하는 페이지 이름(또는 페이지 URL)을 입력하여 찾아 선택해주면 된다.

03 관리자 권한을 갖고 있지 못한 페이지를 추가하려면 액세스 권한을 요청해야 한다. 에이전트 입장에서 광고주의 페이지 관리 권한을 위탁받아 대신 관리해주어야 하는 입장이라면 [다른 사람의 페이지 추가] 항목 아래에 있는 [액세스 권한 요청] 버튼을 눌러서 다른 사람이 만들어놓은 페이지를 찾아서 접속 권한을 달라고 요청한다. (이때 앞서 기본 페이지가 먼저 설정되어 있지 않은 경우에는 다른 페이지에 대한 액세스 권한 요청을 할 수 없다.)

보안상(해킹 방지를 위해) 페이지에 관리자로 추가된 지 1주일이 경과하지 않은 사람은 그 페이지를 비즈니스 관리자 계정에 추가해달라는 요청에 대해 승인해 줄 권한이 없다.

04 만들어놓은 페이지가 아직 없을 경우 [새 페이지 만들기]를 선택한다.

비즈니스 관리자를 만들 때 이미 생성해놓은 페이지가 없을 경우에는 [새 페이지 만들기]의 [페이지 만들기] 버튼을 클릭해서 바로 신규 페이지를 생성할 수 있다.

5 | 「광고 계정 추가」로 기본 광고 계정 만들기

기본 페이지 설정을 마친 후 페이스북 광고를 위해 꼭 필요한 자산이 「광고 계정」이다. 페이스북은 원래 개인이 프로필 계정을 만들고 광고 만들기를 한번이라도 수행하게 되면 첫 광고를 만드는 과정에서 자동적으로 개인 프로필 이름과 동일한 이름의 개인 광고 계정을 생성해 준다. 다만, 이 계정은 개인 자격으로 운영하는 광고 계정일 뿐 비즈니스 용도로 회사에서 광고를 할 목적이라면 새로 만든 회사 계정(비즈니스 관리자 계정)에서 새로 비즈니스용 광고 계정을 만들어야 한다.

01 위의 [비즈니스 관리자 설정] 화면에서 [광고 계정 추가] 버튼을 누른다.

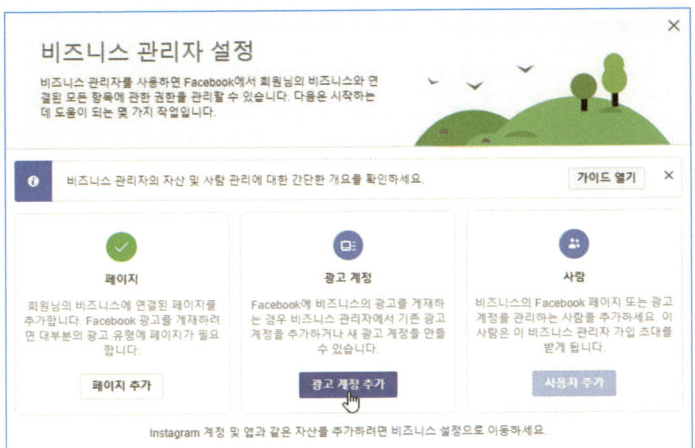

02 세 번째 항목의 [새 광고 계정 만들기]를 선택한다.

앞서 페이지 추가 과정과 비슷하게 [광고 계정 추가] 메뉴에서도 세 가지 옵션이 주어진다. 가장 바람직한 방법은 세 번째 옵션인 [새 광고 계정 만들기]를 선택하는 것이다(필요시 기존 개인 광고 계정을 비즈니스 관리자로 소유권을 이전시키는 게 가능하다).

03 [광고 계정 이름]을 입력하고 [광고 계정 만들기] 버튼을 누른다.

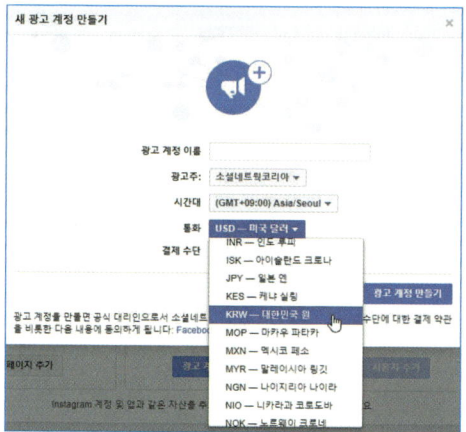

이 과정만 마치면 바로 새 비즈니스 관리자용 기본 광고 계정이 만들어진다. 광고 계정의 이름은 광고를 집행할 홈페이지(도메인명)나 쇼핑몰 이름으로 입력하면 된다. 이때 아래쪽 [통화]에 [USD—미국 달러]가 디폴트로 설정되어 나올 경우 [KRW—대한민국 원]으로 옵션을 변경한 뒤에 [광고 계정 만들기] 버튼을 누른다. 광고 계정에서 통화 및 시간대 설정은 나중에 변경하는 게 불가능하기 때문이다.

> **Tip**
>
> ### 광고 계정에 디폴트 설정된 시간대와 통화 설정을 변경할 때 유의사항
>
> 광고 계정의 시간대와 통화는 한 번 정하면 나중에 변경할 수 없다. 시간대나 통화 단위를 바꾸려면 새 광고 계정을 만들어야 하는데, 페이스북은 [비즈니스 관리자] 계정에서 쓸 수 있는 광고 계정의 수를 처음에는 1개로 제한한다. 유료 광고 실적이 쌓이거나 여러 개의 광고 계정이 필요한 에이전시 등의 요청에 대해서는 따로 신청하면 검수 후 선별적으로 허용해 준다.
>
> 집행 광고비가 매월 수천만 원 이상 억대에 이를 경우라면 미국 달러로 그냥 두는 게 나을 수 있다. 원화로 바꾸면 결제 과정에서 '환전 수수료'가 발생하는데 거액일 경우 추가 비용이 커지기 때문이다.

04 필요하다면, 기존 [개인 광고 계정]을 비즈니스 관리자에게 소유권을 이전시킨다.

만약 이미 만들어진 [개인 광고 계정]에서 광고를 집행한 적이 있고, 이 광고 내역을 [비즈니스 관리자] 계정에서 통합 관리하고 싶다면 [소유한 광고 계정 추가]를 선택하여 개인 광고 계정의 ID(숫자)를 확인 입력하여 이 광고 계정의 소유권을 비즈니스 계정으로 [이전]시킬 수 있다.

개인 광고 계정의 ID를 확인하려면 개인 프로필 계정으로 접속한 뒤, [설정] 펼침 메뉴 중에 있는 [광고 관리]를 클릭하여 나타나는 화면 중에서 개인 광고 계정의 설정 내용을 확인한다. [ID숫자]를 [복사]하여 [광고 계정 ID] 입력 창 안에 [붙여넣기] 하면 된다.

Tip

개인 광고 계정의 소유권을 비즈니스 계정으로 이전할 때 유의사항

개인 광고 계정으로 한 번도 광고를 만들어본 적이 없을 경우(광고 계정 자체가 만들어지지 않음) 또는 광고 계정을 만들어만 놓고 유료 광고를 집행한 내역이 없을 경우, 개인 광고 계정 ID를 비즈니스 관리자 계정으로 이전시키는 것은 허용되지 않는다. 이때는 그냥 비즈니스 관리자 계정에서 [새 광고 계정 추가]를 눌러 새 광고 계정을 만들면 된다.

개인 광고 계정을 비즈니스 관리자 쪽으로 일단 이전시키고 나면 이 계정은 개인 광고 계정 쪽으로 다시 환원시킬 수 없다. 이때 개인 프로필 계정에 새로운 ID 넘버의 개인 광고 계정이 하나 자동으로 생기는데, '새로 생성된' 개인 광고 계정은 다른 비즈니스 관리자 계정으로 이전시킬 수 없다(개인 광고 계정을 2회 이상 비즈니스 관리자 계정으로 이전시킬 수 없음!).

05 만약 대행사 입장에서 클라이언트(광고주)가 관리하는 광고 계정에 접속하고자
할 경우라면 두 번째 항목의 [액세스 권한 요청] 버튼을 클릭해야 한다.

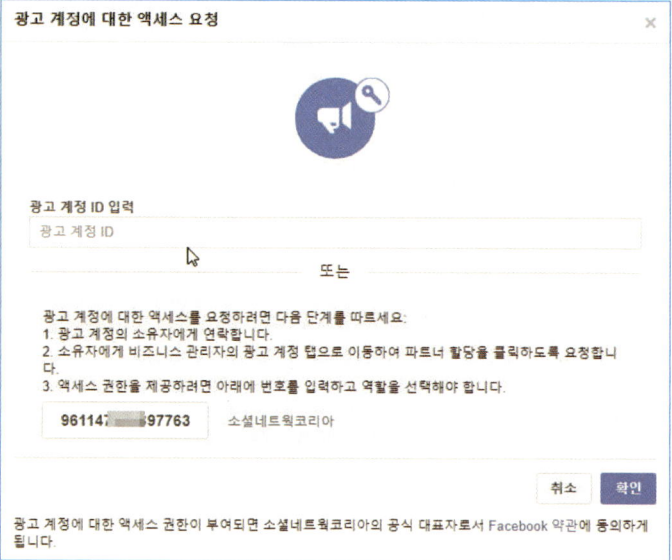

「광고 계정에 대한 액세스 요청] 팝업 창에서 광고주에게 관리해야 할 [광고 계
정 ID 넘버]를 확인받아 [광고 계정 ID 입력] 칸에 입력하고, [확인] 버튼을 눌러
광고주의 승인을 얻으면 해당 광고주의 광고 계정을 내 [비즈니스 관리자] 에서
도 함께 관리할 수 있다.

6 | 「파트너 할당」으로 타사 비즈니스 계정에 접속 권한 부여하기

「파트너 할당」을 통해 광고주의 비즈니스 관리자 계정에서 대행사의
비즈니스 관리자 계정에 접속 권한을 부여해주는 것도 가능하다.

01 [비즈니스 관리자] → [비즈니스 설정] 메뉴에서 [광고 계정] 탭을 열고 접속을
허용해주고 싶은 [광고 계정]을 선택한 뒤, [파트너 할당] 버튼을 클릭한다.

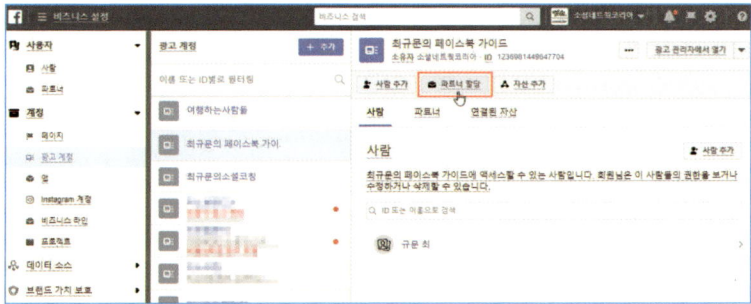

02 [파트너 할당] 팝업 창에서 [비즈니스 ID] 또는 [공유 링크]를 선택하여 클릭
한다.

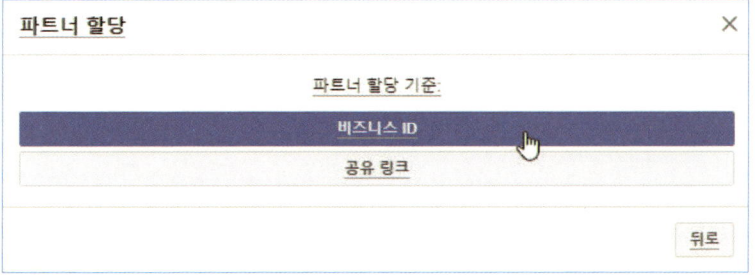

상대방(파트너)의 비즈니스 ID를 알고 있을 때는 해당 ID의 넘버를 입력하여 할
당해 주고 모를 때는 [공유 링크]를 발급받아서 메시지 등으로 전달해준다.

03 [파트너 비즈니스 ID] 입력 창 안에 상대방의 비즈니스 ID 넘버를 입력한 뒤, [운영자 액세스] 항목에 [광고 계정 관리] 설정 스위치를 켜주고 [다음] 버튼을 누른다.

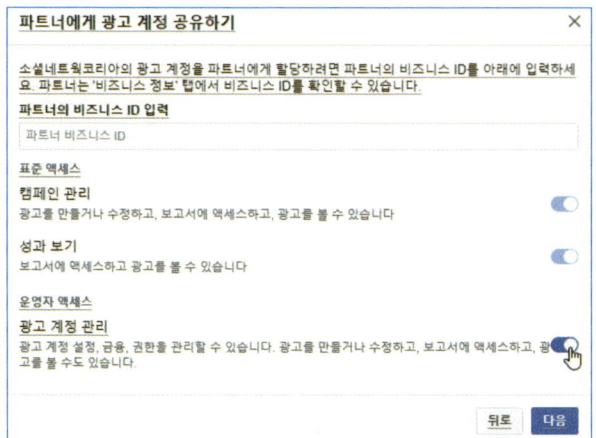

04 [공유 링크] 발급 옵션을 선택했을 때는 [광고 계정 관리] 스위치를 켜면 공유 링크 창에 자동으로 링크 주소가 생성된다. [복사]를 눌러서 메모리에 저장하고 메시지 등으로 상대에게 주소를 전달하고 수락을 요청한다.

공유 링크 전달 후 시간이 오래 경과할 때까지 상대방이 수락하지 않으면 접속 권한이 자동 상실될 수 있으니 곧바로 수락하도록 통보해야 한다. 보통 10분 정도 경과하면 수락할 수 있는 권한이 상실된다.

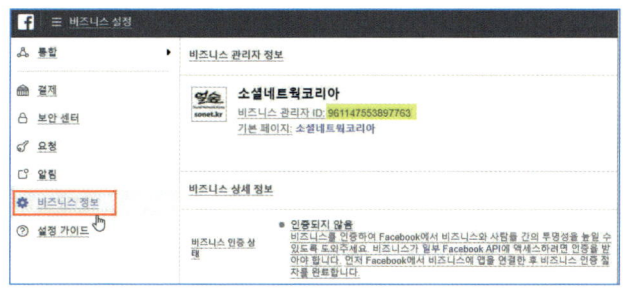
7 | 「비즈니스 관리자」에 사람 추가하기

비즈니스 관리자 계정에서 사용할 페이지와 광고 계정을 설정하고 나면, 남은 설정 과제는 어떤 페이지에 대한 광고를 어떤 광고 계정으로 '누가' 관리하도록 할 것인지 운영자 및 직원을 선정하여 각 사람별로 관리 권한을 부여하는 일이다. 비즈니스 관리자 계정을 개설한 사람은 계정 생성과 동시에 사용자로 자동으로 등록되므로 따로 추가해줄 필요가 없다. 만약 다른 사람이 공동으로 비즈니스 계정을 관리하게 하려면 먼저 '사람'으로 추가해 줘야 한다.

01 비즈니스 관리자로 접속한 뒤, [비즈니스 설정] 메뉴에서 [사용자] 항목의 [사람] 탭을 클릭하고 [+추가] 버튼을 누르면 [초대하기] 팝업 창이 열린다.

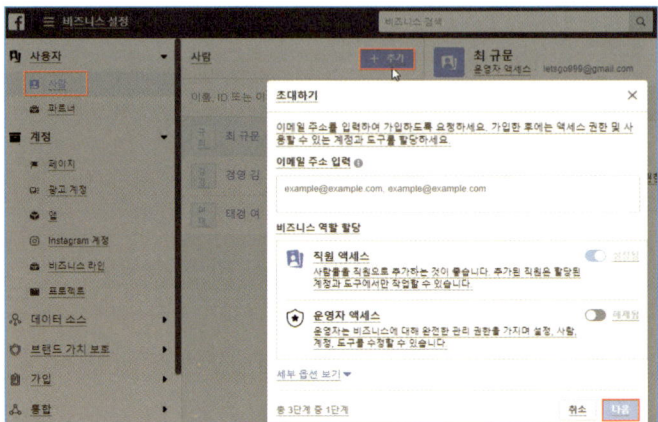

여기서 해당하는 관리자의 개인 이메일 주소를 입력하고 필요한 [비즈니스 역할]을 할당한 뒤에 [다음] 버튼을 눌러 초대한다. 역할 할당은 [직원 액세스]와 [운영자 액세스] 중에서 선택하여 스위치 표시를 온–오프 [설정/해제]로 선택하면 된다.

02 이때 초대하는 사람에게 비즈니스 계정의 자산(페이지/ 광고 계정/ 카탈로그)에 대해 각각 어떤 권한을 줄 것인지 각 선택 항목별로 권한을 부여해준 뒤에 [초대하기] 버튼을 클릭한다.

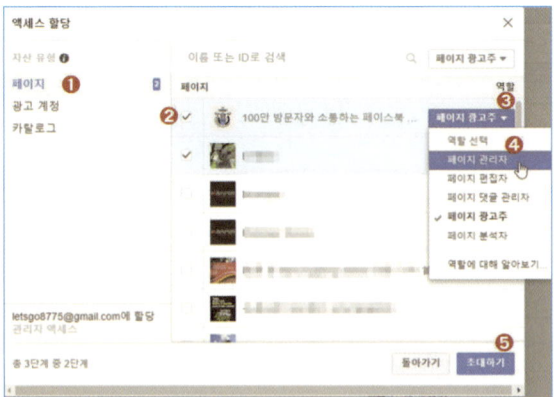

03 [초대 전송함] 안내가 뜨면 [완료]를 눌러 초대를 끝낸다.

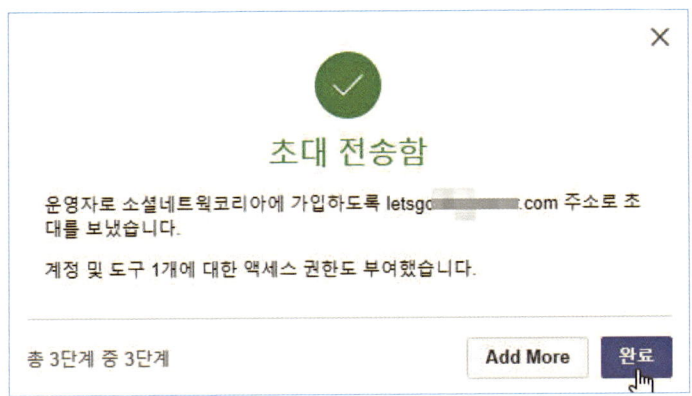

04 초대 이메일을 받은 사람은 [받은 편지함]으로 온 메일에 [시작하기] 버튼을 누른다.

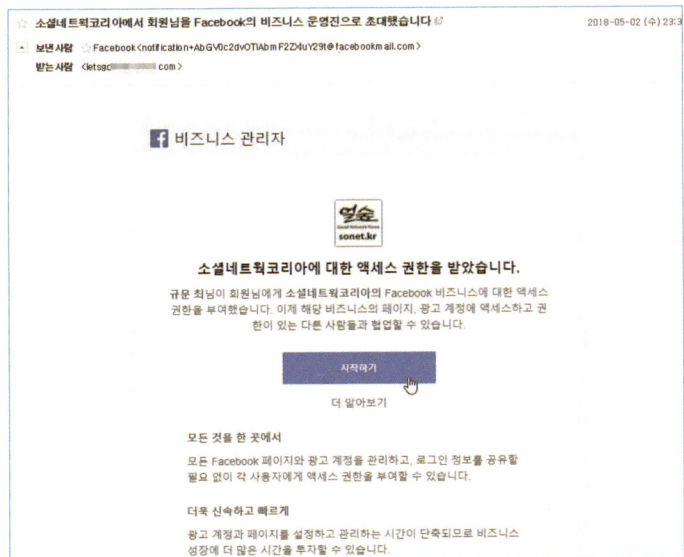

비즈니스 관리자로 참여하기로 응낙하면 이제부터 초대받은 비즈니스 관리자 계정에 액세스 권한을 가지게 된다. (파트너 할당 방식으로 특정 [광고 계정]에 액세스 권한을 얻었더라도 그 광고 계정을 관리할 [사람]을 따로 설정해주지 않으면 할당 받은 광고 계정에 대한 관리 권한이 활성화되지 않으니 유의하라.)

05 해당 비즈니스 관리자 계정에서 '사용하고 싶은 이름'을 입력해주고 [계속] 버튼을 누른다. ([성]과 [이름]을 띄어 써야만 [계속] 버튼이 활성화된다.)

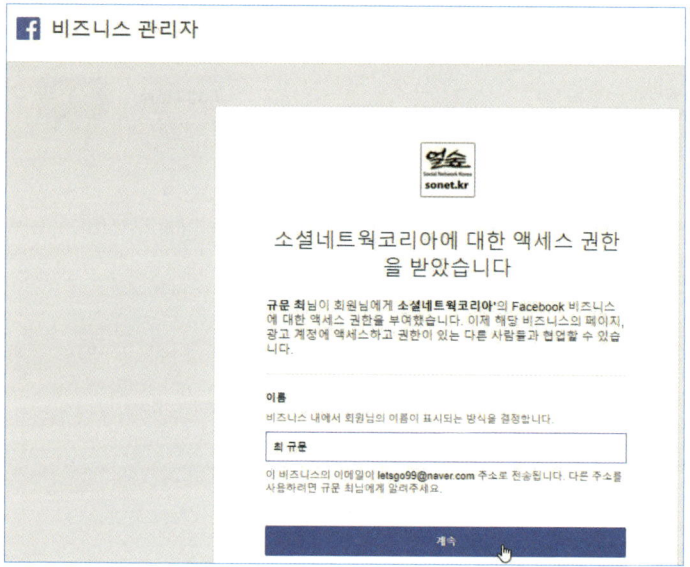

06 [계속] 버튼을 눌러 참여할 비즈니스 계정(이름)이 맞는지 페이스북 접속 비밀번호를 한 번 더 입력하고 [Facebook으로 확인] 버튼을 누른다. 해킹을 방지하기 위한 마지막 확인 절차이다.

이상의 과정을 통과하면 비로소 초대받은 「비즈니스 관리자」 계정에 관리자의 일원으로 추가된다. 이 과정을 통해서 기본적인 「비즈니스 설정」 작업은 끝난다!

8 │ 「비즈니스 설정」에 기타 앱과 인스타그램 계정 추가하기

「비즈니스 설정」에 제시된 여러 메뉴 탭과 버튼을 눌러 「인스타그램 계정」을 비롯해서 각종 앱 자산을 필요에 따라 「추가」할 수 있다.

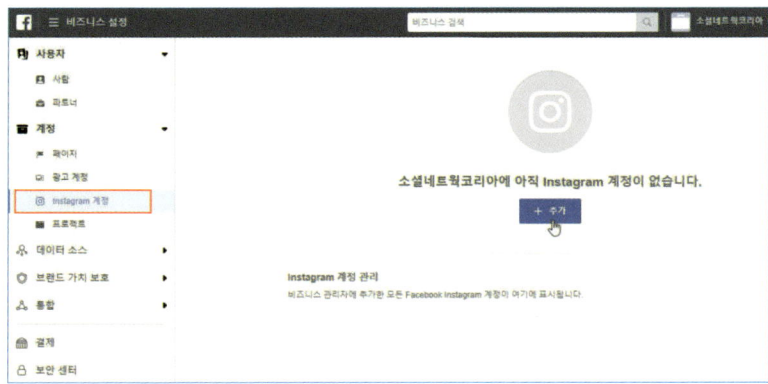

「데이터 소스」 항목을 펼쳐서 「카탈로그」를 등록할 수 있는데 이에 대해서는 뒤에서 더 깊이 다룬다. 그 외 「비즈니스 관리자」 계정에 대한 상세 사용법이나 활용 방법을 추가로 공부해보고 싶으면 페이스북이 자체 제공하는 가이드 문서나 학습 링크를 이용하시기 바란다.

🔘 https://www.facebook.com/business/learn/how-business-manager-works/guide

「비즈니스 관리자」 설정 작업은 직접 해보면 아주 어렵지는 않은 편이다. 다만 기능이 중요한 만큼 해킹 방지를 위해 여러 가지 사전 인증과 자격 제한을 요구한다. 이때문에 처음 작업할 때 중간에 자꾸만 막히고 "왜 안되지?" 싶어 연신 고개를 갸웃거리게 되는 경우가 많다. 굳이 지면을 할애하여 시시콜콜 그림과 설명을 덧붙인 까닭이다. 주의 깊게 읽어 두고, 「사용팁」으로 강조한 유의사항들은 꼭 새겨 두시기 바란다.

페이스북 픽셀은 무엇이고 어떻게 설치하나

페이스북 광고를 공부할 때 가장 자주 듣게 되는 용어가 바로 '픽셀'과 '맞춤 타겟'이다. 픽셀이란 말은 모니터 상품 설명시 해상도 표시에서 쉽게 접할 수 있다. 디스플레이 패널 화면에 색상이 표시되는 최소 크기의 셀을 가리켜 '픽셀(Pixel)'이라 부른다.

그런데 픽셀은 웹 브라우저를 통해 드러나는 인터넷 사용자들의 여러 행동을 관찰하기 위한 '추적 명령 스크립트 코드'를 가리키는 말로 자주 쓰인다. 웹 브라우저 개발자들이 픽셀 안에 사용자들의 행동을 추적하는 명령 프로그램을 심어 놓았던 데서 유래한 것이다.

이번 장에서는 페이스북 타겟 광고를 집행하기 위해 꼭 필요한 추적 픽셀의 기능과 설치 방법을 알아보고, 전환 성과를 추적하기 위한 표준 이벤트 픽셀 설치 방법까지 다룬다. 1인 기업이나 쇼핑몰을 운영하는 소상공인 분들이 가장 어려워하고 시도해보다가 포기하는 경우가 많은 대목이다. 가급적 상세하게 설명할 터이니 차근차근 따라해 보시라!

1 | 페이스북 픽셀은 어떤 용도로 쓰이는가

페이스북 픽셀은 크게 다음의 세 가지 용도를 갖는다.

1) 페이스북 광고의 성과를 추적한다

온라인 광고는 보통 인지도 증대를 위한 노출(도달), 랜딩 페이지 유입을 위한 클릭(방문), 상품 구매나 회원 가입 등의 전환(목표) 광고로 크게 나뉜다. 각각의 단계별로 사람들이 어떤 행동을 했는지를 추적 픽셀로 파악할 수 있으면 우리가 집행한 광고 캠페인이 당초에 얻고자 했던 목적에 얼마나 기대했던 반응과 행동을 유발했는지를 확인해볼 수 있다.

2) 방문 고객 행동에 따라 맞춤 타겟을 만들어준다

페이스북 추적 픽셀을 웹사이트(쇼핑몰) 곳곳에 빠짐 없이 심어두고 각 페이지에서 방문자들이 보이는 행동을 상세히 추적해보면 각 방문자가 어떤 페이지나 상품에 어느 정도 깊은 관심을 갖고 얼마나 열중해서 보는지를 확인할 수 있다. 예를 들어 메인 페이지를 조회한 사람이 특정한 제품의 상세설명 페이지를 조회했는지, 조회 후 장바구니에 담았는지, 담은 상품을 최종 결제까지 완료했는지 등을 알아낼 수 있다.

특히 페이스북 사용자인 경우 대개 로그인 접속 상태에서 활동하기 때문에 특정한 행동을 보인 사람들만 묶어서 '맞춤 타겟'을 만들 수 있고, 각 타겟의 행동 특성에 따라 맞춤 제안을 담은 광고 메시지를 각각 따로 보낼 수 있다.

3) 전환 광고의 최적화를 유도하는 도구로 쓰인다

페이스북 광고 시스템에서 동작하는 인공지능은 특정한 광고의 성과를 극대화하기 위해 광고주가 설정한 '최적화 조건'에 따라서 기대하는 행동을 가장 잘 하는 사람들의 특성을 분석하고 학습하여 머신러닝 기법으로 광고 목표에 근접하는 사람들의 특성을 찾아낸다. 일정 기간 학습을 반복하는 동안 기대 행동을 일으키는 타겟 그룹의 특성을 파악해내고, 남은 광고 예산을 광고주가 원하는 반응 행동을 제일 잘 할 것 같은 잠재고객군에게 집중적으로 투입하여 광고 성과를 극대화하는데 이를 '광고 최적화'라고 부른다.

이와 같이 페이스북 픽셀은 어떤 사람이 어느 페이지에서 어떤 행동들을 남기는지를 추적하여 최적화 프로세스에서 요구되는 특정한 행동을 평소 자주 했거나 할 것으로 예상되는 사람들을 광고 타겟으로 잡아 이들을 중심으로 광고 노출을 일으킴으로써, 광고 효과를 극대화시키는데 쓰인다. 이 과정에서 잠재고객들의 행동을 추적하는 픽셀의 역할은 매우 요긴하고 필수적이다. 이런 페이스북 픽셀의 기능이 가장 종합적으로 작용하는 곳은 페이스북 다이내믹 광고를 집행할 때다.

다이내믹 광고는 구글이 '동적 리마케팅 광고'라 불렀던 것을 페이스북이 차용한 것이다. 어떤 사람이 우리 쇼핑몰에 들어와 특정한 상품을 보고 나가면 그가 쇼핑몰을 떠나 다른 웹사이트나 앱을 이용할 경우라도 그 사람이 보고 갔던 상품 정보를 토대로 자동으로 광고를 만들어서 그 사람에게만 관련 상품 광고를 쫓아다니며 보여주는 '자동 추적 광고'를 말한다.

다이내믹 광고 구현 방법에 대한 페이스북 도움말을 살펴보면 페이스북 픽셀의 기능과 역할도 비교적 상세히 공부할 수 있다.

● https://www.facebook.com/business/help/455326144628161

위 링크는 페이스북이 다이내믹 광고를 집행하는 순서를 설명한 가이드 문서이다. 찬찬히 읽어 보면 다른 어떤 가이드보다 상세하고 친절하기 때문에 다른 책이나 설명이 필요 없을 정도다. 문제는 도움말 가이드가 아무리 상세해도 픽셀 설치는 기본적으로 '개발자 영역'의 작업이다. 설명에 사용된 용어 자체가 익숙하지 않고, 어느 정도 사전 지식이 없으면 읽어봐도 무슨 말인지 도무지 쉽게 감이 잡히지 않는다.

여기에서는 「다이내믹 광고 구현 가이드」의 설명을 기초로 픽셀과 관련하여 꼭 알아야 할 내용을 중심으로 일반인들도 따라해볼 수 있도록 가급적 상세하게 설명하겠다.

● ● ●

2 │ 「광고 계정」 및 「광고 관리자」 메뉴 활성화하기

페이스북 광고를 한번도 만들어본 적이 없다면 페이스북 오른쪽 상단 끝에 있는 역삼각형 「설정」 메뉴를 펼쳐서 「Facebook에서 광고하기(광고 만들기)」를 클릭해보라. 처음으로 광고 만들기를 하는 경우면 중간에 「광고 계정」 생성 절차를 자동적으로 거치게 되어 있으니 「확인」만 해주면 된다. 최초 광고 만들기 작업이 「완료」되지 않으면 「광고 관리」 메뉴가 보이지 않고, 「광고 관리자」 메뉴를 열어보려 해도 「더 보기」 메뉴 버튼이 클릭되질 않는다. 따라서 이 작업이 가장 우선 선행되어야 한다.

　　물론 앞서 설명한 「비즈니스 관리자」 계정의 「비즈니스 자산 설정」
작업을 통해서 이미 「광고 계정」을 만들었다면 그 광고 계정을 통해 페
이스북 픽셀을 만들 수 있다. 만약 아직 비즈니스 관리자 계정을 만들
지 않은 상태로 개인 프로필 계정 접속 상태에서 페이스북 픽셀을 만들
고 싶다면 위에 예시한 그림처럼 「광고 만들기」 메뉴를 이용하면 된다.
앞서 언급했듯이 페이스북 픽셀은 「비즈니스 관리자」 계정 또는 「광고
계정」이 있어야만 비로소 만들 수 있기 때문이다.

Tip

페이스북 [광고 계정]을 실제 집행 가능하게 활성화시키려면?

광고 계정을 만들 때 해외 결제가 가능한 VISA 나 MASTER 신용카드 정보가 필
요하다. 결제수단 정보를 입력해 주어야만 비로소 광고 집행이 가능해진다. 결제
수단 카드 등록시 1불이 청구되었다가 다시 환불되니까 놀라지 말자. 페이스북 광
고는 후불제로 집행된다. 광고가 개시되어 실제로 광고비가 발생하기 시작하면
일정금액 단위로 모아서 수시 또는 정기적으로 청구된다. 회사 카드를 등록한 경
우 회계 담당자에게 미리 귀띔을 해놓아야 불필요한 오해를 피할 수 있다.

3 | 쇼핑몰 웹사이트에 페이스북 픽셀 설치하기

우리 홈페이지(쇼핑몰)에 방문한 사용자가 어떤 웹페이지에 와서 어떤 상품을 얼마나 오래 보았는지 그리고 나아가 상품을 본 뒤에 어떤 행동을 했는지, 예를 들어 장바구니에 넣었는지 주문서를 작성했는지 구매를 완료했는지 등을 추적하여 그 행동에 따라 사람들을 추려내는 필터링(선별) 작업이 필요하다.

물건을 이미 구매한 사람에게 광고를 또 내보내는 것은 예산 낭비이기도 하거니와 최근에 이미 산 사람에게 또 사라고 광고하는 것은 우리 쪽의 고객 관리 체계가 엉망이라는 걸 드러내는 셈이라 쇼핑몰 사이트의 신뢰도를 떨어뜨릴 수 있기 때문이다.

페이스북 추적 픽셀 설치 방법은 홈페이지나 쇼핑몰의 소스 구조에 따라 다르다. 때문에 홈페이지 소스 코드를 다룰 줄 아는 개발자가 아니면 다루기가 쉽지 않다. 그래서 이것이 페이스북 광고를 집행할 때 제일 높은 진입장벽이다.

다행히 페이스북 픽셀 삽입 작업은 1회성 작업이다. 한 번만 제 위치에 제대로 심어 놓으면 홈페이지를 완전히 업데이트하는 수준이 아닌 한 추가 작업이 필요치 않다. 그러니 도와줄 개발자가 있다면 이 작업은 전문 개발자에게 의뢰하는 게 바람직하다.

안타깝게도 사내에 그런 역량을 갖춘 도우미가 없다면 비록 초보적인 수준일지라도 픽셀 설치 방법 정도는 직접 공부해두는 게 좋다.

구체적으로 페이스북 픽셀을 만드는 과정을 살펴보자.

01 [비즈니스 관리자]에 접속하여 픽셀을 발급받을 [광고 계정]을 선택한 뒤, [모든 도구]에서 [픽셀]을 클릭한다.

02 [픽셀 만들기] 또는 [픽셀 설정] 녹색 버튼이 나오면 클릭한다.

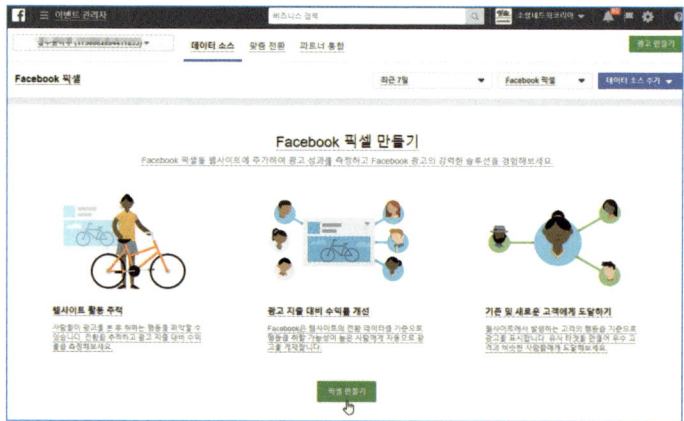

광고 계정을 새로 등록하고 최초로 [픽셀] 메뉴를 클릭하면 [픽셀 만들기] 버튼이 뜬다. (이미 픽셀을 발급받은 적이 있을 경우 [픽셀 설정] 버튼이 나타난다. 이때는 [상세 정보] 버튼을 눌러서 픽셀 코드 정보를 확인할 수 있다.)

03 [Facebook 픽셀 만들기] 팝업 창에서 [픽셀 이름]을 확인(수정)하고 [만들기]를 누른다. (이미 만들어져 있는 경우에는 [상세 정보] → [설정] 버튼을 눌러 픽셀 코드를 직접 열어 확인한다.)

04 픽셀 만들기 완료 알림이 뜨고 [픽셀 설정] 창이 나오면 [코드 직접 설치] 옵션을 선택한다.

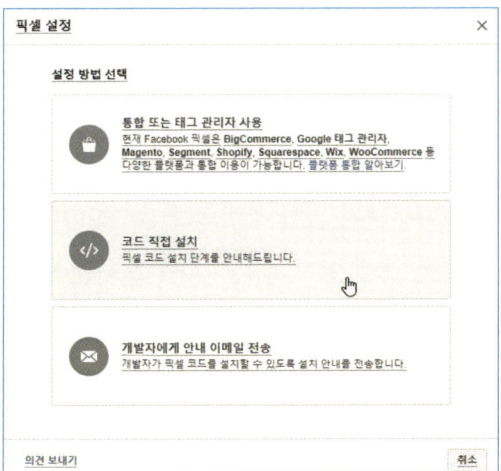

05 픽셀 스크립트를 심는 위치를 [예시] 화면에서 확인하고 전체 픽셀 코드를 [복사] 한 뒤에 [계속] 버튼을 누른다. (카페24쇼핑몰이나 고도몰과 같은 쇼핑몰 플랫폼에서는 픽셀코드 중에서 픽셀 ID 숫자만 복사해서 입력하면 자동 설치되도록 지원한다.) 기본 픽셀 코드를 복사하여 추적할 웹사이트 공통 레이아웃 파일의 [헤드] 영역(⟨head⟩와 ⟨/head⟩ 태그 사이)에 붙여넣는다.

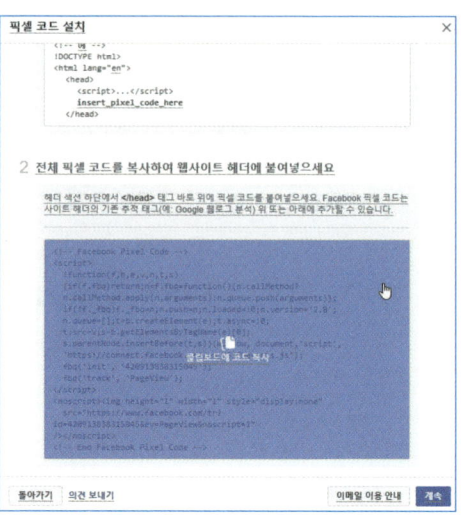

4 | 웹사이트 구조에 따른 페이스북 기본 픽셀 삽입 방법

웹사이트의 소스 구조가 어떤 방식이냐에 따라서 픽셀을 심는 방법은 모두 조금씩 다르다. 다만 어느 한 웹페이지라도 픽셀이 누락되면 그 페이지에서 발생하는 방문자들의 행동 정보는 추적할 수 없게 된다. 그러므로 홈페이지의 모든 페이지에 빠짐 없이 추적 픽셀을 심어야 한다. 페이지 구성 파일이 많으면 모든 곳에 언제 일일이 다 심느냐고 한숨이 나오겠지만 실망하기엔 이르다.

대부분의 웹사이트는 각 웹페이지의 중간 영역(바디)의 콘텐츠가 어떻게 바뀌어도 페이지 상단과 하단(헤더 & 푸터 영역이라 부름)의 레이아웃은 모든 웹사이트에 공통 디자인 파일이 적용되도록 설계되어 있다. 흔히 「공통 레이아웃」이라 부르는데, 이 페이지 소스 파일의 〈/head〉 태그 바로 윗줄에만 정확하게 심으면 1회의 삽입 작업으로 거의 모든 웹페이지에 공통으로 적용된다.

아래에 티스토리 블로그, 워드프레스로 구축된 홈페이지 그리고 카페24쇼핑몰로 구축된 쇼핑몰 등에 각각 어떤 방법으로 픽셀 코드를 심는지 그림 설명으로 대신해 놓는다.

01 티스토리 블로그 스킨에 픽셀 심기

네이버나 다음 블로그는 외부 스크립트 설치를 허용하지 않는다. [티스토리] 블로그만이 [관리자] 메뉴에서 메인 홈(스킨) 파일에 대해 html 소스 편집을 허용하기 때문에 아래와 같이 작업하면 된다.

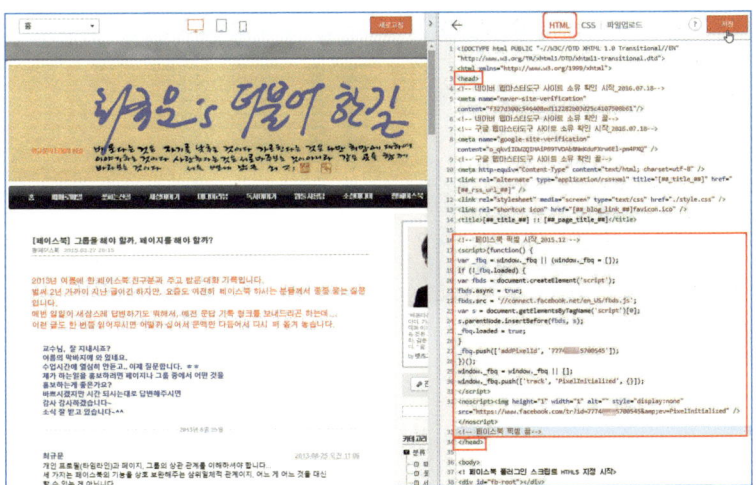

티스토리에 [로그인] 후 [관리자] 메뉴로 접속하여 [꾸미기] → [스킨] → [HTML 편집] 버튼을 클릭하여 홈 소스 파일 화면을 펼치고 우측 파일 편집 창에서 〈head〉와 〈/head〉 사이에 페이스북 픽셀 스크립트를 [붙여넣기]한 뒤, [저장] 버튼을 누른다. (가급적 〈/head〉 바로 윗줄에 삽입하는 게 좋다.)

02 워드프레스로 구축된 홈페이지에 픽셀 심기

페이스북 픽셀 삽입용 플러그인이나 [Header and Footer Script] 플러그인
을 다운받아 설치한 후 픽셀 코드를 붙여넣고 [저장]한다. Header 영역에 스
크립트를 심는 워드프레스 플러그인은 종류가 많다. 대표적으로 [Header
and Footer Script]를 권한다. 이것도 복잡하다 싶으면 [Facebook Pixel for
Wordpress] 플러그인을 직접 사용해도 된다.

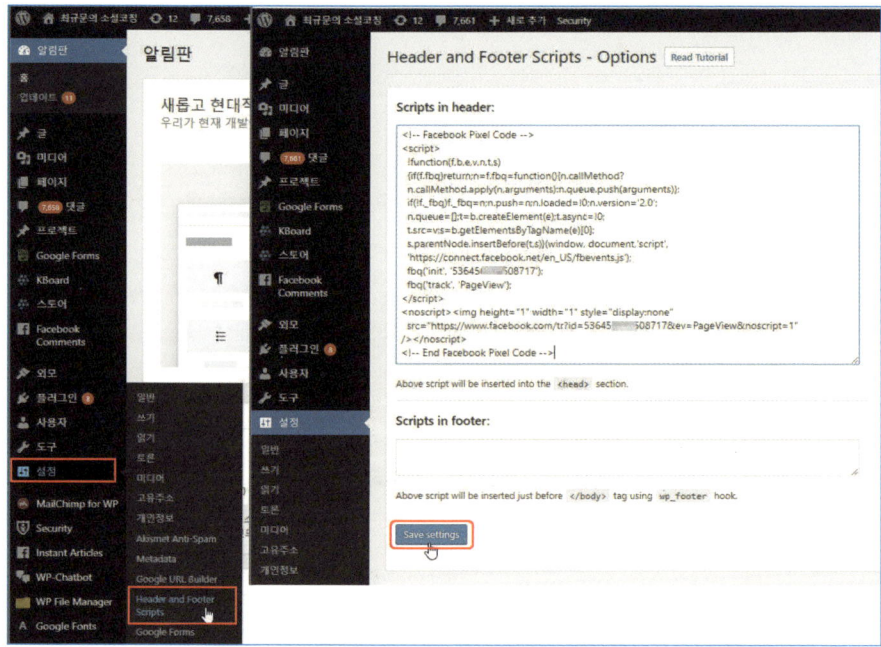

위 그림은 워드프레스 홈페이지에 [Header and Footer Scripts] 플러그인을
다운로드받아서 설치한 뒤 활성화하고, [설정] 메뉴에서 호출한 뒤 복사해온 페
이스북 픽셀 코드를 삽입한 예시 화면이다. 복사한 픽셀 스크립트를 붙여넣기
한 뒤에 [Save Settings] 버튼만 눌러주면 바로 반영되어 픽셀이 동작한다.

03 카페24쇼핑몰에 페이스북 픽셀 심기

[쇼핑몰 관리자] → [상점 관리] → [마케팅 제휴서비스] → [페이스북] → [픽셀 설정] 화면에서 [사용 여부]에 '사용함' 선택 후 [페이스북 픽셀 ID] 칸에 페이스 북 픽셀의 ID 숫자만 넣고 [설정] 버튼을 누른다. (2019년 2월 이후 [앱스토어] 확 장프로그램 적용 방식으로 변경되었으니 바뀐 설정 방법은 아래 글을 참고하라. https://sonet.kr/1571)

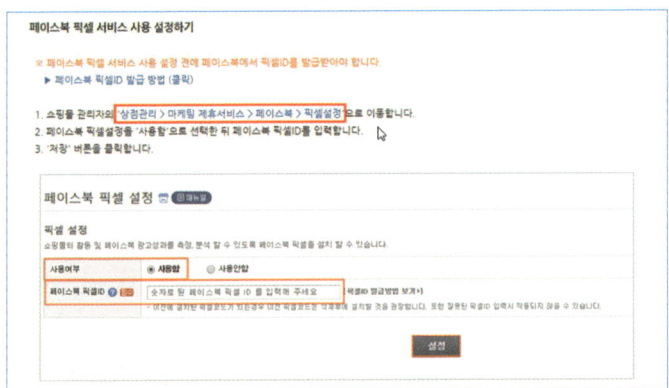

쇼핑몰 운영자들이 흔히 사용하는 방법은 네이버 스마트스토어를 개설하거나 카페24쇼핑몰, 고도몰, 메이크샵과 같은 임대형 쇼핑몰 구축 도구를 이용하여 자사몰을 운영하는 것이다. 쇼핑몰 운영자들의 픽셀 활용 요구가 급증해서 요즘 은 대부분 업체들이 플러그인 방식을 지원한다. 그마저도 어려워하는 관리 운영 자들을 위해 페이스북 픽셀의 ID 숫자만 확인하여 입력해주면 추적 스크립트를 자동으로 설정해준다. 따라서 픽셀 삽입 방법을 세세하게 모르더라도 이들 도구 를 이용하면 어렵지 않게 페이스북 픽셀을 설치하여 이용할 수 있다.

> **Tip**
>
> **오픈마켓에도 페이스북 픽셀을 심을 수 있을까?**
>
> 지마켓, 옥션, 11번가와 같은 곳이나 쿠팡, 티몬, 위메프, 기타 백화점몰 등 외부몰 에 입점하여 판매 위탁을 한 경우에는 페이스북 픽셀과 같은 외부 추적 스크립트 의 삽입을 허용하지 않는 게 일반적이다. 따라서 픽셀을 이용하려고 하기보다 해 당 플랫폼에서 제공하는 거래 분석 통계나 데이터를 적극 활용해야 할 것이다.

Tip

실제 서비스 화면과 이 책에 설명된 화면이 일치하지 않을 경우에 대하여

이 책에서는 우리나라에서 가장 많은 사람들이 이용하고 있는 쇼핑몰 플랫폼인 카페24쇼핑몰, 고도몰, 메이크샵 세 군데 쇼핑몰에서 페이스북 픽셀을 삽입(설정)하는 방법을 현재(2018년 8월 기준) 시점에 캡쳐한 화면을 사용했다. 이들 업체의 사정이나 정책에 따라 화면 인터페이스가 언제든 변경될 수 있으므로 책이 출간되어 독자들이 읽을 때 화면은 책의 설명과 다를 수도 있음을 밝혀둔다.

04 고도몰에 페이스북 픽셀 심기

[고도몰 관리자]에 로그인 → [마케팅] → [페이스북 광고 설정] 화면에서 [사용 설정]에 '사용' 선택 후 → [픽셀 ID] 칸에 페이스북 픽셀의 ID 숫자만 넣고 → [도메인 인증 코드 설정]란에 인증 코드 입력 → [페이스북 픽셀 코드 설정] 항목에서 기본 코드 및 추적할 이벤트 선택 박스에 체크해주고 [저장]한다.

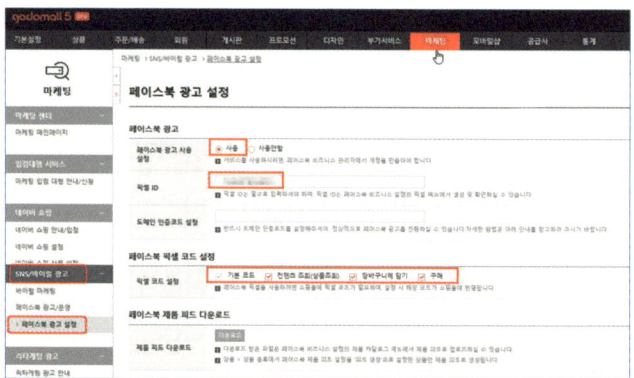

여기에서 [도메인 인증 코드]라는 것은 페이스북의 기능을 외부 웹사이트와 연동하여 데이터를 주고 받을 때 발생할 수 있는 해킹 등의 부정 침투를 방지하기 위해 해당 쇼핑몰에 대한 관리 운영권을 픽셀을 사용하려는 사람이 갖고 있는지 확인하는 인증 절차이다. 자사 쇼핑몰을 따로 운영하는 경우에 필수적으로 요구하는 추세이므로 알아두는 게 좋다. 페이스북 인증 코드를 발급받는 방법은 아래 사용팁을 참고하라. 다른 몰에서 도메인 인증을 받는 방법도 대동소이하므로 유사하게 대응하면 된다.

페이스북 픽셀 설정시 [도메인 인증 코드]를 요구할 경우 대응하려면?

페이스북 [비즈니스 관리자]에 접속하여 [비즈니스 설정] → [브랜드 가치 보호] → [도메인] 메뉴 화면을 열고 [추가] 버튼을 눌러 [도메인 추가] 팝업 창에 원하는 도메인 주소를 입력해주면, 해당 도메인에 대한 인증 코드가 자동으로 발급된다. 이 코드 값을 [복사]하여 쇼핑몰(고도몰, 메이크샵 등)의 페이스북 픽셀 설정 화면 중 [도메인 인증 코드] 입력 칸에 [붙여넣기] 해준 뒤 [저장]하고 다시 페이스북 도메인 인증 화면으로 돌아와서 [HTML 파일 업로드] 탭을 선택한 뒤, 맨 아래 [인증] 버튼을 누른다.

페이스북 픽셀은 어디에 삽입하는 것인가?

페이스북 픽셀은 페이스북 안에 설치하는 게 아니라 자신이 운영하는 홈페이지나 블로그(티스토리) 혹은 쇼핑몰 웹사이트 전체 페이지(공통 레이아웃 페이지)의 소스 파일 안에 심는다. 보통 10줄 내외의 작은 명령 프로그램 코드(자바스크립트) 덩어리다. 어떤 특정한 웹페이지가 브라우저에서 열리면 누가(디바이스 쿠키 또는 로그인 정보) 어떤 페이지를 몇 시 몇 분에, 몇 초나 보고 어느 페이지로 이동하거나 빠져 나갔는지 방문 흔적 정보를 읽어서 그 내용을 페이스북 서버 쪽으로 송신하라는 내용이다.

05 메이크샵에 페이스북 픽셀 심기

[메이크샵 관리자] 로그인 → [마케팅센터] → [전체보기] → [페이스북 마케팅] 화면을 열어서 아래쪽으로 스크롤하여 → [페이스북 Pixel ID] 칸에 페이스북 픽셀의 ID 숫자만 넣고 → [사용 이벤트] 항목들을 선택 체크해주고 → [삽입하기] 버튼을 클릭한다.

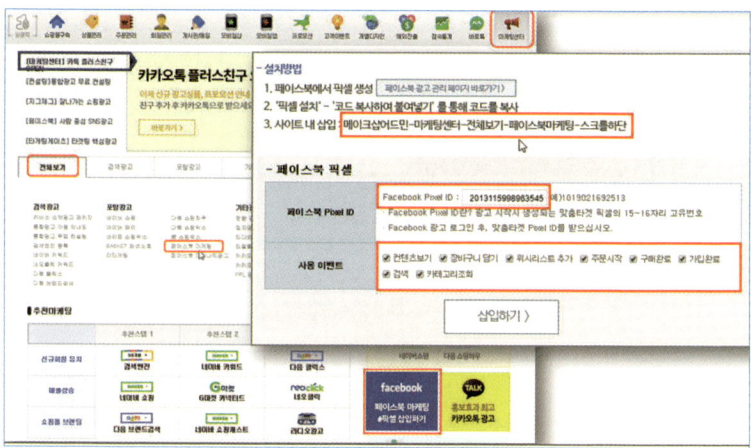

5 | 전환 추적을 위한 표준이벤트 픽셀과 매개변수 추가하기

어떤 사람이 우리 쇼핑몰에 방문을 했다는 사실만으로 추적이 끝나지 않는다. 어떤 상품에 관심을 보였는지, 장바구니에는 담았는지, 주문을 완료했는지까지 추적해야 한다. 그래야 그 사람에게 어떤 상품에 대한 광고를 더 뿌릴지 말지를 결정할 수 있기 때문이다.

쇼핑몰을 운영하는 페이지에선 피할 수 없는 과정이고 결국 개발자를 요구하는 지점이다. 앞서 옵션 체크 방식으로 설정 작업을 자동화해주기 전까지는 쇼핑몰 관리자가 페이스북 기본 픽셀뿐만 아니라 이벤트 픽셀 작업도 해야 했다.

페이스북에서 전환 광고와 다이내믹 광고를 실시하려면 상품 상세 페이지, 장바구니 담기, 주문완료(구매) 페이지 등 최소 세 군데에 이벤트 코드를 추가해야 한다. 각각의 행동에 대해 일반적으로 사용되는 이벤트 코드의 이름은 보통 다음과 같다.

(1) 상품상세 페이지 조회 = ViewContent
(2) 장바구니 담기 = AddToCart
(3) 구매(주문완료)= Purchase

쇼핑몰의 경우 이벤트 추적을 할 때는 단지 해당 행동이 일어난 것뿐만 아니라 더 자세한 정보가 요구된다. 예를 들면 어떤 종류(type)의, 어떤 이름을 가진(title), 어느 상품이(id), 얼마 어치나(value) 팔렸는지 구체적인 거래 내역을 확인해야 한다. 이와 같이 구매 상품 정보 및 거래 내역 정보를 세부적으로 알아내기 위해 이벤트 추적 코드에 추가 정보를 얻어내기 위한 코드를 추가하는데 이것을 「매개 변수」라 부른다.

특히 누가 어떤 상품을 보고 갔는지에 따라 자동으로 해당 상품 정보를 이용해서 맞춤 광고를 만들어야 하는 「다이내믹 광고」를 하려면 「매개변수」를 추가하는 작업이 꼭 필요하다. 이 작업 과정에 대한 페이스북의 가이드 설명은 아래 링크를 참고하라.

◐ https://www.facebook.com/business/help/1549524211985335

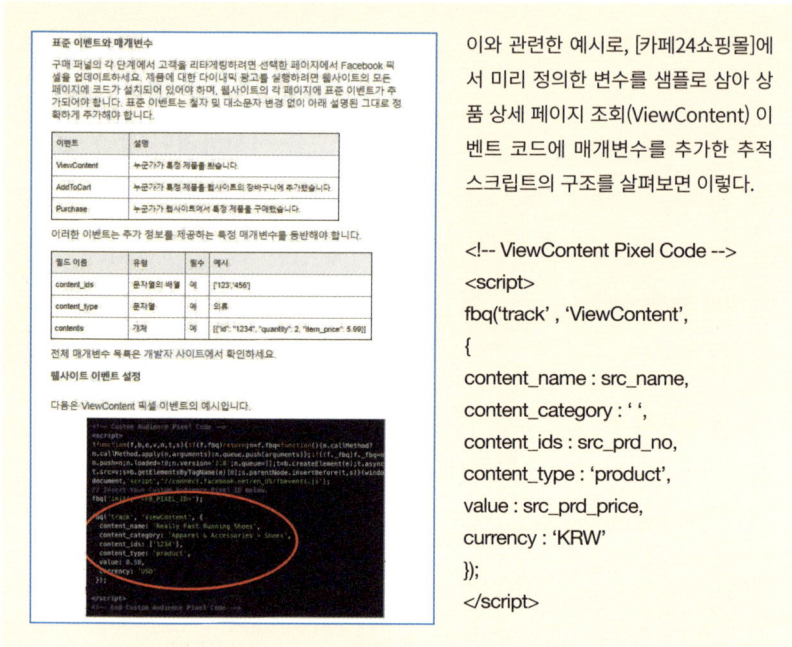

이와 관련한 예시로, [카페24쇼핑몰]에서 미리 정의한 변수를 샘플로 삼아 상품 상세 페이지 조회(ViewContent) 이벤트 코드에 매개변수를 추가한 추적 스크립트의 구조를 살펴보면 이렇다.

```
<!-- ViewContent Pixel Code -->
<script>
fbq('track' , 'ViewContent',
{
content_name : src_name,
content_category : ' ',
content_ids : src_prd_no,
content_type : 'product',
value : src_prd_price,
currency : 'KRW'
});
</script>
```

　매개변수 설정시 유의할 것은, 쇼핑몰의 경우 방문자들이 찾는 상품 상세 페이지가 매번 달라질 수 있다는 점이다. 이 경우 상품 이름이나 상품 번호, 상품 가격을 동적으로 변동되는 값을 읽어오도록 해야 한다.

　예를 들어 카페24쇼핑몰의 경우 구매(Purchase) 이벤트 스크립트에서는 value : src_total_price(구입 총액)으로 바꾸어 주면 된다. content_ids : src_prd_no, content_type : 'product' 두 매개변수는 필수적으로 요구한다. 다른 쇼핑몰 플랫폼(고도몰, 메이크샵 등)을 이용한다면 해당 소스에서 정의하고 있는 매개변수를 확인한 뒤, 그에 맞게 스크립트를 수정해 줘야 한다. 보다시피 이 작업은 개발자의 도움 없이 수행하기 어렵다. 다행히 1-4의 3에서와 같이 각 업체에서 제공하는 페이스북 픽셀 자동 설정 옵션을 이용하면 이들 작업도 함께 반영된다.

쇼핑몰에 삽입한 페이스북 픽셀이 정상 동작하는지 확인하려면?

표준 이벤트에 매개변수를 수정(추가)한 픽셀을 설치한 경우 쇼핑몰 상품 페이지를 열었을 때, 정상적으로 추적하여 값을 불러오는지 점검해봐야 한다. 구글 크롬에 [Facebook Pixel Helper]라는 확장 프로그램을 설치하고, 특정 상품의 상세 페이지를 열고 위 픽셀 헬퍼 프로그램을 클릭하여 픽셀이 에러 없이 동작하는지 살펴본다. 이 확장프로그램을 설치하려면 아래 링크 주소의 설명을 참고하라.

○ https://developers.facebook.com/docs/facebook-pixel/pixel-helper

6 | 「스마트스토어」에 페이스북 픽셀을 삽입하려면

웹사이트 맞춤 타겟 생성과 관련해 스마트스토어 운영자들이 가장 많이 하는 질문이 있다. "스마트스토어에 방문한 사람을 맞춤 타겟으로 모아낼 수 있느냐?"는 것이다. 이 말은 곧 스마트스토어 안에 페이스북 추적 픽셀을 심을 수 있느냐는 질문과 같다. 추적 픽셀을 심을 수만 있다면 어디에서든 맞춤 타겟을 만들어내는 것이 가능하기 때문이다.

스마트스토어 같이 외부 마켓에 입점하는 경우 우리 스토어에 방문한 사람만 따로 골라서 맞춤 타겟을 만드는 것은 원칙적으로 불가능하다. 다만, 해당 서비스가 「html 편집기」를 이용한 게시물 편집과 공개를 허용할 경우 불완전하지만 문서 안에 스크립트 코드의 일부를 삽입하여 방문자를 추적하는 기초적인 작업은 가능하다. 이 방법을 이용하여 네이버 스마트스토어에 페이스북 픽셀을 삽입하는 방법을 잠시 살펴보고 넘어가자.

01 [스마트스토어 관리자센터]에 로그인한 뒤, 왼쪽 메뉴판의 [상품관리]를 펼쳐 [공지사항 관리]를 선택하고, 오른쪽 상단의 [새 공지사항 등록] 버튼을 클릭한다.

02 [상품 공지사항 등록] 화면 첫 줄 [모든 상품에 공지사항 노출] 박스에 체크하고, 제목 입력창에 [제목]을 넣어준다. (예: '찾아주셔서 고맙습니다'와 같이 상품 설명 중간에 노출돼도 괜찮은 제목.)

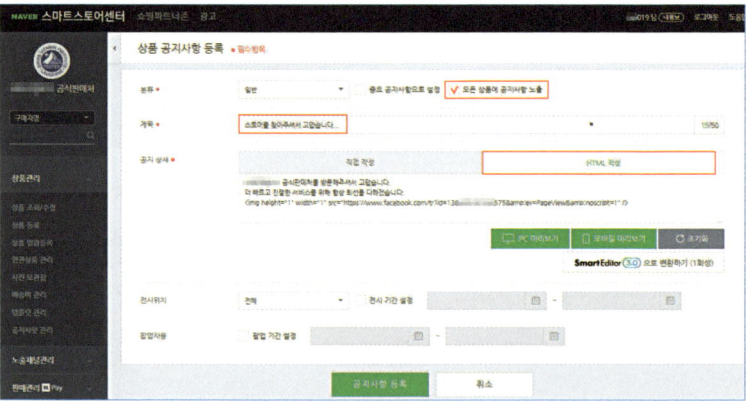

03 [공지 상세] 창에서 [HTML 작성] 탭을 클릭하여 아래 픽셀 코드(샘플)를 삽입한다. (id = 숫자는 각자의 페이스북 추적 픽셀 ID 숫자로 치환해줘야 한다.)

```
<img height="1" width="1"
src="https://www.facebook.com/
tr?id=XXXXXXXXXXXXXX&amp;ev=PageView&amp;noscript=1"/>
```

Tip

스마트스토어에 페이지 뷰 추적 픽셀을 설치하려면?

HTML 작성 창에 입력할 소스 코드를 완성하려면, 페이스북 기본 픽셀 아래쪽에 있는 <noscript> ~ </noscript> 태그 안에 있는 구문을 [복사]하여 html 공지문 작성 창 안에 [붙여넣기]한 뒤, 스마트스토어 추적용 페이스북 픽셀 ID를 새로 발급받아 픽셀 ID 숫자만 변경해주면 된다.

```
<!-- Facebook Pixel Code -->
<script>
  !function(f,b,e,v,n,t,s)
  {if(f.fbq)return;n=f.fbq=function(){n.callMethod?
  n.callMethod.apply(n,arguments):n.queue.push(arguments)};
  if(!f._fbq)f._fbq=n;n.push=n;n.loaded=!0;n.version='2.0';
  n.queue=[];t=b.createElement(e);t.async=!0;
  t.src=v;s=b.getElementsByTagName(e)[0];
  s.parentNode.insertBefore(t,s)}(window, document,'script',
  'https://connect.facebook.net/en_US/fbevents.js');
  fbq('init', '84991    379407');
  fbq('track', 'PageView');
</script>
<noscript><img height="1" width="1" style="display:none"
  src="https://www.facebook.com/tr?
  id=849   1879407&ev=PageView&noscript=1"
/></noscript>
<!-- End Facebook Pixel Code -->
```

여기서 <noscript> 영역 코드 중에서 style="display:none" 구문은 삭제하도록 권한다.

04 위의 코드 내용을 02 공지사항 화면의 편집 창 안에 [붙여넣기]한 후에 하단 [공지사항 등록] 버튼을 클릭한다.

05 [상품 관리] 메뉴에서 [상품 등록] 탭을 클릭하고 등록할 상품의 카테고리, 상품명, 판매가격 등 필수 사항을 입력한 후 페이지 맨 아래로 이동한다.

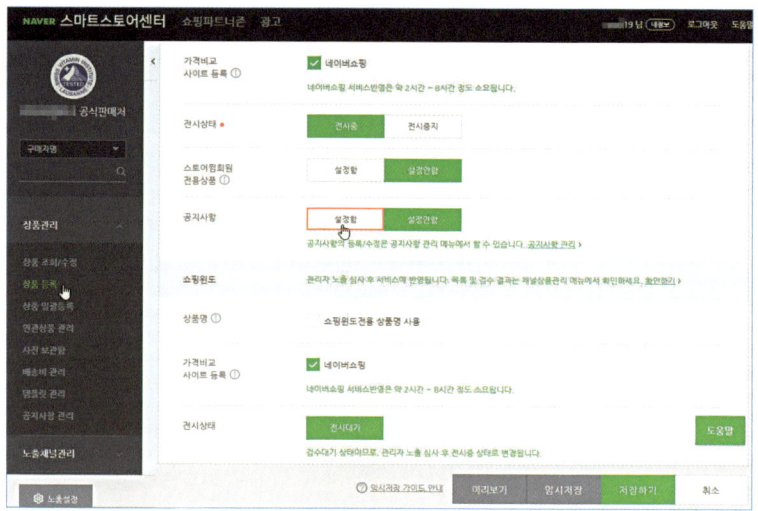

06 [공지사항] 항목의 스위치를 [설정함]으로 변경하여 탭이 녹색으로 표시되도록 하고, [공지사항] 팝업 선택 화면이 뜨면, 앞서 03에서 〈noscript〉 영역 코드를 넣어 작성했던 [제목]의 공지사항을 찾아서 [선택]한다.

07 [공지사항] 설정 항목에 선택한 제목의 공지사항이 연결된 게 확인되면 [저장하기]를 클릭한다.

상품을 새로 등록할 때마다 이와 같이 설정해주면 누군가 스마트스토어에 방문하여 해당 제품을 조회할 때 추적 픽셀이 심어진 공지사항이 상품 상세 설명 화면의 아래쪽에 나타난다. 바로 이때 이벤트(페이지

뷰)가 활성화되면서 픽셀이 동작한다. 구글 크롬 브라우저에 「Facebook Pixel Helper」 확장프로그램을 추가한 뒤에 스마트스토어에 올린 상품의 상세 페이지를 열었을 때 페이스북 픽셀이 정상적으로 동작하는지를 확인해보면 된다.

PageView 픽셀이 '정상'으로 나타나면(초록색 동그라미 표시) 스마트스토어 방문자에 대해 추적 픽셀도 정상적으로 동작하는 셈이다. 이제 비즈니스 관리자에서 이 픽셀과 연계된 광고 계정을 열고 「타겟」 메뉴에서 「웹사이트 트래픽(모든 웹사이트 방문자)」 옵션으로 맞춤 타겟을 생성하면 스마트스토어 방문자를 모아 맞춤 타겟을 만들 수 있다.

다만, 스마트스토어 사이트 안에서 방문자가 구체적으로 어떤 행동을 했는지까지 추적하는 것은 불가능하다. 해당 스토어에 방문 여부만을 확인하고, 그 중 페이스북 사용자가 있을 경우 그 사람들만 엮어서 「맞춤 타겟」을 만들 수 있을 뿐이다. 자사 쇼핑몰에 「네이버 Pay」 버튼을 붙여놓은 경우 「네이버 Pay」 버튼으로 결제를 시도한 사람이 결제 프로세스를 끝냈는지 중도에 이탈했는지 알아내기 어려운 것과 같다.

> **Tip**
>
> **픽셀 삽입 전 스마트스토어에 이미 등록된 상품이 있을 경우**
>
> [상품관리] – [상품 조회/수정] 목록에서 개별 상품을 선택한 후 [수정] 버튼을 클릭하여, 픽셀이 심어진 공지사항을 선택해주고 [공개] 옵션(설정함)으로 변경한 뒤 [저장하기] 버튼을 눌러주면 된다.

7 | 비즈니스 관리자에서 페이스북 픽셀 ID를 추가로 생성하려면

만약 스마트스토어와 자사몰을 함께 운영하고 있다면, 페이스북 픽셀 ID를 어떻게 만들어야 할까? 두 쇼핑몰에 같은 페이스북 픽셀 ID를 사용할 경우 그 행동이 자사몰에서 발생한 것인지, 아니면 스마트스토어 방문자의 행동인지 구분할 수 없게 된다. 따라서 관리해야 할 쇼핑몰이 다를 경우 새 페이스북 픽셀 ID를 생성하는 게 바람직하다.

페이스북은 하나의 광고 계정에서 1개의 픽셀만 만들 수 있도록 허용한다. 따라서 새 픽셀을 생성하려면 새 광고 계정을 만들고, 「픽셀」 메뉴에서 「픽셀 만들기」를 이용하여 새 픽셀을 생성해야 한다.

그런데 페이스북 광고를 집행한 이력이 없거나 부족한 경우에는 비즈니스 관리자에서 1개의 광고 계정만 만들 수 있도록 제한한다. 이런 경우 광고 계정을 새로 만들거나 개인 광고 계정의 소유권을 받아오는 대신에 「비즈니스 관리자」 자체에서 추가로 새 픽셀을 생성하는 방법을 이용할 수 있다.

페이스북은 하나의 비즈니스 관리자에서 10개까지 픽셀을 만들 수 있도록 허용해주고 있다. 그리고 「이벤트 관리자」 메뉴를 통해서 전체 픽셀의 동작 현황을 종합적으로 보여준다. 다음에 비즈니스 관리자에서 새 픽셀을 발급받는 방법을 설명해 놓을 터이니 참고해보라.

01 [비즈니스 관리자] → [모든 도구] 메뉴판을 펼쳐 [이벤트 관리자]를 클릭한다.

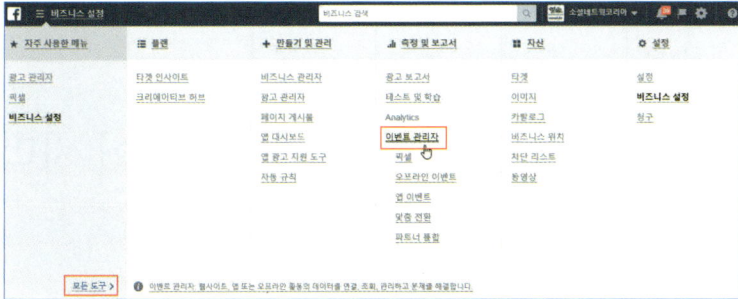

02 [데이터 소스 추가] 메뉴를 펼쳐 [Facebook 픽셀] 옵션을 클릭한다.

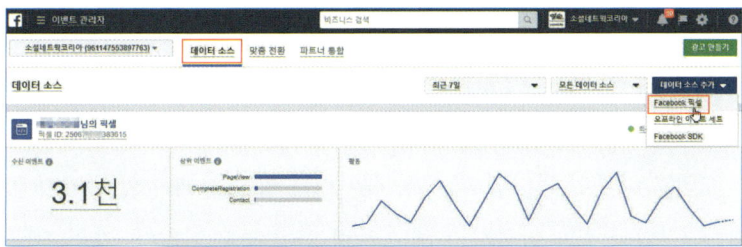

03 [Facebook 픽셀 만들기] 팝업 창이 뜨면 [픽셀 이름] 란에 원하는 이름을 입력
하고 [만들기] 버튼을 클릭한다.

페이스북 맞춤 타겟
만들어 써먹기

"맞춤 타겟이 없다면 더 이상 페이스북 광고를 해야 할 이유가 없다!"

누군가 이렇게 말한다고 해도 놀랄 일이 결코 아니다. 그럴 정도로 페이스북 광고는 맞춤 타겟에 살고 맞춤 타겟에 죽는 플랫폼이다. 맞춤 타겟이란 무엇이고 어떻게 써먹는 것일까? 여기서는 페이스북을 비즈니스 용도로 써먹기 위해 없으면 안 될 핵심 도구라 할 수 있는 맞춤 타겟의 정체와 실질적인 쓰임새를 밝혀 보자.

'맞춤 타겟'의 영문 메뉴명은 'Custom Audience'다. 타겟(target)이란 단어는 눈 씻고 다시 봐도 없다! 그런데 왜 '타겟'이라 번역했을까? 오디언스(Audience)란 광고의 노출 대상자, 메시지 수용자라는 의미로 광고업계 및 커뮤니케이션 학문 분야에서 흔히 쓰는 용어이다. 구글은 Audience를 '잠재고객'이라 번역한다. 오디언스에 대한 구글과 페이스북의 해석을 합해 보면 의도가 명확히 드러난다. 광고 메시지에 노출되는 대상을 '목표물(타겟)'로 삼아 결국 그들을 '잠재고객'으로 만들겠다는 얘기다.

1 | 페이스북 '맞춤 타겟'이란 무엇인가

앞에서 페이스북 픽셀의 대표적인 용도 중 하나가 맞춤 타겟을 생성하는 것이라 했다. 페이스북 픽셀은 특정한 웹사이트(쇼핑몰) 방문자의 행동을 추적하는 CC-TV 카메라 역할을 하는 녹화 기록 장치인 셈이다. 그리고 이런 추적 장치를 통해 수집된 데이터에서 '특정한 구분 조건'을 만족하는 페이스북 사용자만 추려내어 만든 '사용자 리스트'를 가리켜 '맞춤 타겟'이라 부른다.

페이스북 사용자가 아닐 경우 페이스북이 이들을 콕 집어서 특정 메시지를 전할 방법은 없다. 따라서 픽셀로 잡힌 행동(이벤트) 중 페이스북 가입자가 아닌 경우는 맞춤 타겟 리스트에 넣지 않고 버린다. 예를 들어 우리가 ABC몰을 운영하고 있는데, 방문자 'X'가 'A'라는 상품의 상세 페이지를 보고 간 행동 내역을 페이스북 픽셀이 검출했을 경우, 만약 X가 페이스북 회원이면 X를 'ABC몰 내 A상품의 상세 페이지를 조회한 사람들'이라는 '맞춤 타겟' 리스트에 포함시킨다. 하지만 만약 X가 페이스북 회원이 아닐 경우 로그인 정보를 알 수 없으므로 맞춤 타겟 리스트에 넣지 않고 버리는 식이다.

여기서 오해하지 말아야 할 점은, 이 맞춤 타겟 리스트가 '특정한 행동을 한 사람들을 묶은 목록'인 것은 맞지만 구체적으로 '어디에 사는 아무개 누구누구' 식으로 개인 이름을 식별할 수 있는 '명단(인명록)'은 아니라는 점이다. 다운로드받아서 누구는 더하고 누구는 빼서 재가공할 수 있는 데이터 파일도 아니다.

정리하자면 페이스북 맞춤 타겟은 '페이스북 픽셀로 추적한 사용자 행동 정보를 분석하여 미리 정해진 필터링(맞춤) 조건을 만족한 페이스북 회원만 가려내어 묶은 목록'이다. 하지만 목록에 들어 있는 사람이 구체적으로 '누구인지는 알 수 없도록 처리해놓은 리스트'로, 페이스북 「광고 관리자」 시스템 내에서만 쓸 수 있도록 제공하는 '광고 노출 대상자 목록'일 뿐이다. 엑셀 파일처럼 다운로드받아서 재활용할 수도 없고, 페이스북이 아닌 다른 플랫폼(이메일 시스템, 구글 애드워즈 등)에서 사용할 수 있는 파일도 아니다.

● ● ●

2 | 페이스북 맞춤 타겟의 종류와 특장점

페이스북은 현재 크게 다섯 가지 유형의 맞춤 타겟을 제공한다.

1) 「고객 리스트」 맞춤 타겟

기존 구매자나 회원 가입자 목록을 통해서 이미 확보된 연락처(이메일 및 휴대폰 번호) 파일로부터 생성하는 맞춤 타겟으로, 쇼핑몰 운영시 기존 구매고객 리스트를 이용해 만들면 구매자와 행동 특성이 유사한 사람들을 추출하여 확장된 규모의 유사 타겟을 만드는 용도로 유용하다.

2) 「웹사이트 트래픽」 맞춤 타겟

웹사이트에 페이스북 추적 픽셀을 심어 사이트에 방문한 사람들의 방문 행적에 따라 조건별로 구분해 만드는 맞춤 타겟으로, 쇼핑몰 운영시 특정 상품의 상세 페이지를 조회한 사람이나 장바구니에 담고 결제를 마치지 않은 사람들을 찾아내어 쿠폰이나 보너스 등 추가 행동을 일으킬 수 있는 요소를 덧붙여 리마케팅 대상자로 활용하면 유익하다.

3) 「앱 활동」 맞춤 타겟

스마트폰에 설치해 사용할 수 있는 앱(아이폰, 안드로이드 포함)에서 특정한 행동을 보인 사람들만 구분하여 만드는 맞춤 타겟이다. 쇼핑몰 운영자 중에서 자사 앱을 통한 고객 활동이나 구매가 활발하게 발생하는 업체라면 이 또한 리마케팅 대상자 목록을 확보하는 데 좋은 수단이다.

4) 「오프라인 활동」 맞춤 타겟

매장 방문객들로부터 수집한 명함이나 마일리지 적립용 POS 기기 등을 통해 수집된 고객 정보, 혹은 텔레마케팅 통화 작업 등 오프라인 채널을 통해 확보된 회원 파일이나 데이터를 기반으로 페이스북 사용자만을 가려내어 만들어주는 맞춤 타겟이다. 온라인 쇼핑몰 없이 오프라인 매장이나 직접 대면 영업을 중심으로 활동하는 경우 비즈니스 관계를 맺은 사람들을 리스트로 만들어 활용할 때 유용하다.

5)「참여」맞춤 타겟

페이스북 페이지에「좋아요」를 눌러 팔로잉하거나 각종 게시물(동영상, 잠재고객 확보 광고 양식, 캔버스 등)에 대해 이용자들이 보이는 반응(참여) 행동의 수준과 충성도에 따라 구분해 만든 맞춤 타겟이다. 쇼핑몰 운영시 랜딩 페이지로 유인할 수 있는 내용을 담은 게시물을 페이지에 올리거나 광고를 집행하여 이에 적극 반응하는 사람들을 모아내서 리마케팅 대상으로 활용하기에 좋다.

쇼핑몰이나 매장이 없어도, 페이스북 픽셀이 뭔지 전혀 몰라도 단지 페이스북 페이지 하나만 갖고도 만들어낼 수 있는 맞춤 타겟이다. 기존에 확보한 잠재고객 목록이 없는 신규 사업자나, 자사 쇼핑몰이 없을 경우 페이지 게시물이나 인스타그램을 통해 우리 상품에 관심을 가질 만한 잠재고객 대상자를 모을 때 유리하다. 인스타그램 비즈니스 계정과 연동하면 해당 계정에 팔로우를 한 사람이나 특정 게시물에 참여 반응을 보인 사람을 맞춤 타겟으로 묶어낼 수 있다.

● ● ●

3 │ 페이스북 맞춤 타겟은 무엇부터 만드는 게 좋을까

페이스북 맞춤 타겟은 말 그대로 '특정한 조건에 들어맞는' 사람들만 추려서 모아놓은 리스트이다. 당연히 특정한 조건에 맞는 사람들에게만 뿌리고 싶은 광고 메시지나 홍보물이 있을 경우 그것을 필요로 할 것 같은 사람들에게만 한정하여 타겟 광고를 할 때 가장 유용하고 가치 있게 쓰일 수 있다.

맞춤 타겟은 광고주 입장에서는 자신의 광고가 필요치도 않은 사람들에게 불필요하게 노출될 경우 발생하는 광고비의 낭비를 막아주는 동시에, 우리 광고가 스팸으로 인식되어 제품이나 브랜드 이미지를 악화시킬 위험을 예방할 수 있다는 점에서 바람직한 도구이다. 반대로 광고에 노출되는 오디언스(Audience) 입장에서도 자신의 관심사나 취향에 맞는 광고 콘텐츠만 선별적으로 보여지기 때문에 불필요한 스팸 광고에 시달리지 않고 나에게 필요한 내용만 걸러서 볼 수 있다는 점에서 '필요악'과 같은 존재이다.

그런데 맞춤 타겟에 대한 오해가 몇 가지 있다. 그중에 첫째는 적지 않은 사람들이 '웹사이트 방문자'의 행동 정보를 수집해서 만드는 「웹사이트 트래픽」 맞춤 타겟만이 맞춤 타겟인 것으로 잘못 생각하는 점이다. 오프라인 매장이나 가게를 운영하고 있거나 오랫동안 사업을 운영해온 터라, 기존 구매자나 이용고객 명단이 축적되어 있다면 새로운 고객이나 방문객들이 들어와 웹사이트 트래픽을 일으키고 그들이 맞춤 타겟으로 모일 때까지 기다리며 시간을 허비할 필요가 없다.

기존에 오프라인 매장을 방문한 사람들의 전화번호나 주문고객(온라인이든 오프라인이든)들이 택배를 요청하면서 제공한 휴대폰 번호만으로도 얼마든지 「고객 리스트」 맞춤 타겟을 만들 수 있다. 유의해야 할 점은 보통 페이스북의 본인 인증이 개인 휴대폰 번호로 이루어지기 때문에, 집 전화나 사무실 전화가 아닌 휴대폰 번호로 리스트를 만들어야 쓸모가 있다는 점이다.

4 | 맞춤 타겟의 확장, 유사 타겟은 무엇이고 왜 만드나

페이스북 맞춤 타겟 중에서 추적 코드를 통해서 만드는 것은 「웹사이트 트래픽」이나 「앱 활동」 맞춤 타겟 뿐이다. 「고객 파일」 맞춤 타겟이나 뒤에 이야기할 「참여」 맞춤 타겟은 모두 페이스북 시스템에서 자체 제공하는 것이라서 따로 추적 픽셀을 설치할 필요가 없다.

어떤 방법으로 맞춤 타겟을 생성했더라도 그 규모가 충분하지 않을 때는 광고 대상 타겟으로 사용하기에 적절치 않거나 실제 효과가 제한적일 수밖에 없다. 이런 때 사용하는 방법이 '유사 타겟'이다.

유사 타겟은 특정한 맞춤 타겟을 기본 소스로 삼아서 그 그룹에 속한 사람들과 특성이 유사하다고 판단되는 페이스북 사용자들을 추려서 일정한 규모(해당 국가 월간 페이스북 이용자 수 대비 1~10%까지)로 확장한 광고 대상자 리스트를 말한다. 페이스북 광고 시스템은 각 개인 사용자들이 제공하는 프로필 정보와 서비스에 접속해서 남긴 다양한 활동 정보를 모아 다양한 분류 기준(판별 알고리즘)에 따라 '맞춤 조건'에 맞는 사람들을 가려낼 수 있도록 해준다.

성별, 연령 같은 기본 속성 외에 인구통계학적 정보나 모바일 기기 사용 및 구매 행태를 비롯한 각종 디지털 활동, 「좋아요」를 누른 브랜드 페이지, 설치한 앱 및 페이스북과 연동된 웹사이트 등에서 보이는 각종 참여 활동을 분석해서 이용자들의 선호도나 관심사를 알아내고 특정한 맞춤 타겟 구성원들의 특성과 유사한 사람들을 추려내어 광고 대상자 리스트를 만들어준다. 이것이 바로 '유사 타겟'이다.

따라서 기대하는 특정한 전환 활동(예: 구매 행동)을 했던 사람들만으로 추려서 순도가 높은 맞춤 타겟을 만들 수 있다면 그 타겟을 소스로 삼아서 만든 유사 타겟의 전환(구매) 확률 또한 상대적으로 높을 것으로 예상할 수 있다. 실제 테스트로도 이러한 경향이 확인된다. 이미 구매 경험을 가진 고객 리스트로 만든 맞춤 타겟을 '소스'로 삼아서 생성한 「유사 타겟」일수록 다른 조건으로 만든 타겟보다 광고 성과가 좋게 나오는 것을 어렵지 않게 확인할 수 있다. 초기 맞춤 타겟을 기존 구매자 또는 서비스 이용자 리스트를 대상으로 만들어보라고 권하는 이유이다.

이론적으로는 유사 타겟의 확장 범위가 좁을수록 성향이 소스 타겟과 더 유사하기 때문에 광고 효과가 더 좋게 나오리라 기대하기 쉽다. 하지만 실제로 테스트를 해보면 타겟의 유사성보다 모수 범위가 넓을 때 더 좋은 성과가 나오는 경우가 적지 않다.

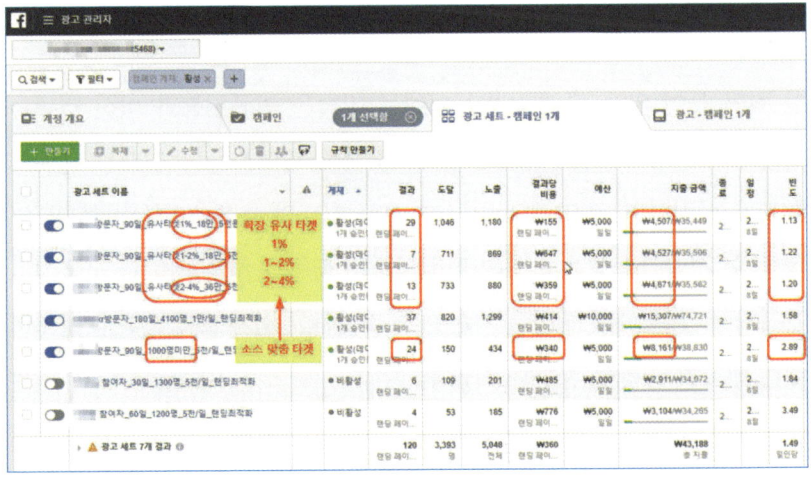

맞춤 타겟과 유사 타겟을 사용할 경우 아무런 연관성이 없는 사람들에게 무작위로 광고를 노출하는 것에 비해 상대적으로 더 좋은 성과를 내리라는 기대에는 충분한 근거가 있다. 페이스북 광고의 평균 클릭률이 구글 디스플레이 광고에 비해서 4~5배 가까운 수치를 기록한다는 점은

페이스북이 그만큼 광고 수신자의 관심사와 행동 패턴에 더 근접한 광고를 매칭시키고 있다는 반증이라 할 수 있다.

5 | 맞춤 타겟은 만능 해결사가 아니다

맞춤 타겟도 유사 타겟도 결국은 운영하는 사람이 맞춤 조건을 어떻게 설계하고 대상을 수집, 추출하느냐에 따라서 그 효율 또한 큰 차이가 날 수밖에 없다. 광고의 효과는 단지 타겟의 적합성뿐만 아니라 노출 타겟의 규모, 광고의 유형과 소재의 질, 노출 매체의 적절성, 노출의 타이밍, 반복 노출의 횟수 등 수많은 요소에 의해 크게 달라질 수 있기 때문이다.

최근 들어 맞춤 타겟을 만들어내는 기술은 인공지능과 머신 러닝의 결합으로 한층 더 고도화되고 있다. 구글도 페이스북도 이제는 캠페인 목표만 설정하면, 광고주의 요구에 따라 최고의 효율을 내는 대상을 일정한 수준의 학습량만 보장해주면 원하는 행동을 하는 사람들의 특성을 분석하여 찾는 타겟 대상을 자동으로 수집하여 잠재고객 목록을 만들어주는 데까지 급속히 진화하고 있다.

맞춤 타겟은 1:1 고객 관계 관리(CRM) 도구나 마케팅 자동화 솔루션과 결합하여 모든 디지털 마케팅 분야에서 없어선 안 될 필수 도구로 자리 잡아 가고 있다. 머지않아 광고 노출 대상 타겟을 찾는 일은 사람이 머리를 써서 하는 것보다 인공지능이 알고리즘을 통해 추출해낸 맞춤 타겟이 대신하게 될 가능성이 높다. 그리되면 특정 타겟을 찾아내는 일의 중요성은 떨어지고, 급기야 타게팅 작업은 인간의 손에서 기계의 손으로 넘어가게 될 것이다.

그러나 맞춤 타겟 생성 기술이 아무리 발전한다고 해도 언제 어느 때이든 최고의 성과를 내는 만능 맞춤 타겟이란 존재할 수 없다. 광고는 본질적으로 사람을 상대로 특정한 행동을 하도록 부추기고 원하는 결과를 만들어내려는 의식적인 노력이다. 그런데 사람의 행동은 절대 100% 예측 가능한 게 아니다. 사람이 어떤 행동을 하는 데 작용하는 수많은 변수들, 특히 심리적 변수들을 모두 알아내고 알고리즘에 적용하여 행동을 예측해내는 일은 기계가 감정을 갖는 것만큼이나 어려운 목표이다.

맞춤 타겟은 절대 무시해선 안 될 도구지만, 광고의 모든 고민을 해결해주는 만능 키도 아니다. 과도한 기대보다 당장 단 한 장의 이미지 컷, 몇십 초의 짧은 동영상 한 편을 어떤 내용으로 어떻게 만들고 누구에게, 어디에, 언제 노출할 것인지에 더 집중해야 할 것이다. 어떤 광고가 대박을 내고 뜰지를 예측하는 것은 베스트셀러를 점치는 것만큼이나 어려운 일이기 때문이다!

페이지 운영 전략
페이지와 그룹의 시너지를 완성한
모범생, 화방넷

    교육이나 강의 중 페이지 운영 성공사례로 자주 추천하는 곳이 한군데 있다. 「화방넷」이라는 페이지이다. 이름에서 짐작하겠지만 붓이나 물감, 캔버스와 같이 그림 도구 일체를 판매하는 화구 전문 쇼핑몰이다. 첫 인연을 맺게 된 것은 2012년 여름에 필자가 진행하던 「소셜스쿨」에 화방넷 대표께서 참여하면서부터이다.

    당시 페이스북 광고는 이제 막 시작되어 「게시물 홍보하기」 수준에 불과했다. 기업용 브랜드 페이지와 더불어 볼거리 콘텐츠 중심의 커뮤니티 페이지들이 커나가던 시절이었다. 그때만 하더라도 쇼핑몰과 페이스북 페이지를 직접 연동하여 운영하려는 시도는 그리 많지 않았는데, 화방넷 대표님은 페이지의 활용 가능성을 필자보다 오히려 더 높게 보았다. 배우기가 무섭게 페이지를 개설하고 곧바로 게시물 업로드 작업을 시작했다.

2012년에 처음 문을 연 화방넷 페이지는 꾸준한 운영과 탁월한 콘텐츠 전략으로 지난 5~6년 사이에 페이지 팔로워 수가 17만 명을 넘어섰고, 그룹으로 묶인 회원 수도 13만 명에 이른다.

화방넷은 과연 어떤 운영 전략과 홍보 방법으로 오늘의 성과를 만들어 낼 수 있었던 걸까?

화구를 취급하는 쇼핑몰답게 고객 대상층이 특정한 물품을 필요로 하는 특화된 층을 상대한다는 점에서 전문 카페와 같이 커뮤니티를 구축하여 충성도 있는 팬들을 많이 확보하면 충분히 선점 효과가 기대되는 영역이었다. 그러나 잠재 가능성이 있다고 해도 모두가 그 가능성을 현실로 만들어내진 못한다. 커뮤니티 페이지를 만들어 확장하고자 할 때 꼭 필요한 요소 두 가지가 있다.

첫째 요소는 타이밍이다.

특정 분야에 특정한 관심을 갖고 있는 층은 그 수가 제한되어 있게 마련이다. 따라서 전문 커뮤니티의 경우 남들보다 먼저 구축을 시작하는 선점 효과가 특히 중요하다. 일정 정도 규모의 크기를 만들어 정보와 네트워크 사이즈가 형성되고 나면 후발주자가 웬만해서는 따라잡기 힘든 게 커뮤니티의 특징이다.

「오늘 뭐 먹지?」와 같은 페이지 역시 먹방 문화의 확산과 궤를 같이 하여 맛집을 찾는 대중의 수요를 페이스북에서 잘 조직한 대표적인 사례다. 페이지 초창기 재미 있는 동영상을 중심으로 많은 사람들을 일시에 집중적으로 끌어모았던 「피키캐스트」나 「세웃동(세상에서 가장 웃긴 동영상)」 등의 사례는 그들이 일으킨 콘텐츠 저작권 시비에도 불구하고 대중들의 잠재된 수요를 간파하고 대규모 커뮤니티를 빠르게 조직하는 매개체로 동영상 콘텐츠를 택한 점에서 탁월한 전략이라 평가할 만하다.

「오늘 뭐 먹지?」나 「세웃동」이 대중들의 흥미를 끄는 관심사나 재미 요소를 통해 커뮤니티를 구축했다면 「열정에 기름붓기」 같은 페이지는 콘텐츠의 테마와 질로 승부를 걸어 성공한 사례라 할 수 있다. 당시 88만원 세대, 3포 세대와 같은 자조와 한탄이 넘쳐나는 청년층에 대한 사회 분위기 속에서 '개인들의 성취 동기부여'라는 콘텐츠 주제를 고집하면서 '카드 뉴스' 방식을 이용해 시각적으로 읽기 편하면서도 감성적인 문구로 사람들의 공감을 불러일으키는 데 성공한 곳이다. 지금도 공감 콘텐츠를 만들어내는 능력 면에선 여전히 모범 사례로 꼽을 만하다.

둘째 요소는 꾸준함이다.

특정한 테마 요소를 가지고 일정 규모 이상의 커뮤니티가 만들어져 해당 수요층을 조직화하는 데 성공한 선도업체가 자리를 잡으면 나머지 후발주자나 유사한 방법으로 따라하는 전략만으로는 절대 선점 업체를 넘어서기 힘든 것이 네트워크 커뮤니티의 특성이다. 이와는 달리 화방넷의 경우 미술용구를 필요로 하는 개인이나 집단들에게 꼭 필요한 콘텐츠가 무엇일까를 고민하면서 선택한 방식이 바로 페이스북이 제공하기 시작한 「라이브 방송하기」를 이용하는 전략이었다.

대부분의 미술학도가 그림을 배우기 위해 미술학원을 나가 지도를 받는다는 것에 착안하여, 자신들이 운영하는 입시미술학원의 강사들을 이용해 매일 1~2시간에 걸쳐 다양한 대상을 여러 기법으로 그리는 습작 요령을 라이브로 생중계한 뒤, 녹화 영상을 그대로 페이지에 게시물로 남겨놓은 것이다. 입시 미술학원에 가면 돈을 내고 들어야 하는 고급 콘텐츠를 전국에 방송으로 공개해버린 셈이다. 돈 한 푼 받지 않고 공짜로! 이 라이브 방송 콘텐츠야말로 화방넷 페이지를 키우는 데 결정적으로 기여했다. 전국에 같은 고민을 갖고 있는 미술학도들이나 학원생, 입시 준비생들에게 소문이 나지 않을 수 없었다.

화방넷은 페이지 운영에 그치지 않고 「미술지식인」이라는 자매 그룹을 함께 만들어 키우기 시작한다. 페이지에서 진행하는 이벤트와 콘텐츠를 그룹에서도 동시에 공유하기 시작했고, 멤버들에게 자신의 그림을 직접 올리고 뽐내고 평가받을 수 있는 커뮤니티 공간을 제공해주었다. 덕분에 이제는 팬들이 멤버로서 스스로 자신의 콘텐츠를 만들어 올리는 '선순환 체계'를 완성했다. 페이지에서 얻은 팬들을 콘텐츠를 생산하고 공유하는 그룹 멤버로 전환시키는 데 성공한 셈이다.

　그 결과 우리는 페이스북 페이지와 그룹이 만나 멋진 시너지를 만들어낸 좋은 모범 사례를 얻게 되었다. 페이스북 페이지는 광고를 위한 수단으로도 필요하지만 자발적 커뮤니티를 구축하기 위해서도 필수적이다.

　페이스북은 광고를 집행하기 위한 수단으로 페이지를 만들었지만, 정작 페이지와 그룹이야말로 우리가 페이스북 광고의 굴레로부터 벗어나기 위해 꼭 필요한 마케팅 플랫폼이란 사실! 이 역설이야말로 화방넷 사례를 통해서 배워야 할 가장 중요한 교훈이다.

페이스북 페이지와
쇼핑몰 연동하기

페이스북 쇼핑 관련 기능의
어제와 오늘

• • •

1 | 페이스북 커머스의 시작, 마켓 플레이스

페이스북에 수많은 사용자가 모이면서 이 거대한 인간 시장을 기반으로 '장사를 해보려는' 시도는 끊임없이 이어져왔다. 페이스북 내부에서도 시도되었고, 써드파티 업체를 포함해 외부 개발사나 사용자들 사이에서도 친구와 팬들에게 물건을 팔 수 있는 다양한 방법들이 모색되었다.

페이스북이 '소셜 네트워크 기반 커머스'를 구축해보려던 초기 시도는 페이스북 연동 앱을 통해서였다. 페이스북은 2007년 5월 API 오픈을 시작으로 써드 파티(외부 개발사)가 개발한 앱의 연동을 허용했다. 2009년 Like(좋아요) 버튼을 도입하면서 소셜 플러그인을 통한 외부 웹사이트와의 연결 또한 크게 강화했다. 이때부터 페이스북에 「탭」 앱을 추가하는 형태로 소규모 샵이나 스토어를 개설하는 것이 가능해졌다. 몇몇 팬 페이지에서 「팬 샵」을 탭으로 만들어 제공한 것도 이때부터다.

사용자 간에 사고팔기를 지원하기 위해 페이스북이 자체 제공한 앱은 '마켓 플레이스'라는 앱이다. 「삽니다, 팝니다」와 같은 벼룩시장 개념을 페이스북에 적용한 셈이다.

다음 링크를 클릭해보라. 아래와 같은 마켓 플레이스 서비스에 대한 안내 화면이 뜰 것이다.

● https://www.facebook.com/marketplace/learn-more

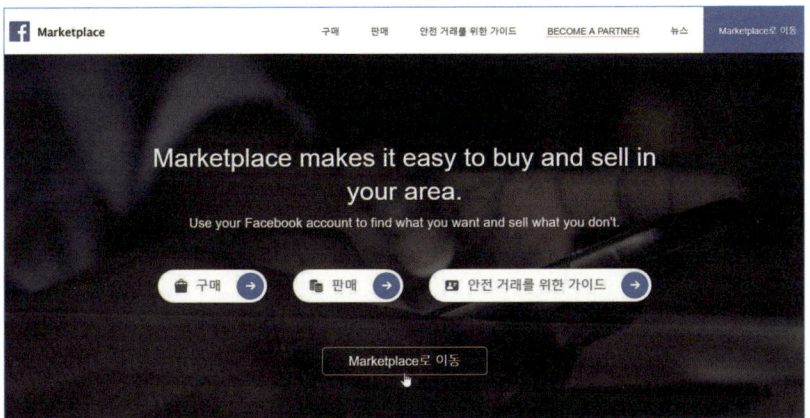

페이스북 마켓 플레이스는 개인이 팔고 싶은 물건을 직접 등록하여 올리면 필요한 사람이 구매할 수 있도록 도와주는 앱이다. 사업자가 가게를 열고 손님을 모아 제품을 홍보하고 판매하는 전문 쇼핑몰과는 거리가 있다. 하지만 상품 등록이 쉽고 자유로워 개인들 사이에 '간편하고 가볍게 사고팔기'에는 무척 편리하다. 이때문에 오픈마켓이나 각종 쇼핑몰이 대중화된 지금도 여전히 나름의 생존력과 사용자 층을 유지하고 있다.

미국, 영국, 호주 등 영어권 국가를 중심으로 2016년 10월초부터 본격 출시되어 현재 세계 50여 개 나라에 서비스되고 있다. 아시아에서는 싱가포르, 태국, 필리핀 등지에서 이용 가능하다. 이용 가능한 나라를 확인하려면 위에 소개한 링크 페이지 하단의 'Where is Marketplace available?' 섹션의 안내를 참고하라. 우리나라는 2018년 8월 들어 '마켓 플레이스'가 광고 노출 위치로 새로 포함되면서 다시 주목받고 있는데 아직은 서비스 접속이 허용되지 않고 있다.

페이스북 마켓 플레이스 앱을 모방하여 국내에서도 페이스북 친구들 간에 커머스 거래가 가능하도록 개발한 몇 개의 소셜 마켓 앱들이 있었다. 쿠팡이나 위메프 같은 '소셜 커머스'가 화두로 떠오르던 시절에 '페이스북 커머스'를 내세우며 '소셜 오픈 마켓'을 표방하며 생겨난 앱들이다.

㈜오큐브에서 개발한 「Friendy Shop」과 이니시스의 「INIP2P」가 대표적이다. 그 외에 몇 가지 유사 앱들이 2012년을 전후로 잠시 등장했지만 이용자가 늘지 않아 불과 몇 해를 넘기지 못하고 흐지부지 사라졌다. 그 때까지만 해도 사용자들이 페이스북을 커머스(상거래) 목적으로 이용하려는 인식이나 시도 자체가 매우 제한적이었다. 결국 마켓 앱 설치를 통한 커머스 시도는 국내 사용자들에게 큰 반응을 일으키지 못한 채 고개를 숙이고 말았다.

● ● ●

2 │ 페이스북 세일즈의 시작, 「샵」 탭의 재등장

2010년 이래 페이스북이 브랜드 팬 페이지 육성을 적극 지원하면서 기업 페이지들을 중심으로 페이지 안에 「샵 탭」을 추가하여 「미니 스토어」나 「팬 샵」을 개설하는 움직임이 한동안 유행처럼 확산되었다. 평소 팬들 중에서 페이스북을 사용하는 고객들의 구매 요구를 충족시키거나 충성도 높은 고객들에게 혜택을 제공하려는 시도의 일환이었다.

이때 페이스북 팬 페이지에 「샵 탭」을 쉽게 추가해주는 여러 가지 앱 설치 서비스들이 등장했다. 취급 상품 몇 가지를 쉽게 등록할 수 있는 간단한 앱부터 제법 모양을 갖춘 마켓 스토어에 이르기까지 여러 수준의 「샵 탭」 만들기 앱들이 다투어 쏟아졌다. Payvment나 WOO Commerce 와 같이 해외에서는 나름대로 자리를 잡고 성장한 앱들도 일부 있다.

[그림1] 페이스북에 샵 탭을 더해주는 앱들

하지만 국내에서는 이러한 시도 역시 별다른 주목을 받지 못했다. 결국 2016년 하반기에 페이스북이 페이지 레이아웃을 변경하면서 「샵」 탭을 디폴트 옵션으로 자체 제공할 때까지 이런 흐름이 지속된다. 이때까지도 페이스북은 친구나 지인 사이에 소통이 주목적이었다. 특히 국내 기업들은 페이스북을 비즈니스나 판매 채널로 보기보다는 브랜드를 홍보하거나 팬들과 소통하기 위한 창구로 보는 시각이 지배적이었다.

결국 많은 사람들이 페이스북 커머스 시대의 도래를 예언했지만 예측은 빗나갔다. 대신에 페이스북은 2012년 기업 공개 이래 2013년부터 '광고 플랫폼'으로 비즈니스 기능을 높이는 데 집중하기 시작했다. 「팬샵」이나 「미니 스토어」같은 탭 앱들은 페이지의 「더보기」 메뉴 속으로 숨어버렸고, 기업들의 활용 움직임도 시들해졌다.

그러던 중 마침내 반전이 찾아온다. 페이스북이 2016년 하반기 들어 페이지 레이아웃을 개편하면서 「샵」 섹션(탭)을 자체적으로 지원하기 시작했다. 페이지에 「샵」 탭을 추가하고 제품을 등록하면 그 제품을 구입할 수 있는 랜딩 페이지나 외부 쇼핑몰 링크 주소를 붙일 수 있게 했다. 상품의 종류가 많지 않은 소상공인이나 소규모 가게들이 페이지에 「샵」 탭을 추가하고 상품을 등록하는 간단한 절차만으로도 팬들에게 자신이 취급하는 상품을 쉽게 노출할 수 있게 되었다. 쇼핑몰 운영자라면 자신의 상품을 페이스북을 통해 홍보할 수 있는 수단이 비로소 주어진 셈이다.

특히 2018년 6월부터 인스타그램 비즈니스 계정 게시물에 페이스북 샵에 등록된 제품을 연동시킬 수 있는 「쇼핑 태그」 기능이 우리나라에도 서비스되기 시작했다. 그동안 게시물에 외부로 연결되는 링크를 붙일 수 없어 직접적인 홍보 수단으로 쓰기에 한계가 있었던 인스타그램에 쇼핑몰 연동 기능이 도입된 셈이다. 이로써 페이스북 페이지 샵에 등록한 제품은 페이스북뿐만 아니라 인스타그램 게시물을 통해서도 홍보가 가능해졌다.

페이스북의 샵 기능 변화와 관련해 더 상세한 배경 이야기를 알고 싶거든 필자가 운영하는 홈페이지의 아래 포스트를 읽어보시기 바란다.

○ https://sonet.kr/623

3 | 페이스북 판매 그룹, 개인간 거래를 더 쉽고 편하게

페이스북은 페이지에 샵 기능을 강화하는 동시에 그룹에도 판매를 지원하는 장치를 제공한다. 「판매 그룹」이라는 카테고리가 등장한 것이다. 페이지 「샵」에 제품을 등록하는 것과 비슷하게 페이스북 그룹에서도 「판매하기」 옵션을 이용해 제품의 이미지에 이름과 가격을 입력하면 제품을 등록할 수 있다. 이렇게 등록한 제품은 일반 게시물과 같이 타임라인에 노출되고 공지 게시물로 상단에 고정할 수 있다. 제품 등록시 다른 판매 그룹에도 동시에 게시할 수 있고, 비슷한 상품군이 있을 경우 여러 제품을 하나의 컬렉션으로 묶는 것도 가능하다. 자세한 사용법은 뒤에서 설명한다.

[그림2] 페이스북 판매 그룹 예시 사례

앞의 그림은 '직거래 장터(8949)' 그룹에 「가입」하여 접속하자마자 보이는 첫 화면을 캡쳐한 것이다. 무엇이 제일 먼저 보이는가, 바로 「판매 중인 물건」 섹션이다!

판매 그룹 기능이 우리나라에 활성화되기 시작한 것은 2016년 4월초부터이다. 이 기능이 도입된 이래 도시 농촌간 직거래나 물물교환, 중고 물품 거래나 바꿔쓰기 등 개인간 거래나 교환을 목적으로 한 여러 페이스북 그룹들이 생겨나기 시작했다.

농산물 직거래 중심으로 만들어진 '도농간 직거래' 그룹들도 대개 이 때 만들어진 것들이다. 인원이 많은 그룹은 1만 명 이상에 달하는 곳도 있다. 그룹에 가입하면 새 제품이 등록될 때마다 멤버들에게 알림 메시지가 들어오기 때문에 멤버 수가 많은 그룹에 가입하여 활동하면 간접적인 제품 홍보 효과를 기대할 수 있다. 이따금씩 그룹 관리자가 주관하는 「공동 구매」 제안이 올라오기도 하지만 대부분의 거래가 1:1로 이루어진다. 이때문에 각 그룹에서 얼마나 거래가 활발하게 이루어지고 있는지 파악하기는 쉽지 않다.

판매 그룹에서 거래는 주로 회원간 1:1 메시지를 통해서 이루어진다. 페이스북은 그룹에 등록한 제품을 쉽게 사고팔 수 있도록 「판매자에게 메시지 보내기」 버튼을 제공한다.

거래 시스템에 제약과 한계가 있음에도 불구하고 페이지 「쇼핑」 탭이나 「판매 그룹」의 제품 게시 기능은 나름대로 활용 가치가 있다. 쇼핑몰처럼 본격적인 판매 채널이 되긴 어려워도 수확기에 일시적으로 출시되는 농산물이나 생산량이 한정된 가내 수공업 제품들은 간단한 제품 등록 절차를 거치고, 그 제품을 태그한 게시물을 작성하여 올리는 행동만으로도 자신의 상품이나 아이템을 전국에 홍보하는 동시에 즉석에서 판매할 수도 있기 때문이다.

4 | 그래프 서치와 페이스북 맞춤 타겟에 얽힌 흑역사

2013년 무렵부터 본격화된 페이스북의 광고 기능 강화 움직임은 2014년 봄 들어 가속 페달을 밟는다. 「광고 관리자」의 기본 구조를 구글의 광고 시스템을 본따서 「캠페인-광고세트-광고」의 3단계 방식으로 전환하여 타겟 대상을 설정하는 기능을 크게 개선한다. 아울러 광고 계정을 종합적으로 관리하기 위한 「비즈니스 관리자」 기능을 체계화하여 내놓는다. 이후 2015년 초부터는 쇼핑몰에서 취급하는 제품을 「제품 카탈로그」 파일로 등록하여 방문자가 보고 간 상품을 인식하여 자동으로 광고를 만들어 내보내는 다이내믹 광고까지 등장하기에 이른다.

페이스북이 최고 수준의 타겟 광고 시스템을 완성시키는 과정에서 맞춤 타겟의 '대중화'에 가장 큰 견인차 역할을 한 것이 바로 '그래프 서치'에 기초해 만들어진 '고객리스트' 맞춤 타겟이다. 페이스북 추적 픽셀과 맞춤 타겟이라는 도구가 지금과 같이 고도화된 배경에는 맞춤 타겟이 세일즈에서 얼마나 큰 파괴력을 발휘할 수 있는지를 입증한 생생한 역사가 깔려 있다. 그 이야기부터 시작해보자.

'그래프 서치'는 페이스북이 2012년 전후로 제공하기 시작한 '소셜 검색' 서비스의 초기 버전 이름이다. 페이스북 맨 위에 길쭉하게 자리한 「검색 창」 안에 특정한 '키워드'를 정해진 '문법'에 맞추어 입력하면 그 검색 질문에 맞는 사람이나 그룹, 페이지 등을 찾아서 죽 펼쳐 보여주는 기능을 말한다.

그래프 서치는 영어 설정 환경에서만 사용이 가능했지만, 이 서비스가 대중화된 2013년 말부터 2015년 6월까지 약 2년 동안은 가히 '페이스북 추적 마케팅의 전성기'라 불릴 만했다. 마케터들에게 "꿈같은 시절"로 기억된다. 지금은 추억이 되어버렸지만, 맞춤 타겟과 세일즈 광고가 만나 최고의 성과를 냈던 그때의 영광을 잠시 돌이켜보자. 백문이 불여일견, 실례를 살펴보는 게 가장 쉽고 빠를 것이다.

그래프 서치를 이용하여 '특정한 검색 조건'에 해당하는 질의 구문을 입력하면 그에 맞는 사람만 추려낼 수 있다. 예를 들어, "People who were born in 1974 and live in San Francisco"라고 검색창에 입력하면 "샌프란시스코에서, 1974년에 태어난 사람들"을 뽑아낼 수 있다. 이제 상상력을 발휘해보라. 만약 이렇게 검색된 사람들의 이름과 ID를 추려 모으는 매크로 프로그램을 만들 수 있다면 어떤 일이 가능하겠는가? 질의문에 따라 밤새도록 추출한 페이스북 ID에 @facebook.com을 추가하면 페이스북 이메일 형식을 갖춘 명단 파일이 만들어진다. 이 파일을 페이스북의 「고객리스트」 맞춤 타겟 생성 옵션으로 업로드해주면 '샌프란시스코에서 1974년에 태어난 사람'이란 조건에 100% 일치하는 '맞춤 타겟'을 어렵지 않게 만들어낼 수 있었다. (이제는 과거형이다!)

그런 다음에 어떤 광고를 했을 것 같은가? 티셔츠 전면에 1974라는 숫자를 큼직하게 박은 디자인으로 티셔츠를 제작한다. 그리고 앞서 추출하여 만든 맞춤 타겟을 대상으로 "1974년에 태어나셨나요? 당신만을 위한 한정판을 가져 보세요!"와 같은 광고 문구로 해당 지역에 한하여 타겟 광고를 집행한다. 실제로 이런 판매 전략이 실행에 옮겨졌고 판매량은 기대치를 크게 넘어섰다.

[그림3] 페이스북 그래프 서치를 이용한 맞춤 타겟 광고 사례

　　이런 방법으로 판매 효과를 본 성공 사례들이 입소문을 타고 확산되면서 수많은 마케터들이 너도나도 이 방법을 이용하기 시작했다. 페이스북 사용자 타겟 추출 매크로 프로그램들이 우후죽순 개발되었고, 그래프 서치가 나온 지 2년이 채 지나지 않아 페이스북은 친구나 지인간 소통 수단이 아니라 구매 전환 가능성이 가장 높은 사람들을 추출해서 뽑아내는 '가망고객 자동 추출 시스템'으로 전락할 지경에 이르렀다.

　　의도가 어찌 되었건 페이스북은 지구상에서 지금까지 다른 어떤 광고 플랫폼도 제공하지 못했던 1:1 타겟 마케팅의 신세계를 개척한 셈이다. 그러나 이것은 페이스북 사용자들이 '영악한' 마케터들에게 24시간 365일 손님 낚시터로 전락할 수 있다는 점도 함께 입증해주었다. 페이스북은 이런 위험성을 고려하여 맞춤 타겟을 만들 때부터 사용자의 ID나 이메일을 수집할 때 사전에 상대의 동의를 구하라고 경고했지만, 이러한 규칙을 지키도록 통제하기란 사실상 불가능한 일이었다.

　　사태를 그대로 방치하면 더 큰 사용자 반발과 이탈, 개인정보 남용에 따른 법적 이슈가 제기될 것을 우려한 페이스북은 결국 2015년 6월 초에 이 기능(페이스북 사용자 ID로 페이스북 이메일 리스트를 만들어 맞춤 타겟을 만드는 옵션)을 전격 중단시켜 버렸다. 그래프 서치를 통한 맞춤 타겟 광고로 최고의 판매 성과를 기록하던 마케터들은 패닉에 가까운 비명을 질렀다. 그 후로도 페이스북 그래프 서치 알고리즘을 활용해 맞춤 타겟을 만들어보려는 시도들이 끈질기게 이어졌지만 화려했던 날들은 다시 돌아오지 않았다.

5 | 페이스북 상품 광고를 돕기 위해 등장한 기능과 요소들

그 이후 마케터들은 그동안의 '비정상적 추출'에서 '정상적인 추적'으로 돌아올 수밖에 없게 된다. 이때부터 페이스북 '추적 픽셀'의 가치가 새롭게 조명받기 시작하고 이용 기술 또한 정교해지기 시작한다. 페이스북 안에서 타겟을 뽑아낼 수 없게 되자, 내 쇼핑몰이나 홈페이지(랜딩 페이지)에 미끼나 상품을 걸어놓고 이것을 보러온 사람들을 추적하여 맞춤 타겟을 만드는 기법이 발전하기 시작한 것이다.

1차로 웹사이트 방문자 맞춤 타겟이 만들어지면 이들에게 재방문을 유인하는 리마케팅 광고를 내보낸다. 방문자의 행동 정보를 추적하여 이들이 상품 상세 페이지를 얼마나 열심히 보았는지, 장바구니에 담아 찜을 했는지 혹은 결제를 끝까지 완료했는지 등에 따라서 2차, 3차 맞춤 타겟을 추가로 만들고 각각의 맞춤 타겟을 다시 조합하여 점점 더 정교하게 구분된 타겟 광고를 집행한다. 앞서 1장에서 설명한 다양한 맞춤 타겟 생성 옵션들이 바로 추적 픽셀의 활동 결과물인 셈이다.

페이스북의 맞춤 타겟 기능은 더 많은 가망고객에게 상품을 알리고 판매하려는 광고주들에게 새로운 과제를 제시했다. 바로 우리 쇼핑몰에 온 손님들이 어떤 상품을 얼마나 열심히 보고 가는지를 알아내야 한다는 사실이다. 그리고 이 과제는 또다른 숙제를 낳았다. 바로 그 손님이 보고 간 상품의 이미지로 자동 광고를 만들어서 관심을 보였던 사람들에게만 다시 보여줄 수 없느냐는 요구였다.

그렇게 하려면 페이스북 광고 서버에 우리 쇼핑몰이 취급하는 상품이 어떤 것들인지 그 상품 명세 정보를 미리 제공해야 한다. 상품 목록 파일인 셈인데, 페이스북은 이것을 '제품 카탈로그'라 칭했다. 카탈로그는 자동 추적 맞춤 광고로 등장한 「다이내믹 광고」와 운명을 같이한다. 지금은 페이스북 다이내믹 광고(FDA)라고 부르지만 페이스북 '다이내믹 프로덕트 애드(DPA)'라는 이름으로 2015년에 등장했다. 이에 대해서는 3장에서 상세히 다룰 것이다.

상품의 갯수가 한두 개가 아닌 목록 파일 단위로 올라가면서 광고 형식에 대한 요구도 새롭게 나타난다. 슬라이드 광고를 만들어도 보통 5개, 많아도 10개 이상의 이미지를 보여줄 수 없는데 수십 개 상품을 한꺼번에 모아서 백화점 진열장처럼 보여줄 수는 없을까 하는 요구가 그 중 하나다. 이런 요청을 해결하기 위해 태어난 광고 양식이 바로 「컬렉션」이다. 제품 목록에 등록된 상품을 최고 50개까지 묶어서 한꺼번에 보여주도록 한 광고 형식이다.

사람의 욕심은 끝이 없다. 이왕에 상품을 보여주려면 좀 더 멋지고 세련되게 보여줄 수 없을까? TV CF 광고 수준까지는 못미치더라도 모바일 폰에서 이미지와 동영상, 슬라이드를 종합해서 역동적이면서 재미있는 표현을 가능하게 해주는 동시에, 쇼핑몰이 따로 없더라도 랜딩 페이지처럼 만들어 보여줄 수는 없을까? 그런 요구로 생겨난 양식이 바로 「캔버스」다.

이제 가장 멋진 페이스북의 광고의 끝판왕은 무엇이겠는가? 그렇다! '캔버스' 양식과 '컬렉션' 광고가 만나 마침내 '페이스북의 모바일판 CF 광고'가 완성된다. 사용법도 생각보다 간편해졌다. 페이스북 「광고 만들기」에서 「광고」의 「형식」을 「컬렉션」으로 선택하고, 아래쪽에 있는 「인스턴트 경험 추가」 옵션을 체크해보라. 제품 판매 또는 신규고객 확보용 캔버스 템플릿을 이용하여 멋진 광고를 비교적 손쉽게 만들 수 있다. 이 기능의 사용법부터 설명을 시작해보자.

[그림4] 광고 만들기에서 컬렉션 형식에 캔버스(Instant Experience) 양식 사용하기

Tip

이 책은 페이스북 광고의 여러 가지 종류나 구체적인 집행 프로세스에 대해 깊이 다루지 않는다. 그에 대해서는 필자가 쓴 [백만 방문자와 소통하는 페이스북 마케팅](한빛미디어, 2016) 6장의 내용을 참고하라.

쇼핑몰과 페이지의 만남, 샵과 컬렉션 광고

1 | 페이스북 샵 섹션은 언제, 어떤 용도로 써먹을까

페이스북 페이지에 「샵」 탭이 등장한 것은 2016년 10월이다. 그 직전인 7월 말에 페이지 레이아웃이 가로형에서 세로형 3단 구조로 크게 바뀐다. 이때 가장 크게 눈에 띈 변화는 두 가지다. 하나는 게시물 찾기 타임 내비게이션 바 대신 「페이지 게시물 검색」 창이 따로 등장한 점. 다른 하나는 가로형 메뉴 바의 「더 보기」 메뉴 안에 숨겨져 있던 「탭」 앱들이 세로형 왼쪽 메뉴판에 전면 노출되기 시작한 점이다.

이 레이아웃의 변경은 페이스북 페이지 역사에서 적지 않은 의미를 갖는다. 단지 디자인이 바뀐 게 아니다! 「검색」 기능과 다양한 부가 앱들을 적극 노출한 것은 그동안 스트리밍 방식으로 시간이 흐르면 사라져 버리는 휘발성 콘텐츠 유통 공간이었던 페이지를 사람들이 '정보를 찾아들어오는' 저장 및 검색 공간으로 바꾸어 실제로 홈페이지나 블로그가 맡았던 기능을 대체해보겠다는 페이스북의 숨은 야심이 드러난 시도로 해석되기 때문이다.

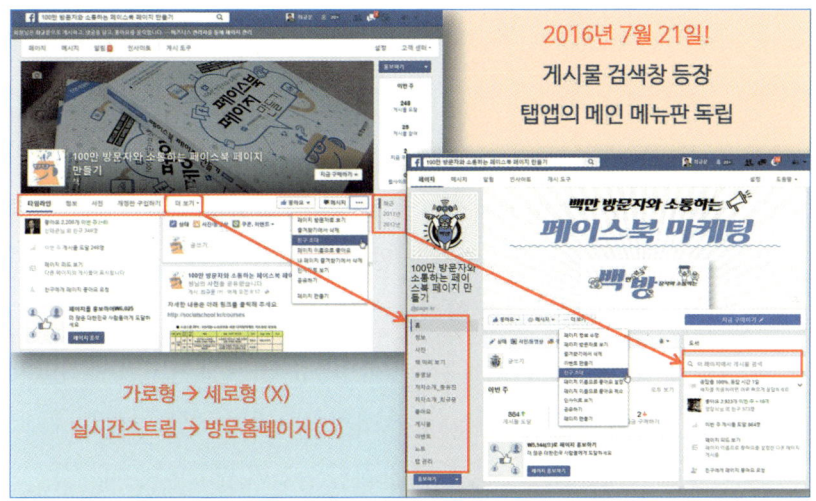

[그림1] 2016년 7월 레이아웃 변경 전후 페이스북 페이지 메뉴 구조 비교

그로부터 불과 몇 달 후 메뉴판에 추가로 등장한 섹션 탭이 바로 「샵」이다. 「샵」은 얼핏 보면 쇼핑몰과 같은 본격적인 상거래 용도라기보다 제품 목록을 좀 더 그럴듯한 모양새로 보여주기 위해 만든 「컬렉션」 광고의 보조 수단처럼 보인다. 쇼핑몰에서 취급하는 상품의 종류가 많을 때 판매자는 좀 더 그럴듯하게 구색을 갖춰 보여주고 싶어진다. 한두 컷의 이미지나 몇몇 장의 이미지를 나열한 슬라이드만으로는 여러 상품을 한꺼번에 보여주는 데 한계가 있기 때문이다. 따라서 컬렉션 광고를 위한 용도만으로도 「샵」은 쇼핑몰 운영자에게 써먹을 가치가 충분하다.

광고 목적이 아니라면 「샵」은 상품의 종류가 많지 않거나 제품 목록을 파일로 다루는 게 번거로운 분들에게 안성맞춤이다. 제품 이미지와 타이틀, 가격 정도만 간단히 입력해서 등록하면 곧바로 사람들과 거래하고 홍보할 수 있는 편리함 때문이다. 페이스북은 실시간 커뮤니케이션 도구이다. 페이지 샵 또한 '길거리 벼룩시장'이나 '즉석 거래'의 성격이 강하다. 따라서 페이스북 페이지의 「샵」은 다음과 같은 경우에 활용하면 더 유용하고 효과적일 것이다.

(1) 농산품과 같이 판매자가 취급하는 제품의 종류나 수량이 제한되어 있거나 생산(수확) 출시 시기가 일시적, 계절적으로 제한된 상품을 지인들의 입소문을 통해 알리고 싶을 때.

(2) 제품을 만들어 출시할 때까지 제조 및 생육, 재배 과정을 페이스북이나 인스타그램 같은 SNS로 공유함으로써 신뢰를 더해줄 수 있는 유기농 제품이나 수제품 류를 직접 만들어 팔고 싶을 때.

(3) 스마트스토어, 자사몰이나 오픈마켓 등 온라인 쇼핑몰에 입점하여 판매되고 있는 상품을 SNS 인맥 망을 통해 상시 홍보하거나 랜딩 페이지 유입 링크를 붙여 SNS 채널로 광고하고 싶을 때.

(4) 책이나 교육 강좌 패키지 상품, 코칭/컨설팅 전문 서비스와 같이 먼저 이용해본 경험자가 소개 추천해줄 때 그 내용을 더 풍부하게 알 수 있는 전문지식 서비스 상품을 홍보하고 싶을 때. (단, 인터넷 다운로드 복제가 가능한 디지털 상품은 등록할 수 없다. 또 집수리, 여행, 개인 건강, 미용, 금융, 동물 등과 관련된 관리 서비스는 인스타그램에서 등록 제한 품목으로 취급된다).

Tip

페이스북 페이지 [샵] 섹션에 제품으로 등록할 수 없는 것들은?

페이스북 샵에서 취급하는 제품은 친구나 지인 망을 통해서 소개 확산되는 성격을 갖고 있다. 이때문에 탄약, 폭약, 무기, 마약과 같이 일반 법에서 거래를 허용하지 않는 물품은 물론이고, 성인용품과 같이 커뮤니티의 건전한 이용을 방해하거나 악영향을 끼칠 수 있는 제품도 등록할 수 없다. 만약 위배된다고 판단되는 상품은 회원들이 자발적으로 신고하여 판매를 금지시키도록 요구할 수 있다. 신고를 여러 차례 받게 될 경우 페이스북 계정 사용에 불이익을 받을 수 있다.

페이스북 샵에 제품을 등록하려면 [상거래 정책] 약관과 더불어 [커뮤니티 규정]을 함께 유의해야 한다. 상거래 정책은 Marketplace, 판매/구매 그룹, 페이지 내 샵 섹션의 모든 게시물과 Instagram 제품 판매 기능을 통해 게시된 제품 게시물에 공통적으로 적용된다.

다음은 페이스북이 제품 등록 및 판매를 금지하거나 제한하고 있는 콘텐츠들이다.

• 금지된 콘텐츠 : 불법, 처방 또는 향정신성 약물 / 담배 및 관련 제품 / 안전하지 않은 보조식품 / 무기, 탄약, 폭약 / 동물 / 성인용품 또는 서비스 / 주류 / 의료 제품 / 실제 화폐를 사용한 도박 서비스 / 사기성이나 오해의 소지가 있거나 거짓 정보를 제공하거나 불쾌감을 주는 게시물 / 명백하게 성적으로 노골적인 제품 / 구독 또는 디지털 제품 / 디지털 미디어 및 전자 기기(탈옥 기기, 전파 방해, 도청 기기 등) / 실제, 가상 또는 위조 화폐 / 상업적 의도가 없는 게시물(판매 의도가 없는 뉴스, 유머, 기타 콘텐츠)

• 제한된 콘텐츠 : 이벤트 또는 입장 티켓 / 가정방문 서비스(페이스북의 사전 서면 허가 필요)

• 인스타그램 판매 제한 추가 목록 : 서비스 제품 (예시: 건설, 페인팅, 배관, 잔디 관리 등 홈 서비스 / 항공사 서비스, 호텔 숙박, 이벤트, 자동차 렌트 등 여행 서비스 / 미용 또는 스파 서비스 등 개인 관리 서비스 / 회계, 보험, 은행, 대출 등 금융 서비스 / 수의사 또는 동물 관련 서비스 / 의료, 미용 또는 개인 건강 치료 서비스) / 판매 제한 추가 제품 (예시: 의료용품 / 자동차 및 연료 / 위험한 기계)

* 더 자세한 사항은 아래 페이스북 [상거래 정책] 링크를 참고하라.

https://www.facebook.com/policies/commerce

등록이 제한되거나 금지되는 제품군들이 적지 않다. 하지만 사회적으로 문제가 될 만한 소지가 있는 물건 또는 가정 방문과 같이 대면으로 인해 사건이 발생할 위험이 있는 대인 서비스 상품을 제외하면 대부분의 제품을 페이지 샵에 등록하여 홍보하거나 판매 사이트로 연결할 수 있다. 필자 역시 운영 중인 페이스북 페이지에 그동안 발간한 책이나 오프라인 교육 과정, 온라인 동영상 스트리밍 강좌 상품 등을 제품으로 등록하여 모객 및 홍보에 활용하고 있다.

유의할 점은 최근 들어 제품에 대한 검수가 점점 더 엄격해지고 있다는 사실이다. 다운로드가 가능한 디지털 제품 혹은 제품 사진이 없는 무형의 지식 콘텐츠나 용역 서비스 제품 등에 대해서는 등록이 거부되는 경우도 자주 발생한다. 이런 경우 「이의 제기」를 통해 사유를 설명하고 재검토를 요구할 수 있다. 이의 제기 양식은 아래 링크를 통해 온라인에서 작성하여 제출하면 되고 48시간 이내에 답변을 받을 수 있다.

● https://www.facebook.com/help/contact/1488257411491624

샵에 등록된 제품은 「제품 태그」 기능을 이용하여 게시물에 태그하면 유료 광고를 하지 않더라도 친구나 지인들이 일상적으로 읽게 되는 담벼락 게시물을 통해서 홍보하고 알릴 수 있다. 특히 인스타그램 비즈니스 계정과 페이지를 연동하면 인스타그램 게시물에 페이지 샵의 제품을 태그하여 홍보하거나 노출할 수도 있다.

이번 장에서는 페이스북 페이지의 샵 섹션에서 제공하는 기능들을 온라인 쇼핑몰과 연계하여 활용할 수 있는 방법을 중심으로 실전 활용 팁들을 자세히 살펴보자.

페이스북 페이지에 「샵」 섹션을 추가하는 방법은 비교적 간단하다.

01 처음 페이지를 만들 때 카테고리를 [쇼핑] 템플릿으로 선택하면 [샵] 탭이 메뉴판에 자동으로 노출된다.

만약 [비즈니스] 카테고리 템플릿 등을 선택한 상태여서 메뉴판에 [샵] 탭이 보이지 않으면 탭을 직접 추가해야 한다. 페이지 상단 관리자 메뉴 바 오른쪽에 있는 [설정] 탭을 클릭하고 [템플릿 및 탭] 메뉴를 선택하여 페이지의 템플릿 종류

와 탭 목록을 확인한다.

02 운영 목적에 따라 페이지 카테고리를 변경한다. 템플릿 종류를 [쇼핑]으로 바꾸기만 해도 [샵] 탭이 나타난다. 기존에 설정된 페이지 카테고리를 바꾸지 않고 샵 탭을 추가하려면 맨 아래쪽에 있는 [탭 추가] 버튼을 클릭하면 된다. [탭 추가] 팝업 창이 뜨면, 추가할 목록 중에서 [샵]을 찾아서 오른쪽 끝에 있는 [탭 추가] 버튼을 누른다.

03 샵 탭을 메뉴판에서 안 보이게 숨기려면 [샵] 탭 맨 뒤에 있는 [설정] 버튼을 눌러 [샵 탭 표시] 항목의 [설정] 스위치를 눌러 [해제]하고 [저장]한다. (탭이 삭제되는 것이 아니고 숨겨질 뿐이다.)

04 [샵 탭 공유] 항목 아래 제시된 [URL 복사] 버튼을 눌러 페이지 샵의 고유 주소를 [복사]하여 메시지나 게시물 본문 등에 [붙여넣기]하여 전달할 수도 있다. 해당 링크를 클릭하면 페이지 홈 대신에 샵 탭 화면이 바로 열린다.

Tip

페이지 메뉴판의 탭 목록 배열 순서를 바꾸거나 초기화하려면

만약 메뉴판에서 샵 탭의 위치를 다른 메뉴보다 상위로 올리거나 아래로 내리려면 오른쪽 탭 관리 화면에서 [샵] 영역을 마우스로 클릭하여 원하는 위치로 드래그하여 끌어다 놓으면 된다. 자리 배열을 변경하면 [기본 탭 사용] 뒤의 스위치가 [해제] 상태로 자동으로 바뀐다. 언제든 이 스위치를 클릭하면 스위치 표시가 [설정]으로 바뀌면서 해당 템플릿의 초기 배열 순서로 되돌아간다.

3 | 페이스북 샵 섹션에 제품을 새로 등록하려면

페이지 샵 섹션에 새 제품을 등록하는 시작 경로는 두 가지다. 경로만 다를 뿐「제품 추가」절차는 모두 같으므로 들어가는 방법만 알아두면 된다.

01 페이지의 [샵] 탭을 클릭하여 샵의 제품 목록 화면을 열고, 오른쪽 제품 리스트의 맨 위 첫 줄에 있는 [+ 제품 추가] 이미지 박스를 클릭한다(그림의 앞쪽).

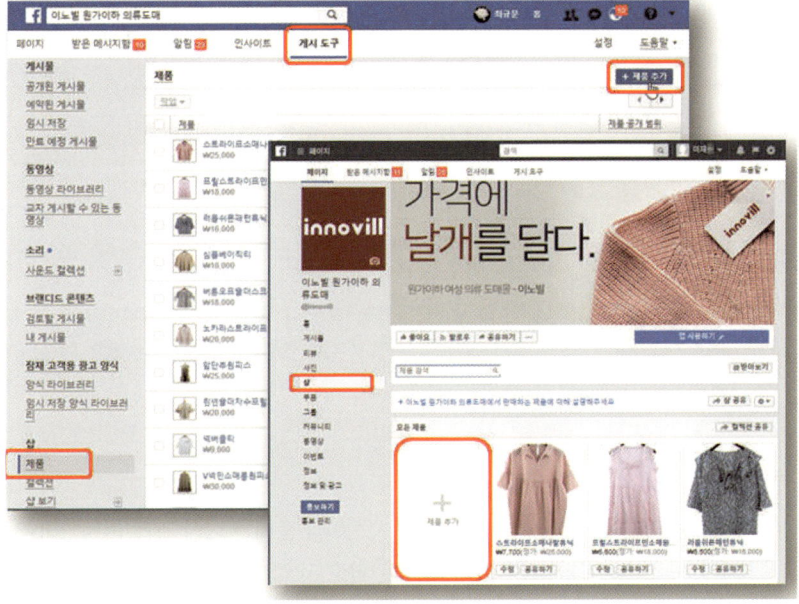

[그림2] 페이지 [샵]에 제품을 추가하는 두 가지 방법

02 [페이지] 관리자 모드에서 [게시 도구]를 클릭. 화면 왼쪽 메뉴 목록 맨 아래쪽 [샵] 영역의 [제품] 탭을 선택하여 [제품] 리스트가 뜨면 화면 오른쪽 상단에 있는 [+ 제품 추가] 버튼을 클릭한다(그림의 뒤쪽).

03 두 방법 모두 이제부터는 같은 화면으로 연결된다. [제품 추가] 팝업 창이 뜨면 요청 항목별로 필요한 내용을 입력해준다.

- 제품 외관이나 특성이 잘 나타난 대표 사진이나 준비된 상품 소개 동영상이 있으면 선택해 올린다. (사진 크기 비율은 가로 세로 1:1 이 바람직하고, 사이즈가 클수록 해상도가 선명해지므로 1024x1024 픽셀 이상을 권한다. 이미지나 동영상을 여러 장 또는 함께 추가하는 것도 가능하지만 노출되는 컷은 제한되므로 많이 올릴 필요는 없다. 최소한 1장의 대표 사진은 필수다.)
- 제품의 이름, 가격, 설명 등을 차례대로 입력한다. 할인 여부에 따라 [이 제품은 할인 중입니다] 스위치를 켜면 정상가격(가격)과 할인가격(판매가격) 두 가지를

함께 표시할 수 있도록 추가 입력 칸이 나타난다.

- 제품 [설명]란 아래 [결제 URL] 칸에는 이 제품을 실제로 구입할 수 있는 쇼핑몰 상품 상세 설명 페이지 또는 랜딩 페이지의 URL 주소를 복사하여 입력해주면 된다.
- 이 제품을 [샵]에 등록하는 동시에 페이지 담벼락에도 게시하고 싶으면 [내 페이지에 이 제품 공유] 필드 앞부분에 있는 스위치를 [설정]으로 잡아주면 된다.
- 품절 등으로 제품을 노출하지 않고 싶을 때는 맨 아래 [공개] 여부 옵션을 비공개로 설정하면 된다.

제품 등록이 완료된 뒤 「웹사이트에서 보기」 버튼을 누르면 구매 결제를 할 수 있는 쇼핑몰(랜딩 페이지)로 이동한다. 필요하면 언제든 「수정」 버튼을 눌러 이미지 등을 바꿀 수 있고, 「공유」 버튼을 눌러 다른 영역으로 제품 소개 글을 공유할 수도 있다.

> **Tip**
>
> [제품추가] 화면에서 [결제URL] 입력 항목이 나타나지 않을 때 처리 요령
>
> 먼저 추가한 [샵] 탭을 '삭제'한 뒤에 다시 [탭 추가] 절차를 수행한다. 이때 [결제 수단 선택] 옵션에서 [다른 웹사이트에서 결제]를 선택(변경)하고 [계속] 버튼을 누른다. 자세한 설명은 https://sonet.kr/1514 글을 참고하라.

4 | 샵에 등록된 제품을 게시물에 태그하여 노출하려면

페이스북 페이지에 올린 사진이나 이미지 또는 동영상에는 사람을 태그하는 기능만이 아니라 제품을 태그하는 기능도 있다. 인스타그램에 올린 사진에도 「제품(쇼핑) 태그」 기능을 사용하여 제품을 첨부할 수 있다. 게시물 사진(이미지)에 샵에 등록된 제품을 태깅하는 순서는 다음과 같다.

[그림3] 페이지 이미지 게시물에 [제품 태그] 기능을 이용하는 순서

01 이미지를 클릭하여 [제품 태그] 버튼을 클릭한다.

02 업로드한 이미지(사진)의 특정 포인트(제품에 태그를 걸고 싶은 영역)에 마우스
를 대고 클릭한다.

03 [이름을 입력하세요]라는 팝업 태그 창이 뜨면, 입력 창에다 샵에 등록되어 있
는 상품명을 입력한다.

04 해당 키워드와 관련된 상품의 리스트가 펼쳐지면, 태그하고 싶은 제품을 선택
한다.

05 [태그 완료] 버튼을 클릭한다.

위의 순서로 제품 태그가 걸린 게시물의 사진(이미지)을 PC에서 클릭
하거나 스마트폰에서 터치하면 해당 이미지에 연결되어 있는 제품 태그
정보가 사진에서 태그된 영역이나 이미지 하단에 노출된다. 태그 설명
박스를 클릭하거나 터치하면 해당 웹사이트로 넘어갈 수 있는 「행동 유
도 버튼」이 보이고, 이 버튼을 클릭하거나 터치하면 그 제품을 구매할 수
있는 웹사이트(쇼핑몰)로 이동하게 된다.

아래 화면은 인스타그램에서 페이스북에 함께 공유한 이미지 게시물에 특정 제품을 태그해놓고, 「게시물 참여」 광고를 만들 때 보이는 예시 사례이다. 페이스북 「참여」 광고에서 「게시물 참여」 옵션을 선택한 후 「기존 게시물 사용」 탭을 열면 페이스북에서 올린 게시물 뿐만 아니라 연결된 인스타그램 계정에서 올린 게시물도 선택할 수 있도록 목록에 뜨는 것을 확인할 수 있다.

[그림4] 페이스북 게시물 참여 광고에서 인스타그램 게시물 선택하기

위와 같이 「게시물 참여」 광고를 이용하면 인스타그램 게시물도 페이스북 광고와 연계하여 오디언스 네트워크를 포함한 다양한 위치(지면)에 광고를 노출하는 것이 가능하다. 따라서 페이지 샵에 홍보하고 싶은 제품을 추가하고 그 제품과 관련된 이미지 게시물을 만들어 올린 뒤, 그 제품을 태그한 게시물을 광고하면 쇼핑몰이나 해당 상품의 랜딩 페이지로 고객을 유입시키는 데 도움이 된다.

페이스북과 인스타그램에서 게시물에 「제품 태그」를 삽입하는 방법

에 대해 더 자세한 설명은 아래 페이스북 도움말과 2부 인스타그램 활용
편의 내용을 참고하라.

01 | 페이지 게시물의 샵 섹션에서 제품 태그하기
> https://www.facebook.com/business/help/1655062744733202

02 | Instagram 게시물에 제품을 태그하기
> https://www.facebook.com/help/instagram/1108695469241257

5 | 샵에 등록된 제품들을 이용해 컬렉션을 만들려면

페이지 샵에 등록된 제품은 필요에 따라서 여러 카테고리로 나누어
'제품 묶음 세트'를 만들 수 있다. 페이스북은 이렇게 묶여진 제품군을
'컬렉션'이라 부른다. 2017년 봄부터 제품을 최고 50개까지 노출할 수 있
는 디스플레이 광고 상품을 출시했는데 그게 바로 「컬렉션」 광고다! 이번
장에서는 샵에 추가된 제품 목록을 이용해서 어떻게 컬렉션을 만드는지
짚고 넘어가자.

01 페이지 [샵] 탭을 열고 제품 목록 아래쪽으로 스크롤하여 [컬렉션 추가] 버튼을
클릭한다.

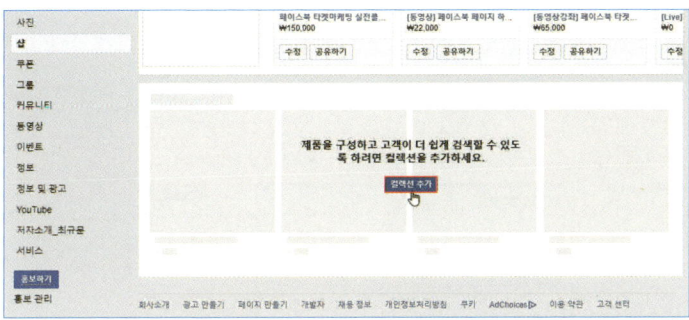

Tip

페이지 관리자 모드에 있는 [게시 도구]를 클릭하고, [컬렉션] 메뉴에서 오른쪽
상단 끝에 있는 [+ 컬렉션 추가] 버튼을 클릭해도 된다.

02 컬렉션 만들기 창에서 [컬렉션 이름]을 임의로 입력해 주고, [+ 제품 추가] 버튼을 클릭하여, 팝업 창이 뜨면 해당 컬렉션에 포함시키고 싶은 제품들을 선택하여 체크한 뒤 [추가] 버튼을 누른다.

03 선택한 제품들로 컬렉션이 만들어지면 [공개 범위] 및 [이 컬렉션 추천] 여부를 선택한 뒤에 오른쪽 상단 또는 맨 아래쪽에 있는 [저장] 버튼을 눌러서 작업을 마친다.

페이지 샵 제품 홍보 및 컬렉션 광고 전략

지금까지 작업을 통해 페이지에 샵 탭을 만들고 제품을 추가하고 나아가 제품들을 엮어서 컬렉션을 만드는 과정까지 살펴보았다. 여기까지는 시작에 불과하다. 이렇게 등록한 제품과 컬렉션을 어떻게 홍보하고, 나아가 판매까지 연결할 것인가가 우리의 진짜 관심사이고 이 책의 핵심 주제이기도 하다. 이번 섹션에서는 이 과제를 함께 풀어가보자.

1 | 페이스북 페이지 샵은 쇼핑몰이 아니다

앞서 제품을 샵에 등록하는 과정에서 살펴 보았듯이 페이지의 샵은 온전한 구조를 갖춘 매장이 아니다. 무엇보다 구매 요청시 샵에서 직접 결제를 할 수 없다. 이 말은 곧 '직접 구매'를 목적으로 찾아오는 방문자를 기대하지 말라는 뜻이다. 사줄 손님이 찾아오지 않는 매장에서 제아무리 청소를 깨끗이 하고 진열장을 열심히 닦는들 물건이 팔리겠는가?

설령 페이지 샵에 진짜 구매할 의사를 갖고 손님이 온다고 해도 문제다. 기껏 구경하고 물건을 사려고 해도 직접 결제가 불가능해 결국 외부 쇼핑몰로 다시 나가야 하기 때문이다.

그렇다면 페이스북은 이렇게 치명적인 약점을 안고 있는 샵을 왜 굳이 페이지에서 제공하는 것일까?

그건 바로 샵의 역할이 고객과 우리 제품 간에 자연스러운 소개 접점을 만들어주는 데 있기 때문이다. 따라서 샵은 우리 브랜드(페이지)에 「좋아요」를 누른 팬이나 팬의 친구들에게 일상적인 대화와 소통을 통해 우리 제품을 자연스럽게 보여주고 알리는 홍보 공간을 확보하는 데 우선 목표를 두어야 한다.

팬들이 어떤 제품들을 좋아하고 관심을 보이는지에 따라 그들이 추가로 얻고 싶은 제품 관련 정보나 이야기 거리, 신제품 소개, 체험 기회, 이벤트 혜택과 같은 요소를 제공하여 잠재고객들의 흥미와 기대를 충족시키고 미래 가망고객을 확보하는 창구로 활용해야 한다.

페이지는 가망고객들과 만나서 대화하고 소통하며 그들의 관심사와 고민이 무엇인지 들어주고 관심을 가진 사람과 팬들에게 더 좋은 무엇인가를 제공함으로써 브랜드와 관계를 강화하고 신뢰를 높이는 '커뮤니티 공간'이다. '홈페이지'와 '온라인 카페'의 기능을 함께 하는 셈인데, 엄밀히 따지면 카페의 성격이 더 강하다고 봐야 한다.

페이지의 샵 섹션은 그러한 커뮤니티 공간 안에 있는 일종의 '진열장'이다. 우리 브랜드에 관심을 갖고 있는 잠재고객들이 오다 가다 모이는 카페 공간 한 켠에 우리 회사의 동정이나 뉴스, 이야기 거리를 담은 소식

지나 제품 브로셔 혹은 신제품 샘플이나 모형 등을 보기 좋게 진열해두고 구경할 수 있도록 해놓은 '쇼룸(Show Room)' 같은 곳이다.

진열장에 디스플레이된 상품은 어디까지나 홍보용일 뿐, 직접 판매가 주 목적이 아니다. 적지 않은 쇼핑몰 사업자들이 페이스북을 이용해 손님을 끌어올 목적으로 페이지를 개설한다. 그리고 매일처럼 제품 홍보용 이미지나 동영상으로 담벼락을 도배하는 사례를 자주 접한다. 그럴 때마다 깊은 한숨이 나도 모르게 새어 나온다.

'왜 커뮤니티에서 세일즈를 하려고 들까' 싶은 안타까움 때문이다. 실제로 이런 경우 페이지 게시물에 대한 반응을 보면 댓글은커녕 「좋아요」 몇 개도 나오지 않는다. 왜? 내용이 뻔하기 때문이다! 맛있는 음식도 자주 먹으면 질리는 법이다. 하물며 읽어야 할 이유도 없는 상품 이미지와 정보를 아무리 열심히 올려댄들 사람들의 관심과 눈길을 끌 수 있겠는가! 읽어 볼 필요를 느끼지 않는 포스트를 매일 성실하게 올리는 것은 헛수고요, 시간 낭비일 뿐이다!

혹시 쇼핑몰을 운영하면서 손님을 잡기 위해 페이스북 페이지를 운영하는 개인이나 업체 담당자가 있다면 미리 당부드린다. 제품 브로셔 홍보 게시물로 페이지 담벼락을 도배하는 어리석고 무익한 일은 절대 하지 마시라. 열심히 올린 글에 좋아요 몇 개도 안 나오고, 게시물 도달 수가 100명도 안 찍히는 게시물을 매일 올리고 있다면 당장 페이지 운영을 중단하고 그 시간과 노력을 다른 데 쏟는 게 낫다.

그렇다면 쇼핑몰을 활성화하고 잠재고객을 잡아내는 데 기여할 수 있게 페이지를 운영하려면 도대체 어떤 내용으로 어떻게 게시물을 올리고, 홍보나 광고는 어떤 전략과 기법으로 접근해야 할까?

2 | 「쇼핑」 카테고리 템플릿은 어떤 요소로 구성되나

쇼핑몰의 종류나 규모가 워낙 다양하기 때문에 딱히 정해진 기준이 있을 수 없다. 또 쇼핑몰에서 취급하는 제품의 판매 순환 주기나 평균적인 판매 수량, 객단가 또한 천차만별이다. 패션 의류나 화장품, 일반 생활용품부터 먹거리, 건강식품, 애견용품에 이르기까지 취급품의 종류에 끝이 없듯이 페이스북 페이지에서 다룰 수 있는 제품도 제한이 없다. 심지어는 교육 상품이나 전문 지식 서비스와 같이 무형의 상품도 취급 대상이 될 수 있다.

페이지 카테고리로 「쇼핑」 템플릿을 선택했을 때 제공되는 기본 메뉴판의 구조와 탭 배열 순서, 입력 요소들을 통해서 쇼핑 관련 페이지에서 우선 챙겨야 할 것이 무엇인지 힌트를 얻어 보자.

페이지 관리자 모드의 「설정」 – 「템플릿 및 탭」을 클릭해 템플릿 카테고리를 변경할 수 있다. 페이지 템플릿을 「쇼핑」으로 수정하면 다음 그림과 같이 페이지의 기본 레이아웃과 메뉴 탭 섹션의 배열을 미리 보여준다. '제품을 선보이고 온라인 쇼핑으로 연결할 수 있는 페이지 템플릿'이라는 설명이 맨 윗줄에 나온다.

이 말은 쇼핑 템플릿 페이지의 역할과 목적이 무엇보다도 '제품 선보이기'와 '쇼핑몰 유입'에 있음을 말한다. 딸려 있는 탭들 또한 이런 목적에 맞추어 배열 우선 순위가 결정되었을 것이다. 탭의 배열 순서를 살펴보면 기본 탭들은 다른 카테고리의 템플릿과 비슷하지만 「샵」과 「쿠폰」 탭이 우선 순위에 나오는 점이 색다르다. 그만큼 제품 소개 및 세일즈에 초점이 있는 셈이다.

그 외 「그룹 | 커뮤니티 | 동영상 | 이벤트 | 정보」 탭이 나오고, 마지막에 「정보 및 광고」 탭이 나타난다. 「정보 및 광고」 탭은 새로 생겨난 메뉴인데 페이지가 집행한 「Sponsored」 게시물을 모아서 한꺼번에 보여준다. 우리 페이지를 이용하는 방문자들에게 페이지에서 어떤 광고를 집행했는지 그리고 현재 어떤 광고를 내보내고 있는지 확인할 수 있게 함으로써 투명성을 높여주는 장치라 설명하고 있다. 스팸성 광고나 정치 광고를 내보낼 경우 광고주의 정체를 밝히겠다는 얘기다.

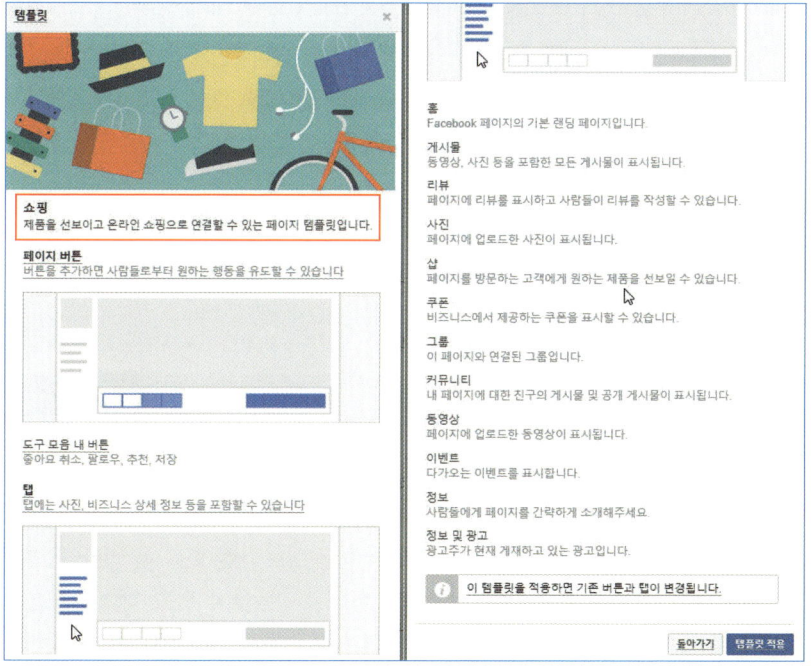

쇼핑 템플릿 탭의 모든 기능을 하나하나 설명하는 건 지면 관계상 어렵겠고, 쇼핑몰 운영과 관련해 꼭 필요한 사항들만 몇 가지 짚어보자.

01 [행동 유도 버튼]에 쇼핑몰 연동 URL 주소 설정하기

행동 유도 버튼의 표시문구는 [더 알아보기] 또는 [지금 구매하기] 등을 자유롭게 선택할 수 있다. 쇼핑몰의 도메인 주소 또는 이벤트 랜딩 페이지의 URL 주소를 입력해주면 된다. [지금 구매하기] 버튼을 찾아 2단계 설정 옵션에서 [웹사이트 링크]를 선택해 외부 쇼핑몰 주소를 입력해줄 수도 있고, [페이지에서 쇼핑]을 선택하여 페이지 내 [샵] 탭으로 유도할 수도 있다.

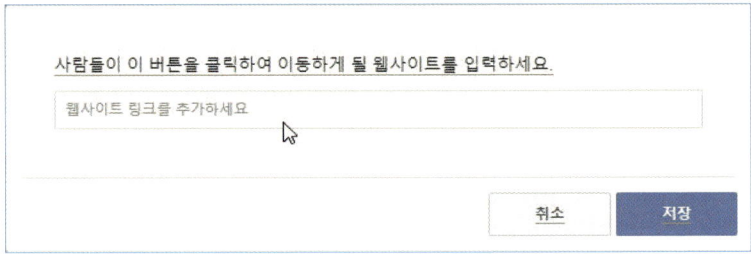

페이지를 개설하고 동일한 이름이나 비슷한 이름의 그룹을 만들 경우 내가 관리자 권한을 갖고 있는 페이지와 그룹을 연결하면 '페이지 이름'으로 '그룹 관리자'가 되어 활동할 수 있다. 이 경우 페이지 행동 유도 버튼에 [그룹 방문] 옵션을 설정해두면 버튼 클릭시 연결된 그룹으로 바로 이동할 수 있고, 페이지 이름으로 그룹 담벼락에 게시물을 올릴 수 있어 그룹을 통해 페이지를 알리고 활성화하기에 좋다.

Tip 행동 유도 버튼에 예약 서비스를 추가하려면?

행동 유도 버튼은 필요에 따라 수시로 변경할 수 있으니 마케팅 목적에 따라 다양하게 설정할 수 있고 필요에 따라 바꾸어 쓰면 된다. 웹사이트 주소뿐만 아니라 [지금 전화하기] [지금 예약하기] 등으로 상담 또는 예약 서비스 정보를 입력하는 것도 가능하다. 최근에 새로 생긴 [예약 서비스]를 추가하면 물건을 팔지 않고 무형의 상담 서비스 등을 제공하는 경우 페이스북 메시지를 통해서 알림을 주고받거나 시간을 예약하는 것도 가능하다. 더 자세한 내용은 아래 글을 참고하라.

● https://sonet.kr/1473

02 페이지 메뉴판에 [쿠폰] 탭을 노출하고 필요하면 쿠폰 설정하기

[쇼핑] 템플릿을 이용하면 [샵] 탭 바로 아래에 [쿠폰] 탭이 위치한다. (페이지 관리자가 아닌 페이지 방문자에게는 [쿠폰] 탭이 보이지 않는다. 관리자가 쿠폰을 발행한 경우 페이지 본문 창에 쿠폰 섹션이 나타난다.)

쿠폰은 방문자들에게 우리 쇼핑몰에서 취급하는 상품을 보여주거나 특가 할인 이벤트 행사 등이 있을 경우 게시물에 관심을 불러 일으켜 방문 클릭이나 반응을 유발하는 효과가 있으므로 특히 쇼핑몰을 운영하는 경우 적극적으로 활용할 필요가 있다.

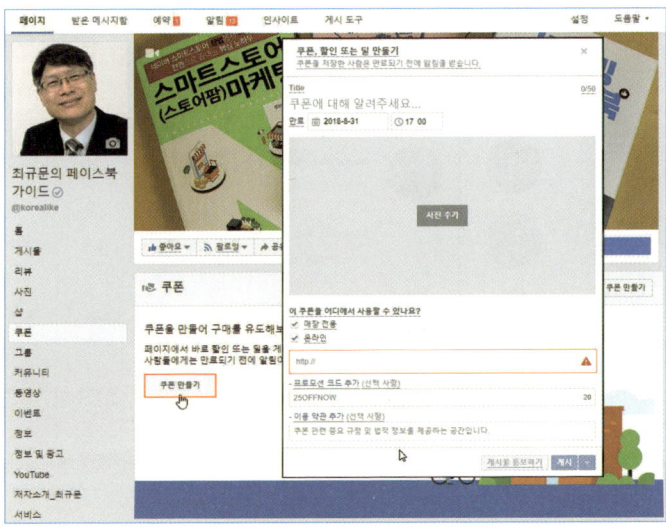

쿠폰은 매장 전용과 온라인용으로 나뉘며, 온라인 쿠폰을 발행할 경우 쿠폰 코드를 사용할 수 있는 웹사이트 주소를 추가해주어야 한다. 필요하다면 [프로모션 코드] 및 [이용 약관]을 추가할 수 있으므로 관련 내용을 입력해주고, 쿠폰 느낌을 줄 수 있는 이미지나 이벤트 행사 사진 등을 추가해 주는 게 좋다.

> **Tip**
>
> **쿠폰 사용법을 자세히 공부하고 싶으면**
>
> 쿠폰 발행에 대해 더 자세한 내용을 알고 싶으면 [백만 방문자와 소통하는 페이스북 마케팅] (한빛미디어, 2016) 개정판(176~181쪽) 4장의 섹션2. "쿠폰을 발행하여 팬들에게 혜택 제공하기"에 실린 설명을 참고하기 바란다. .

03 페이지와 [그룹]을 연결하고 페이지 관리자를 그룹 멤버로 추가하기

[쇼핑] 템플릿 페이지의 [그룹] 탭에 들어가서 오른쪽 상단에 있는 [그룹 연결] 버튼을 클릭하면 아래 그림과 같은 팝업 화면이 뜬다. 여기에서 내가 관리자 권한을 갖고 있는 그룹을 선택하여 뒤쪽에 있는 [연결하기] 버튼을 눌러주면 그 그룹과 현재 페이지가 서로 연결되고, 페이지 그룹 목록에 추가된다.

위와 같은 방식으로 그룹과 페이지가 연결되고 나서 해당 그룹의 멤버 항목을 열어보면, 페이지 이름이 '관리자 명단'에 추가되어 나타나는 것을 확인할 수 있다.

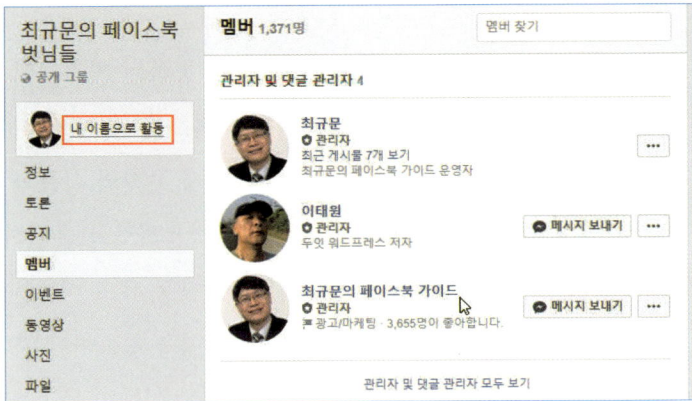

페이지가 그룹에 관리자로 추가되면 이제부터는 페이지 이름으로 그룹 토론방 담벼락에 직접 글을 작성해서 올릴 수도 있고, 다른 사람들이 올린 댓글에 답글을 남길 수도 있다. 그룹에 접속하여 좌측 상단 그룹명 바로 아래 [내 이름으로 활동]이라고 씌어 있는 링크를 클릭하여 팝업 창이 뜨면 연결된 페이지명을 선택하여 확정한 뒤에 글을 작성하면 된다.

> **Tip**
>
> **페이지와 그룹을 연결하면 좋은 이유**
>
> 페이지가 그룹에 멤버(관리자)로 활동할 수 있게 되면 해당 그룹이 [판매 그룹]일 경우 다양한 방식으로 페이지의 게시물이나 샵의 제품을 추가로 연동하여 알리거나 홍보하는 일이 가능해진다. 페이지와 페이스북 그룹이 연결됨으로써 얻을 수 있는 마케팅 효과에 대해 더 자세한 내용을 알고 싶거든 필자의 홈페이지에 올려진 관련 글을 참고하기 바란다.
>
> ◉ https://sonet.kr/843

3 │ 페이지에 무슨 게시물을 올리고 응대는 어떻게 해야 할까

페이지는 일차적으로 잠재고객과 대화하고 소통하는 커뮤니티 성격을 갖는다. 따라서 페이지에서 직접 물건이나 서비스를 팔아보겠다는 생각은 버리는 게 좋다. 그보다는 미래 가망고객에게 우리의 상품과 서비스를 충분히 알리고 관심을 유발하여 쇼핑몰을 방문하도록 유인하거나 게시물에 댓글이나 메시지를 남기도록 촉진하고, 행동 유도 버튼을 클릭하여 상담이나 예약 신청을 할 수 있도록 하는 데 힘을 기울여야 한다.

페이스북 브랜드 페이지의 글을 읽거나 방문하는 이들의 목적을 조사해보면 브랜드에서 제공하는 할인이나 이벤트 혜택과 같은 정보를 얻기 위해서라는 응답이 제일 높다. 또한 제품이나 브랜드에 대한 추가 정보를 알고 싶어 찾아오는 비율도 눈에 띈다. 따라서 쇼핑 중심의 페이지라 하더라도 게시물의 내용은 방문자나 구독자에게 실질적인 혜택이 주어지는 소식이나 정보를 중심으로 고객과 대화 및 소통을 강화하는 성격의 게시물들이 바람직하다.

단지 제품에 대한 설명이나 판매를 위한 상품 소개 글로 도배할 경우 쇼핑몰도 아닌 것이 쇼핑몰 역할을 하려드는 억지로 느껴져 오히려 독자들이 구독을 취소하거나 게시물을 거부하는 역효과를 초래할 수 있다. 활동이 뜸해서 존재 자체가 잊혀지는 것도 문제이지만 너무 노골적으로 장삿속을 드러내어 고객을 떠나게 하는 것은 더 위험하다.

페이지에서는 본문 게시물을 올리는 것 못지 않게 중요한 행동이 하나 있다. 그건 바로 「받은 메시지」에 재빨리 응답하는 일이다. 페이스북은 페이지의 활성화 정도를 측정하는 가장 큰 지표 중 하나로 메시지 및 댓글에 대한 관리자의 반응(회신)을 살피기 때문이다.

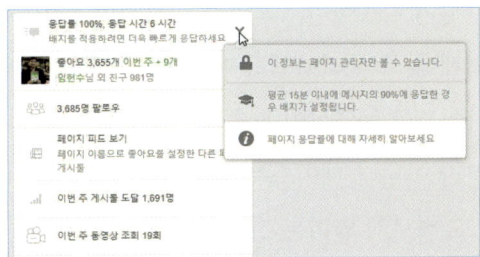
페이지에서 받은 메시지에 대해 실시간으로 응답하기 어려운 환경일 때는 관리자 모드에 접속하여 「설정」 메뉴에서 「메시지」 항목을 열어 「응답 도우미」 섹션에 있는 옵션 중 「빠른 답장 보내기」 스위치를 켜서 사용할 것을 추천한다. 「변경」 버튼을 클릭하면 기본 메시지 내용을 수정할 수 있다. 부가적으로 「Messenger 인사말 표시」 항목의 스위치도 「켜짐」으로 설정하라. 첫 메시지를 나누게 되는 경우에도 먼저 인사말을 자동으로 건넬 수 있도록 설정하는 것이 바람직하다.

● ● ●

4 | 컬렉션 광고는 무엇이고 어떻게 쓰면 효과적일까

컬렉션 광고는 페이지 샵에 추가한 제품들 중 여러 개를 골라 하나의 세트로 묶어서 패키지 단위로 광고하는 방식이다. 하나의 광고에 선택 가능한 여러 개의 상품을 한꺼번에 보여주고, 진열장으로 유인하여 다양한 상품 목록을 볼 수 있도록 모바일 기기에 최적화된 디스플레이 광고다.

이것을 캔버스 양식과 결합하면, 커버 이미지와 함께 동영상, 제품 이미지 등을 다양하게 조합하여 사용할 수 있기 때문에 훨씬 역동적인 화면 구성이 가능하다. 그 결과 시각적인 몰입 효과가 높아 제품과 서비스를 쉽게 찾고 둘러보고 구매할 수 있다. 특히 인스타그램 피드에서는 더 큰 사이즈로 동영상이 노출되기 때문에 보기에 시원하다.

뿐만 아니라 페이스북이나 인스타그램 내에서 외부 사이트로 나가지 않고도 빠르게 열리는 전체 화면에서 더 많은 제품을 살펴볼 수 있다. 상품별로 각각의 상세 페이지로 링크를 연결할 수 있기 때문에 광고에 노출되는 사람의 취향과 필요에 따라서 선택 가능성을 높여 준다는 점에서도 효과적인 광고 형식이다. 컬렉션 광고가 구현된 샘플 사례는 아래 페이스북 광고 도움말에서 제공하는 동영상을 살펴보라.

● https://www.facebook.com/business/ads-guide/collection

샵에 제품이 등록되어 있다면 컬렉션 광고를 만드는 방법은 생각보다 간단하다. 아래와 같은 순서로 따라 하면 쉽게 컬렉션 광고를 만들어 집행할 수 있다.

01 광고 대상 컬렉션을 선정한다. 없으면 샵 제품들을 목적에 따라 선택하여 새 [컬렉션]을 [추가]한다. 컬렉션을 추가하는 방법은 앞서 2-2의 5에서 설명한 [컬렉션 추가] 관련 설명을 참고하라.

02 [광고 관리자]에서 [만들기]를 누르고 컬렉션 광고 형식이 허용되는 캠페인 목표를 선택한다. (현재 컬렉션 광고 형식은 '트래픽, 전환, 카탈로그 판매, 매장 방문' 캠페인 목표에서 사용할 수 있고, 페이스북 피드 및 인스타그램 피드에 노출이 가능하다.)

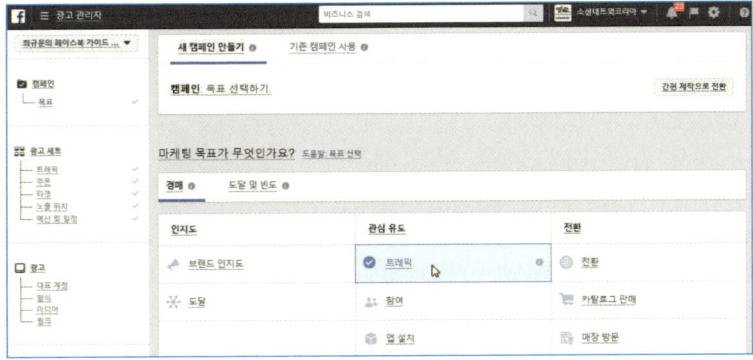

03 [광고 세트]에서 타겟 설정을 마친 후 광고 [형식]에서 디폴트 설정(단일 이미지 선택) 대신 [컬렉션] 형식을 선택하면 [인스턴트 경험 맞춤 설정] 안내 문구와 함께 미리 제작된 템플릿들이 보일 것이다.

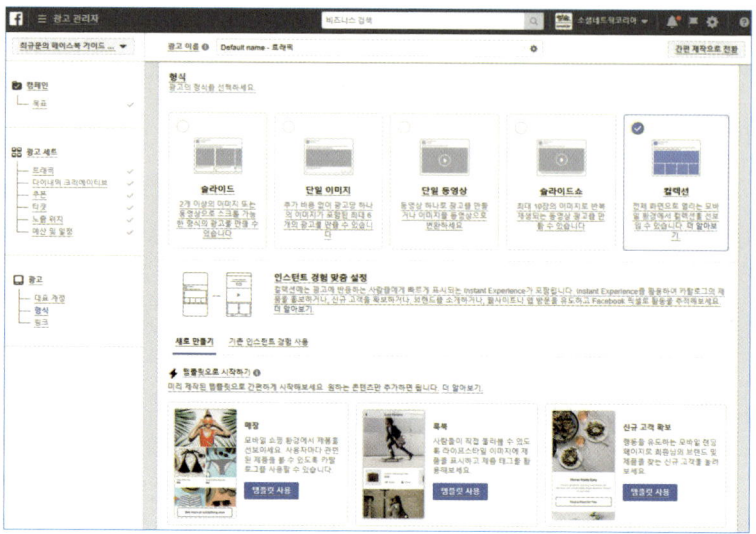

04 이 중 원하는 템플릿을 선택하여 클릭한다.

제품 컬렉션 광고에는 여러 제품들이 스크롤되는 「그리드 레이아웃
(매장)」이 주로 쓰이는 편이다. 최근에 「라이프스타일 레이아웃(룩북)」이
새로 나왔다. 무엇보다 캔버스 형식을 쓰면 모바일 기기에서 빠르게 전
체 화면으로 표시될 뿐만 아니라, 특정한 웹사이트나 앱으로 연결(하이퍼
링크)되는 이미지, 동영상, 제품과 더불어 「행동 유도 버튼」을 섞어 사용
할 수 있다. 덕분에 시각적으로 매우 다양하고 동적인 영상을 구현하고
비교적 자유롭게 멋진 레이아웃을 표현할 수 있다. '모바일 CF 광고'라고
비유하고 꼭 이용해보라고 권하는 이유도 이때문이다.

5 │ 컬렉션과 캔버스가 결합하면 어떤 광고가 나올까

이미지나 동영상 등 시각적 활용 재료를 많이 갖고 있거나 디자인 역량을 활용할 수만 있다면, 특히 제품 광고에는 최대한 캔버스 양식을 컬렉션 형식과 결합하여 시각적 효과가 드러나는 광고를 제작하도록 권장한다. 지금부터 「캔버스(Instant Experience) 만들기」를 이용해 컬렉션 광고를 만드는 순서를 살펴보자.

01 광고 만들기 [형식]에서 [캔버스]를 선택하고 [매장] 템플릿을 클릭한다. 단일 탭을 쓸 것인지 복수 탭을 쓸 것인지 정하고, 여러 탭을 만들려면 [탭 추가] 스위치를 [켜기] 옵션으로 설정한다.

하나의 큰 주제에 유사한 하위 카테고리 컬렉션을 갖고 있을 경우 하나의 캔버스로 여러 개의 다양한 섹션을 보여줄 수 있다. (인스타그램에서는 탭 기능이 지원되지 않는다).

02 [헤더] 영역에 텍스트 제목을 넣을 건지 로고 이미지를 넣을 것인지를 선택하고, 탭을 추가하려면 제목 아래쪽의 탭 숫자를 클릭하고 해당 탭의 이름을 입력한다.

텍스트를 쓰려면 제목을 입력하고, 로고를 쓰려면 882 x 66픽셀 크기의 이미지를 [업로드]해주면 된다.

제목을 입력하지 않으면 광고 계정과 연결된 기본 페이지의 이름이 디폴트로 사용된다. 만약 섹션 탭을 추가하려면 [+] 버튼을 눌러서 추가하고 탭 제목을 추가해주면 된다.

03 [커버 이미지 또는 동영상] 항목에 이미지 또는 동영상/슬라이드쇼를 선택하고 [이미지 업로드] 버튼을 클릭하여 커버로 사용할 파일을 업로드해준다. 노출될 제품의 배열 순서 및 노출할 [카탈로그] 및 [제품 세트]를 선택한 뒤, [고객 행동 유도 버튼]을 작성한다.

커버로 사용할 이미지의 크기는 가로 너비 1080픽셀이 권장되며 세로 길이에는 제한이 없다. 페이스북의 경우 커버 이미지에 랜딩 페이지 URL을 추가할 수 있고, 여러 장의 이미지를 이용해서 만든 슬라이드쇼를 사용할 수도 있다.

04 [제품] 영역에서 [카탈로그] 및 [제품 세트]를 선택하여 광고할 제품을 설정한다.
먼저 컬렉션 광고에 사용할 카탈로그를 선택하고, 제품들의 배열 순서를 정한
다. 자동으로 배열하거나 특정한 순서대로 진열되도록 할 수 있다. 카탈로그가
선택되면 모든 제품을 선택할 수도 있고, 제품 세트를 선택하거나 추가하여
일부 제품만을 광고 대상으로 설정할 수도 있다.

샵에 추가된 제품들은 페이스북이 자동으로 카탈로그 파일을 생성해주는데,
자동으로 만들어진 카탈로그 파일은 비즈니스 관리자에서 [자원]으로 사용할
수 있도록 미리 연결해 주어야만 컬렉션 광고 등에 사용할 수 있다.

Tip

샵에 추가된 제품으로 자동 생성된 카탈로그를 컬렉션 광고에 사용하려면?

페이지 샵에 제품을 추가하면 페이스북에서 자동으로 제품 카탈로그를 생성해
준다. 이렇게 생성된 카탈로그를 컬렉션 광고에서 이용하려면 먼저 아래와 같이
조치해줘야 한다. (https://sonet.kr/1400 참고)

[비즈니스 관리자] → [카탈로그] 메뉴 클릭 → 목록 중에서 컬렉션 광고에 사
용할 카탈로그 선택(클릭) → 오른쪽 끝 [설정] 탭 클릭 → [Business Manager
Account] 뒷쪽 [연결] 버튼 클릭 → 연결할 비즈니스 관리자 계정(이름)을 선택
한 뒤에 [연결하기] 버튼 클릭!

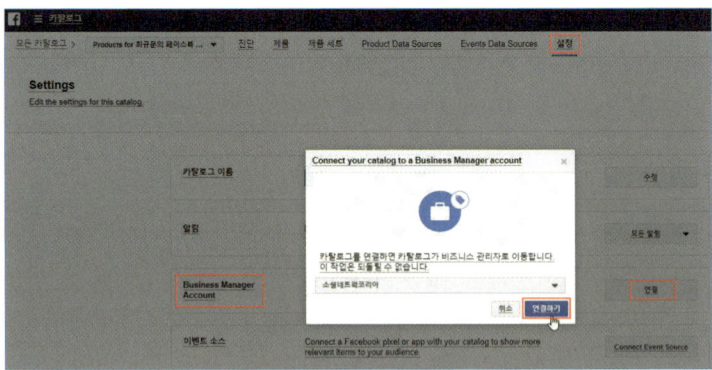

연결이 완료된 뒤, 해당 카탈로그를 선택하여 [관리] 버튼을 클릭하면 그 카탈로
그와 연동할 자산(사람/파트너/제품/소스(픽셀)/인스타그램 계정 등)을 설정할
수 있다.

05 [고정 버튼] 영역에서 [행동 유도 버튼]의 문구를 [텍스트]란에 입력해주고, 해당 버튼을 눌렀을 때 이동할 쇼핑몰이나 [랜딩 페이지 URL]주소를 입력해준다.

06 오른쪽 제품 구성 화면에서 노출할 제품의 이미지 및 타이틀 Headline 문구와 가격을 확인해 보고 이상이 없으면 [모바일에서 미리 보기] 버튼을 클릭한다.

07 잠시 후 모바일 폰으로 [미리보기 알림] 안내 메시지가 오면 메시지의 링크를 눌러서 캔버스 컬렉션 광고의 정상 출력 여부를 확인한 뒤에 [완료] 버튼을 눌러 [저장]한다. 한 번 저장 완료된 캔버스 양식은 필요할 때 언제든 다시 호출하여 광고에 사용할 수 있다.

위와 같은 작업을 통해 페이스북이 제공하는 '캔버스 양식의 컬렉션 광고 템플릿'을 이용하면 초보자들도 비교적 어렵지 않게 시각적 효과가 뛰어난 모바일 제품 광고를 구성할 수 있다.

판매 그룹에 「제품」을 등록하여 주변에 홍보하기

앞에서 페이스북 페이지에 「샵」 섹션을 추가해 제품을 홍보하거나 광고하는 방법에 대해 알아보았다. 그런데 페이스북에서 제품을 등록하여 알리는 기능은 페이지만이 아니라 「그룹」에도 제공된다. 「판매 그룹」 카테고리를 이용해서 우리가 취급하는 제품 혹은 상품을 주변 인맥망을 통해 홍보하고 알리는 방법을 함께 알아보자.

1 | 페이스북 「판매 그룹」은 언제, 어떻게 만들까

페이스북에서 '그룹'이 하는 역할은 무엇일까? 페이지도 커뮤니티 속성이 강하지만 그룹은 「인터넷 카페」가 모바일 환경으로 옮겨온 '커뮤니티' 그 자체라고 보는 게 맞다. 페이스북 그룹은 개인 실명의 프로필을 가진 사람이면 누구나 쉽게 만들 수 있다. 또한 관심 있는 여러 그룹에 「가입」하여 「멤버」 자격으로 참여하여 소통할 수 있다.

그룹은 대외적인 공개 수준에 따라 크게 세 가지로 분류된다. 공개, 비공개, 비밀 그룹인데 어떤 조건으로 만들게 되더라도 그룹을 운영하는 데 특별한 제한 조건은 없다. 유의할 점은 특정한 개인이 만들었다 하더라도 멤버가 1명 이상 가입하면 그 그룹은 개설자가 임의로 폐쇄할 수 없다는 점이다. 그룹은 모든 멤버가 하나씩 탈퇴하여 마지막 멤버까지 탈퇴하는 방식으로만 폐쇄된다. 어떤 유형의 그룹이든 「판매 그룹」으로 전환하거나 「판매하기」 기능을 이용하면 그룹 멤버들끼리 자유롭게 물품을 게시하고 등록된 제품을 사고팔 수 있다. 벼룩시장과 같은 성격의 '1:1 자율 거래 마켓' 기능인 셈이다.

그룹에 판매 기능이 처음 도입된 것은 2015년 2월이다. 미국을 중심으로 시범 운영되다가 우리나라엔 2016년 4월 무렵부터 서비스가 시작되었다. 판매 그룹의 국내 도입과 관련한 더 자세한 이야기는 필자의 홈페이지 글을 읽어보시기 바란다. (https://sonet.kr/352 참고)

어떤 그룹이든 커뮤니티의 규모가 커지거나 다양한 사람들이 모이게 되면 구성원들간에 '아껴 쓰고 나눠 쓰고 바꿔 쓰고 다시 쓰는' '아나바다' 수요가 자연스럽게 생겨난다. 페이스북의 판매 기능은 바로 이와 같은 커뮤니티 내 자발적인 수요가 사용자 기능으로 추가된 것으로 보면 된다. 그룹 멤버들 간에 상호 신용을 기초로 구성원들 간 공동 구매 또는 중고 물품을 거래하거나 바꿔 쓰고 싶을 때 그룹이 제공하는 「판매하기」 기능을 이용하면 된다.

2 | 그룹 카테고리 유형을 판매/구매 그룹으로 변경하기

그룹의 관리자 입장에서 구성원들 간에 판매 거래가 가능하도록 하려면 처음에는 그룹의 분류 카테고리에 「판매 그룹」 속성을 부여해 주어야 했다. 하지만 지금은 게시물을 작성할 때 「판매하기」 옵션을 이용하면 그룹 분류와 상관 없이 거래할 제품을 자유롭게 등록할 수 있다. (그룹의 유형을 「판매 그룹」으로 변경하면 게시물 메뉴에 「판매하기」 옵션이 가장 앞쪽으로 배치된다).

그룹의 분류 카테고리를 어떻게 변경하는지부터 살펴보자.

01 관리자 권한을 갖고 있는 그룹에서 [⋯더 보기] 메뉴를 펼쳐 [그룹 설정 관리]를 클릭한다.

02 그룹 유형 항목에서 카테고리를 확인하고 [변경] 링크를 클릭한다.

이미 [판매 그룹]으로 설정되어 있다면 굳이 변경할 필요 없다. (다른 유형의 그룹이어도 [판매하기] 옵션은 모두 제공되기 때문에 그룹 유형을 꼭 변경해야 하는 것은 아니다.)

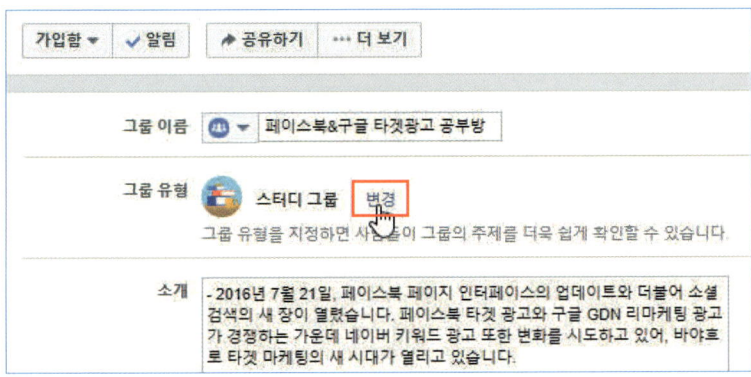

03 [그룹 유형 선택] 팝업 창에서 [판매/구매] 유형을 선택하고 [확인] 버튼을 클릭한다.

04 [그룹 설정 관리] 화면의 맨 아래쪽에 있는 [저장] 버튼을 누르면 그룹의 유형 변경이 완료된다.

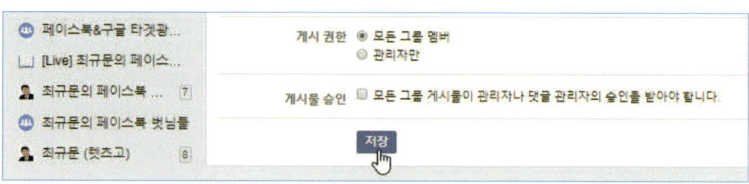

● ● ●

3 | 페이스북 그룹에 거래할 「물건」을 등록하기

그룹 게시물 작성 창 위에 있는 「더 보기」 메뉴를 펼쳐보면 「판매하기」라는 옵션을 이용할 수 있다. 이 기능을 이용하는 과정을 차례대로 살펴 보자.

01 게시물 작성 창의 맨 앞 또는 [더 보기] 메뉴를 펼쳐서 [판매하기] 옵션을 클릭한다.

02 [판매하기] 메뉴를 클릭하여 나타나는 제품 등록 창에 판매할 물건에 대한 정보
를 차례로 입력한다.

03 필요한 상세 내역을 차례대로 입력
하고 사진을 첨부한 뒤, 맨 끝에 있는
[다음] 버튼을 클릭한다.
제품(상품)의 제목, 가격, 거래 가능한
지역, 제품에 대한 개략적인 소개 설
명, 기타 입금 및 거래 방법 등에 대해
기본 사항들을 입력한 뒤, 필요하면
해당 상품에 대한 상세 내역을 볼 수
있는 상세 설명 랜딩 페이지 URL 주
소를 본문 설명 안에 입력할 수 있다.
(하이퍼링크가 자동 첨부되어 본문에서
바로 해당 쇼핑몰이나 랜딩 페이지로
연결된다). 아울러 설명 입력 창 아래
쪽에 제품을 설명하는 사진을 첨부할
수 있다(최고 42장까지 첨부 가능함).

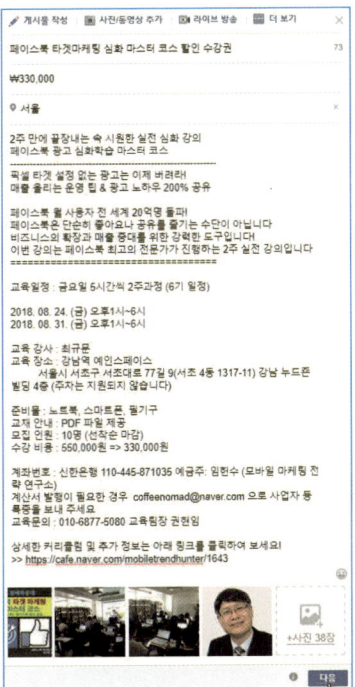

04 [공개 대상 선택] 팝업 창이 뜨면 해당 제품을 올려서 게시할 그룹들을 차례로 모두 선택하고 [게시] 버튼을 클릭한다.

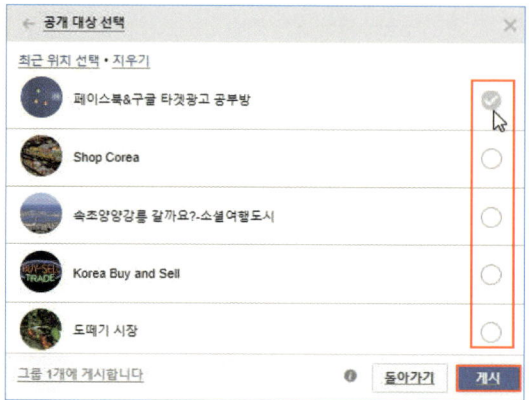

05 판매할 내용물이 게시물로 등록 되어 본문 담벼락에 올라오면 게 시물 아래 위치한 [더 많은 위치 에 게시해 보세요] 버튼을 눌러 서 다른 판매/구매 그룹에도 한 꺼번에 추가 게시할 수 있다.

06 [더 많은 위치에 물건 게시] 팝업 창이 뜨면 추가로 게시하고 싶은 그룹들을 찾
아 우측 체크 박스에 차례
대로 선택한 뒤에 [게시] 버
튼을 클릭한다. 이렇게 하면
여러 그룹에 한꺼번에 동일
한 물건을 게시하여 더 많
은 위치에서 물건을 사고
싶은 사람들에게 내 상품이
나 아이템을 노출하여 홍보
하는 것이 가능하다.

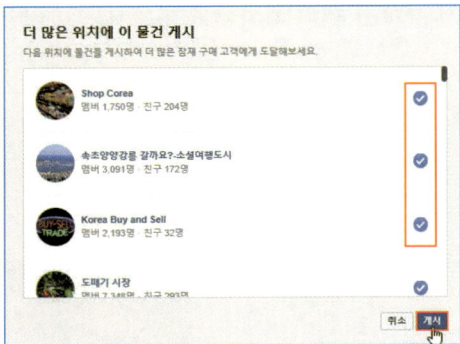

● ● ●

4 | 관리 중인 페이지를 판매 그룹 관리자로 연결하기

앞에서 '페이지 이름'으로 그룹에 「관리자」가 되어 페이지 이름으로
게시물을 올리는 것이 가능하다고 설명한 바 있다. 페이지와 그룹을 연
결하여 운영하게 되면, 이제는 그룹 멤버 개인 이름이 아닌 페이지 이름
으로도 제품을 등록하여 알리고 홍보할 수 있다. 그리되면 그룹 안에서
페이지를 더 자주 더 많은 멤버들에게 자연스럽게 노출할 수 있다. 또 더
빠르고 쉽게 그룹 멤버들을 페이지 게시물로 유인하는 게 가능해진다.

여기에서는 「판매 그룹」 안에서 '페이지 이름'으로 「제품」을 게시하고
이를 관리 중인 페이지와 연결하는 방법을 살펴보자.

01 챕터 2에서 설명한 작업 순서를 통해 페이지를 그룹과 연결하고, 연결된 [페이
지 이름]이 그룹 관리자 목록에 정상적으로 추가되었는지 [멤버] 탭의 [관리자]
항목에서 확인한다.

02 그룹 게시판에 [페이지 이름]으로 게시물을 올리기 위해 위 그림의 [그룹 이름] 아래쪽에 있는 [내 이름으로 활동] 링크를 눌러서 개인 프로필 대신 [페이지 이름]을 선택하여 클릭한다.

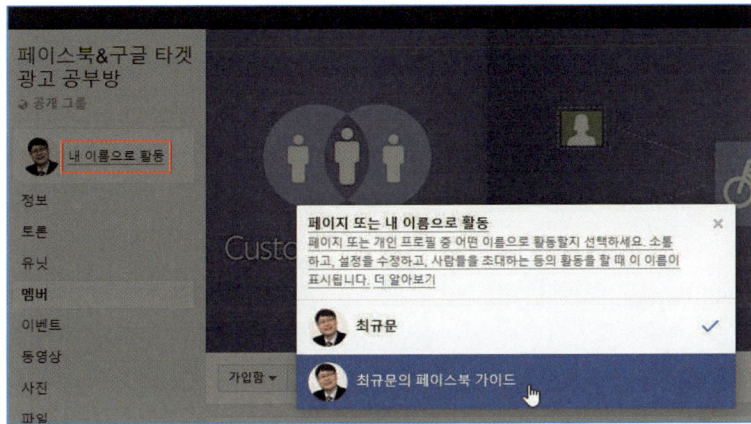

03 게시물 작성자의 이름이 [페이지 이름]으로 변경 설정되었는지 확인한다.

04 앞서 2-4의 3에서 설명한 순서에 따라 그룹에 [판매하기] 옵션으로 물건을 게시하여 올리고 정상적으로 게시된 것을 확인한다.

그룹에서 관리자의 이름을 개인 프로필 이름에서 페이지 이름으로 변경해두면 앞으로도 다시 개인으로 수정하기 전까지는 페이지 이름으로 모든 게시물을 게시하고 댓글이나 공감 표시, 공유하기 등의 행동을 할 수 있다.

이는 그룹이라는 제한된 공간에서나마 페이지가 스스로 사람(그룹 관리자)의 자격을 갖고서 활동하게 되는 것이나 마찬가지이다. 이렇게 노출된 페이지 이름에는 그 페이지로 이동 가능한 하이퍼링크가 설정되어 있다. 따라서 페이지에서 행하는 여러 가지 행동을 그룹 멤버들에게 지속적으로 알리면 페이지의 존재를 알리고 운영 중인 페이지로 유입시킬 수 있을 것이다.

페이지 이름으로 올라온 물건(게시물)을 사고 싶은 멤버는 「판매자에게 메시지 보내기」 버튼을 이용해서 페이지와 거래 상담 대화를 나눌 수 있다. 멤버로부터 접수된 메시지는 「페이지」의 「받은 편지함」으로 들어오게 되므로, 페이지(브랜드)와 멤버(개인) 간에 거래 대화를 직접 할 수 있게 된다.

이와 같이 페이지와 그룹을 연결하고 페이지 이름으로 그룹 관리자 역할을 맡아서 열심히 활동하면 자연스럽게 브랜드를 멤버들에게 소개하고 페이지의 활동을 확산 전파시키는 효과를 기대할 수 있다.

5 | 그룹 이벤트 기능을 이용해 「공동 구매」 행사 시도해 보기

그룹이 제공하는 여러 기능 중에 다수 멤버들에게 한꺼번에 뭔가를 홍보하는 데 꽤 활용 가치가 높은 것이 다름 아닌 「이벤트」 기능이다. 많은 사람들이 이벤트 기능을 의외로 소극적으로 사용한다. 그런데 쇼핑몰 운영자라면 「판매하기」 게시물을 통해 멤버들에게 판매를 제안하는 동시에 「공동 구매」 혹은 「공동 판매」 행사를 이벤트로 만들어 홍보하는 것도 시도해 볼 수 있다.

페이스북에서 제공하는 「이벤트」는 특정한 테마(주제, 제목)를 가진 행사가 어느 날, 어디에서 열리므로 참석을 할 수 있는지 여부를 회신해달라고 요청하는 '초대장' 기능이다. 이벤트는 어떻게 활용하느냐에 따라서 사람들이 관심 있어할 만한 행사를 알릴 수 있어 다방면에 응용이 가능한 기능이다.

[그림1] 그룹 이벤트 만들기 예시 화면

판매 아이템을 취급하는 쇼핑몰을 운영하고 있다면 지금까지 배운 내용을 기초로, 브랜드 혹은 제품 이름으로 페이지를 만든 다음, 취급 상품에 대한 유익한 정보를 페이지 게시물로 올려두고 페이지 이름으로 관리자 권한을 가진 그룹에서 공동 구매 이벤트를 만들어 홍보하는 것도 가능하다.

특히 유기농 농축산물을 재배, 사육하는 농가와 같이 특정 수확 시기에 집중적으로 출하되거나 장기 보관이 어려워 시기를 놓치면 제값을 받지 못하고 버리게 되는 경우, 태풍이나 냉해 피해를 당해 상품 가치는 떨어지지만 맛에는 문제가 없는 과일을 생산 원가라도 건지려는 경우, 계절을 타는 상품으로 재고를 제때 소진시키지 않으면 안 되는 경우 등에 급한 처분이 필요한 사연을 함께 공개하면서 다른 멤버들에게 공동으로 구매해줄 것을 요청하면 뜻밖의 호응을 얻는 사례가 적지 않다.

그룹에서 만든 이벤트는 개인 프로필이나 페이지에서 만든 이벤트와는 달리, 일정 규모 이내의 그룹 멤버들에게는 초대장을 한꺼번에 동보 송신해주는 기능이 제공된다. 대략 250명 수준까지 한꺼번에 이벤트 초대장을 보내주므로 좋은 혜택을 제공할 수 있는 행사나 제안이라면 얼마든지 그룹 멤버를 상대로 한 초대 이벤트를 시도해볼 수 있다.

> **Tip**
>
> **그룹에서 이벤트를 만들어 집행하는 방법**
>
> 이벤트 기간이 하루에 끝나지 않고 일정 기간 지속되는 이벤트도 만들 수 있고, 꼭 오프라인만이 아니라 온라인 행사를 진행해도 된다. 단 이벤트 진행 기간은 2주 이상 설정할 수 없도록 제한된다.
> 더 자세한 활용법에 대해 알아보고 싶거든 필자의 책 [백만 방문자와 소통하는 페이스북 마케팅]에서 그룹의 마케팅 활용 방법을 다룬 섹션 (페이스북 광고의 모든 것 02. 페이스북 개인 프로필 마케팅)의 내용을 참고하라. (개정판, 97~101쪽)

페이스북 「카탈로그」 만들어 광고에 활용하기

1 | 페이스북 「카탈로그」란 무엇인가

페이스북 광고 상품의 종류에 「제품 카탈로그」가 등장한 것은 「다이내믹 광고」의 첫 등장과 같은 2015년 초의 일이다. 지금은 제품이란 말을 빼고 그냥 「카탈로그」라고 부르는데 본래 이름이 「Product Catalogs」였기 때문에 지금도 「제품 카탈로그」로 쓰는 경우가 많다. 나온 지 이미 3년이 훌쩍 넘어 가는데도 쇼핑몰을 운영하는 이들조차 「카탈로그」가 무엇이고, 어떤 기능을 하는 건지 모르는 이들이 적지 않다.

페이스북 카탈로그는 페이스북 「컬렉션 광고」 또는 「다이내믹 광고」를 하기 위해 필요한 '제품 목록'을 담은 '데이터(피드) 파일'을 말한다. 이들 광고를 집행하려면 페이지 샵에 제품을 등록하거나 쇼핑몰에 픽셀을 설치하는 사전 준비 작업이 필요한데, 이게 말처럼 쉽지 않다. 이때문에 실제 일선에서 활용할 줄 아는 분들이 많지 않다.

'카탈로그'는 페이스북 광고에서 어떤 역할을 할까? 여기서는 페이스북 광고 중에서 쇼핑몰 운영과 관련해 가장 연관성이나 활용 가치가 높은 다이내믹 광고를 집행하기 위해 「카탈로그」를 어떻게 만들고 이용하는지를 집중적으로 살펴보자.

먼저 「비즈니스 관리자」를 열고 「모든 도구」를 펼치면 「자산」 항목 중에 「카탈로그」가 보인다.

카탈로그는 우리 회사(정확히는 비즈니스 관리자 계정)가 취급하는 상품의 이름(name)과 상품번호(id), 가격(value), 분류 카테고리, 상품 상세 페이지(랜딩 페이지) 링크, 상품 이미지 링크, 신제품 여부, 재고 유무, 브랜드명 등의 정보를 담고 있는 '데이터 파일'이다. 보통 단일 DB 테이블 시트로 이루어지므로 .csv(쉼표 구분값 파일) 또는 .tsv(탭키 구분값 파일) 확장자명으로 저장되고 업로드된다.

이 파일이 필요한 이유는 누군가 우리 사이트에 방문했을 때, 그가 어떤 상품을 보고 갔는지 알아내야만 그 상품의 이름과 가격, 상품 상세 페이지(랜딩 페이지)와 이미지를 매칭시켜 자동 광고를 만들 수 있기 때문이다.

카탈로그 생성 작업은 엑셀 파일을 하나 만들어서 페이스북 광고 관리자(정확히는 비즈니스 관리자 계정)의 취급 자산 항목으로 업로드만 해주면 끝나는 일이다. 겉보기엔 그리 어렵거나 복잡한 작업이 아니다. 그렇지만 그렇게 쉬우면 왜 이 광고 상품이 나온 지 근 3년이 넘도록 소수의 전문 광고대행사 정도만 사용하고 대다수가 '듣보잡 광고'라고 여기겠는가! 어떻게 만드는지부터 알아보자.

2 | 제품 카탈로그 피드 파일 만들어 업로드하기

카탈로그 파일은 페이스북 픽셀과 상관 없이 그냥 우리 쇼핑몰의 상품 목록 파일을 다운받거나 추려서 페이스북이 읽을 수 있도록 파일 형식과 구조(엑셀 파일 각 열의 헤더 타이틀)를 맞추어 재구성만 해주면 된다. 만약 카페24쇼핑몰에 상품을 등록하여 운용하고 있다면 「카페24쇼핑몰」의 상품 관련 관리자 메뉴에서 원하는 항목만 다운로드받아서 수작업으로 재구성을 해주면 된다.

취급하는 상품의 종류가 많지 않아서 템플릿 파일에다 직접 입력해도 충분할 정도라면 바로 입력해서 파일을 만들어도 된다.

01 카탈로그 샘플 파일의 형식과 구조 살펴보기

어떤 방식으로 파일이 구성되어 있는지 작업용 샘플 파일을 하나 보는 게 이해를 돕는 지름길이다. 아래 페이스북 개발자 사이트에 접속하여 개발자들에게 API 관련 정보를 제공하는 곳에 가면 카탈로그 샘플 파일을 다운받을 수 있다. (안정성과 편의성을 위해 .tsv 파일로 작업하길 권한다.)

◐ https://developers.facebook.com/docs/marketing-api/dynamic-productads/product-catalog/

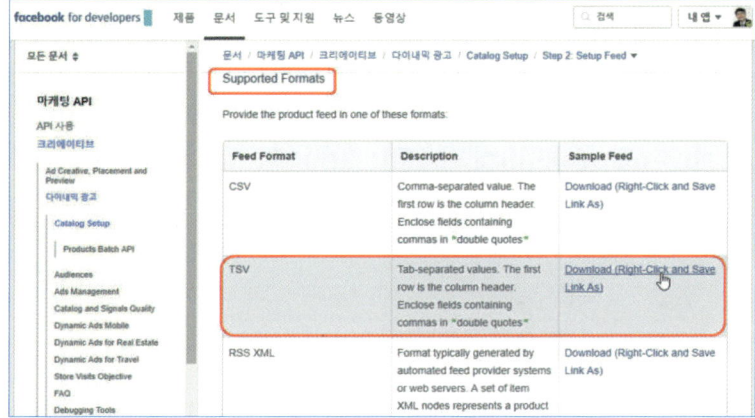

위 사이트에서 다운받은 샘플 파일(dpa_product_catalog_sample_feed.tsv)을
[메모장] 프로그램으로 열면 아래와 같이 상단 부분에 여러 칼럼의 헤더 이름들
이 죽 나열된다(노란색으로 표시한 부분).

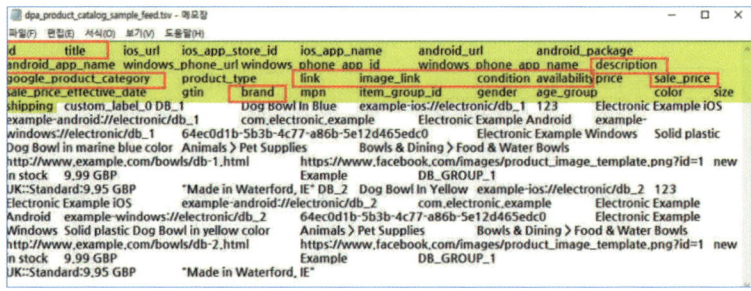

[엑셀]이나 [구글 스프레드시트]로 열면 아래와 같이 보일 것이다.

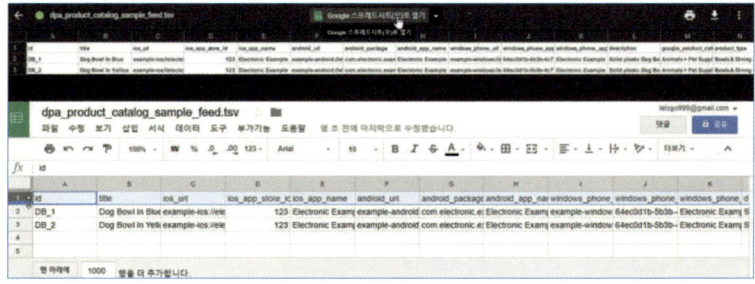

02 필수 필드 항목 선택하여 제품 카탈로그 양식 파일 만들기

이 샘플 파일에 제시된 모든 열이 필수적인 건 아니다. 우리가 취급하는 상품 아이템 종류가 달라서 필요하지 않은 항목이나 열은 과감히 없애버리고 우리 제품의 다이내믹 광고 셋업에 꼭 필요한 필수 항목(필드)만 추려서 새로운 '기본 카탈로그 양식' 샘플(템플릿)을 만드는 게 필요하다.

이와 관련하여 페이스북이 [제품] 카탈로그에서 [필수] 항목으로 권하는 필드(열)은 표와 같다.

열 이름	설명/가이드라인	예시
id	항목의 고유 ID(예: SKU)를 입력합니다. 동일한 ID가 여러 개 있으면 무시됩니다. 최대 글자 수: 100	FB_product_1234
availability	매장에서 해당 항목을 현재 구매할 수 있는지 여부. 매장 페이지에서 해당 항목의 구매 가능 여부를 표시하고 최신 상태로 유지해야 합니다. 지원되는 값: 재고 있음, 주문 가능, 사전 주문, 재고 없음, 판매 종료	재고 있음
condition	매장에서 해당 품목의 현재 상태. 지원되는 값: 신제품, 리퍼 제품, 중고 제품	신제품
description	항목에 대한 요약 설명. 최대 글자 수: 5000	선명한 컬러, 다양한 스타일과 사이즈의 크루넥 순면 소재.
image_link	광고에 사용될 이미지의 URL. 슬라이드 광고 형식에서 정사각형(1:1) 화면 비율 이미지는 600x600이어야 합니다. 단일 이미지 광고의 이미지는 1200x630 이상이어야 합니다.	https://www.facebook.com/t_shirt_image_001.jpg
link	항목을 구매할 수 있는 웹사이트 URL.	https://www.facebook.com/facebook_t_shirt
title	항목의 이름 최대 글자 수: 500	Facebook 티셔츠(유니섹스)
price	항목의 가격 및 통화. 가격은 숫자 다음에 통화 코드가 옵니다(ISO 4217 표준).	9.99 USD
gtin*	항목의 GTIN(Global Trade Identification Number). 지원되는 값: UPC(북미 - 12자리), EAN(유럽 - 13자리), JAN(일본 - 8자리 또는 13자리), ISBN(도서 - 13자리) 최대 글자 수: 70	1234567891011
mpn*	항목의 MPN(Manufacturer Part Number). 최대 글자 수: 70	100020003
brand*	항목의 브랜드 이름. 최대 글자 수: 70	Facebook

*데이터 피드에 **gtn, mpn, brand** 중 하나가 필요합니다.

페이스북 카탈로그 파일(피드) 생성시 권장되는 필수 항목을 알아보려면 아래 링크를 참고하라.

❍ https://www.facebook.com/business/help/120325381656392

3 | 쇼핑몰 상품 피드 URL을 만들어 페이스북 카탈로그와 연결하기

쇼핑몰 사이트에 몇 백, 몇 천 개의 상품이 이미 등록되어 있다면 수많은 상품 목록를 일일이 복사해서 붙일 순 없는 일이다. 엑셀의 기초 함수나 명령어들을 모른다면 이 부분에서 두 번째 넘기 힘든 '진입장벽'을 만나게 된다. 어렵게 추적 픽셀을 심어도 이 장벽을 넘지 못해서 결국 다이내믹 광고는 그림의 떡으로 바라만 보는 경우가 적지 않았다.

설령 엑셀을 잘 다루는 사람이 있어 카탈로그 파일을 만들어 업로드 했다고 하더라도 새로운 신규 상품을 수시로 추가해야 하는 쇼핑몰이라면 그때마다 새롭게 카탈로그를 만들고 업로드하는 일을 반복한다는 것은 무척 번거롭고 시간을 낭비하는 일이다.

최근 국내 대표적인 쇼핑몰 플랫폼들이 다이내믹 광고용 카탈로그를 만드는 작업도 자동화하여 지원하기 시작했다. 이 책에서는 지면 제약상 카페24쇼핑몰에서 제시하고 있는 카탈로그 연결 방법만을 예시로 살펴본다. (카페24쇼핑몰 자체 가이드 문서 : http://j.mp/2w56oNk)

카페24쇼핑몰의 경우 페이스북 카탈로그를 자동으로 업데이트하려면 먼저 제품 피드 URL을 생성한 뒤 카탈로그에 연결해주는 작업을 진행해야 한다. 그런데 제품 피드 URL을 사용하려면 먼저 네이버쇼핑 DB

URL부터 사용 설정을 해야 한다. 그런 까닭에 다음과 같은 순서로 작업한다.

01 쇼핑몰 [관리자] 로그인 후, [상점 관리] → [마케팅 제휴 서비스] → [네이버 쇼핑] → [서비스 설정] 메뉴로 이동한다.
아래 그림에서 [DBURL 설정] 항목을 [사용함]으로 설정한 뒤, 아래쪽 [저장] 버튼을 클릭한다.

> **Tip**
>
> **쇼핑몰 상품 목록 파일을 다운받아 카탈로그로 수동 변환하려면?**
>
> 사용하는 쇼핑몰 플랫폼이 카페24쇼핑몰 이외에 다른 도구라서 카탈로그 생성하는 방법을 따로 공부해야 한다면 필자의 아래 글을 참고하시기 바란다.
>
> ◉ [페이스북] 다이내믹 광고 해보셨나요?(3) 제품 카탈로그 만들기
>
> https://sonet.kr/1077

02 쇼핑몰 [관리자] → [상점관리] → [마케팅 제휴서비스] → [페이스북] → [제품 피드 URL 설정] 메뉴에서 카탈로그에 연결할 제품 피드 URL을 생성한다.

[제품 피드 URL 설정] 항목에 [사용함]을 선택하고 아래쪽 [저장] 버튼을 클릭한 다. 최대 하루를 기다리면 [제품 피드 URL 경로]에 페이스북 카탈로그에 연결할 URL 주소가 생성된다.

03 페이스북 [비즈니스 관리자]로 이동하여 [카탈로그]를 생성하고 위에서 생성받 은 제품 피드 URL을 입력해준다.

뒤에 이어지는 순서에 따라 페이스북 카탈로그를 생성하고, 위에서 받은 「제품 피드 URL」 경로 주소를 등록하여 카탈로그와 제품 피드 파 일을 연결해주면 카페24쇼핑몰에 새로 등록하는 상품이 자동으로 페이 스북 카탈로그로 업데이트되도록 설정된다.

4 │ 비즈니스 관리자 자산에 「카탈로그」 파일 연결하기

이상의 과정을 잘 따라 왔다면 이제는 카탈로그 피드 파일(URL)을 페이스북에 등록만 해주면 된다. 이 작업은 비교적 간단하므로 간략히 설명하겠다.

01 [비즈니스 관리자] → [모든 도구] → [자산] 영역 → [카탈로그] 링크를 클릭한다.

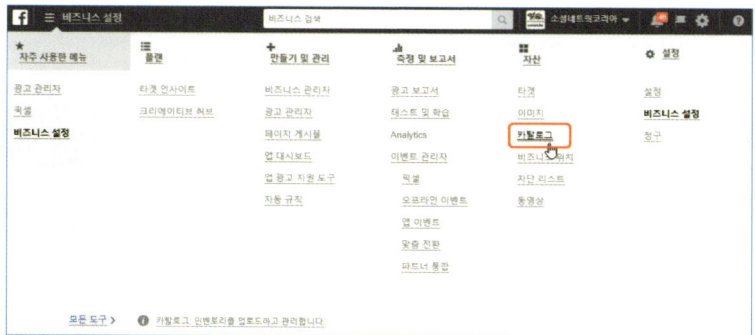

02 오른쪽 상단의 [카탈로그 만들기] 버튼을 클릭한다.

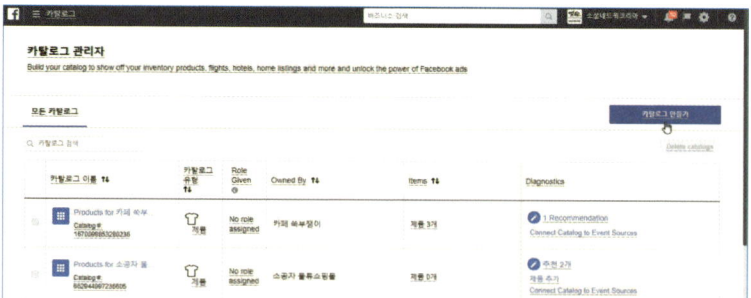

03 [카탈로그] 유형 목록 선택 후 [다음] 버튼을 클릭한다! 이때 온라인 쇼핑몰 운영 자라면 [E-commerce Type]을 선택한다.

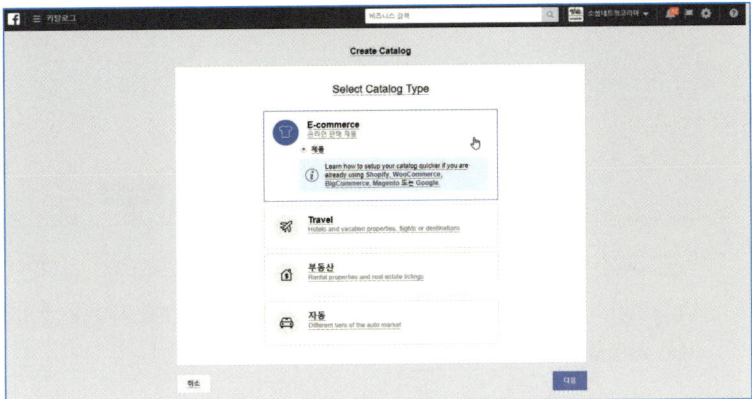

04 [제품 카탈로그] → 사용할 [비즈니스 관리자] 선택 → [카탈로그 이름] 입력 후 → [만들기]를 클릭한다. 이때 카페24쇼핑몰 상품 피드 파일을 연결할 것이라면 연관성 있는 이름으로 입력해준다.

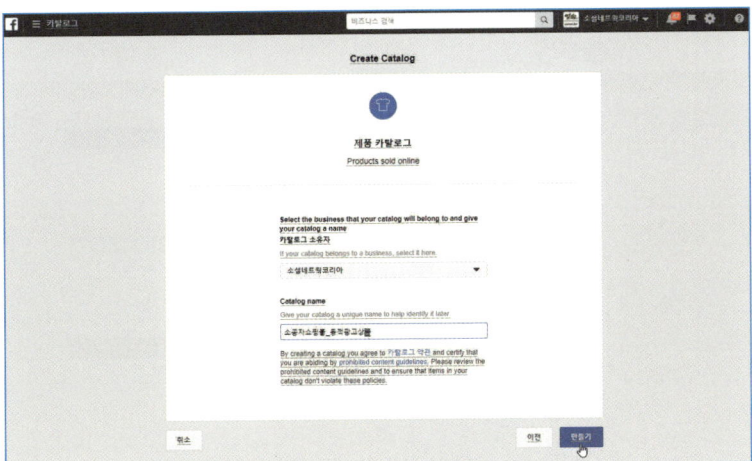

05 [카탈로그] 생성 확인 → [View Catalog(카탈로그 보기)] 버튼을 클릭한다.

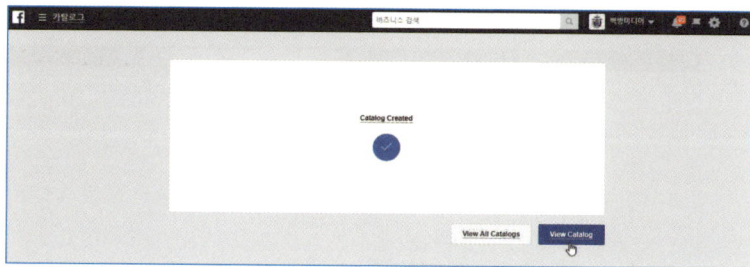

방금 생성한 새 카탈로그에 제품 추가 등의 작업을 계속해서 하려면 [View Catalog] 버튼을 눌러서 곧장 새로 만든 카탈로그에 개별 제품을 추가하거나 제품 세트를 만들 수 있다.

06 새로 만든 [카탈로그 파일]이 열리면 [제품 추가] 버튼을 클릭한다.

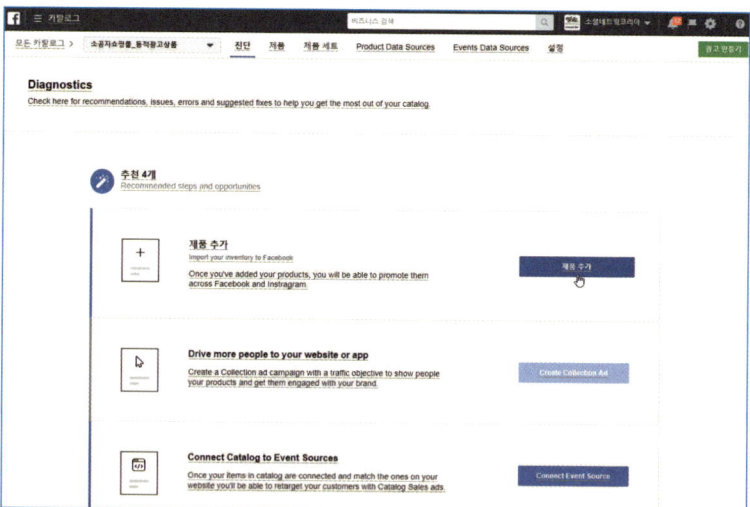

07 [카탈로그에 제품 추가] 화면에서 [Next(다음)] 버튼을 클릭한다.

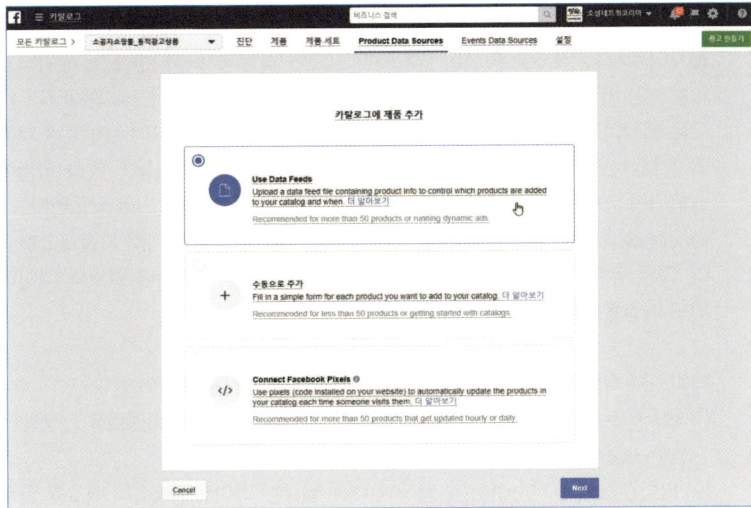

- 앞 섹션에서 미리 만들어 둔 데이터 피드 파일을 업로드하려면 [Use Data Feeds] 옵션을 선택한다.
- 만약 이 단계에서 수작업으로 직접 제품 목록을 살펴보면서 하나씩 제품을 추가 하려면 [수동으로 추가] 옵션을 이용하면 된다. (50개 미만의 상품 가지 수 정 도에 권장하고 그 이상이면 피드 파일을 권장한다.)
- 여기에서 [Connect Faccebook Pixels] 옵션을 이용하면 우리 쇼핑몰에 방문 한 사람들이 구경하고 간 제품 목록으로 자동으로 업데이트되는 카탈로그를 만 들 수도 있다. 이 작업은 페이스북 픽셀과 마이크로데이터 태그가 미리 삽입(설 치)된 전자상거래 웹사이트에서만 지원된다. 자세한 사용법은 뒤의 [사용팁]과 더불어 페이스북의 도움말 링크를 참고하라.

쇼핑몰 방문자가 구경한 제품을 추려서 자동으로 카탈로그를 만들려면?

웹사이트에 Facebook 픽셀이 설치되어 있으면 픽셀에서 추적한 활동 데이터를 이용하여 카탈로그를 자동으로 만들 수 있다. 이 작업은 '마이크로데이터'라 부르는 웹사이트 태그를 기반으로 실행되는데, 이 태그에는 웹사이트에 있는 제품의 정보가 포함되어 있다. 쇼핑몰에서 방문자의 상품 조회 행동에 따라 픽셀이 실행되면 그로 인해 인지된 제품을 카탈로그에 추가하는 방식으로 작동한다.

Facebook 픽셀을 사용하여 만들 수 있는 카탈로그는 전자상거래 카탈로그뿐이다. 다른 유형(여행, 부동산, 자동차 등)의 카탈로그를 만들려면 별도의 데이터 피드 파일을 만들어 업로드해야 한다.

페이스북 픽셀로 자동 카탈로그를 만들려면 다음 단계를 따라야 한다.
(1) 웹사이트에 Facebook 픽셀을 설치하여 추적하고자 하는 이벤트를 선택한다 (View Content).
(2) 카탈로그에 추가하려는 각 품목에 대해 필요한 마이크로데이터 태그를 웹사이트에 미리 설치해야 한다.
(3) 픽셀 실행이 웹사이트에서 최근 7일 이내에 전송되었는지 확인한다. 픽셀 실행은 페이지에 대한 웹사이트 트래픽에 따라 달라지기 때문에 확인하는 데 시간이 걸릴 수 있다.

픽셀 설치 외에 마이크로데이터 태그를 설치하는 작업은 웹사이트(쇼핑몰) 소스에 메타 태그 등의 정의를 미리 내려주어 방문자의 행동에 따라 제품 정보를 수집하여 전달하는 작업을 요구한다. 따라서 개발자의 협력을 필요로 하는 작업이므로 소스 코드를 모르는 이들이 임의로 웹사이트 소스를 편집하는 일이 없도록 유의하라.

이 작업을 위해 이벤트 픽셀과 마이크로데이터 태그를 설정하는 자세한 방법과 순서는 아래 페이스북 도움말에 포함된 설명을 참고하라.

⊙ https://www.facebook.com/business/help/887775018036966

08 [Add Products With Data Feeds] 화면에서 두 가지 선택 옵션 중 하나를 고른다. 수동으로 만든 피드 파일이 있으면 [Upload Once] 옵션을 선택하고 [파일 업로드] 버튼을 눌러 앞서 섹션에서 만들어 두었던 제품 카탈로그 파일(.tsv)을 선택하여 [업로드]한다.

만약 제품피드 URL을 생성받았다면 [Set a Schedule] 옵션을 선택하고 [Add Data Feed URL] 창에 발급받은 [제품 피드 URL] 주소를 입력(붙여넣기)하고, 업로드 주기와 일정을 설정한다. 피드 이름을 입력해주고 자동 업로드 시간대와 사용 통화를 설정한 후 [Start Upload] 버튼을 클릭한다. (국내 쇼핑몰로 원화를 사용하고 있다면 통화는 대한민국 원=KRW로 변경해줘야 한다).

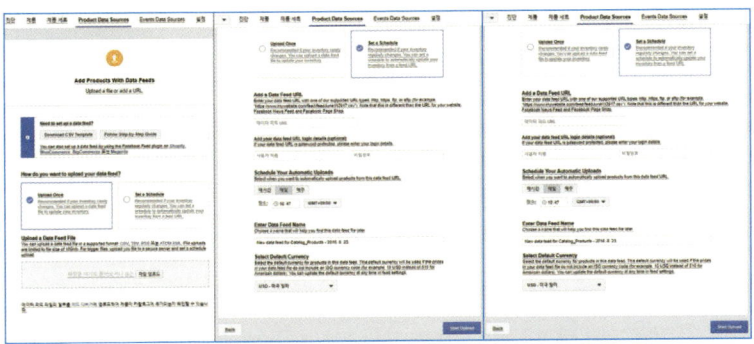

09 업로드 진행이 완료되면 [완료] 버튼을 클릭한다.

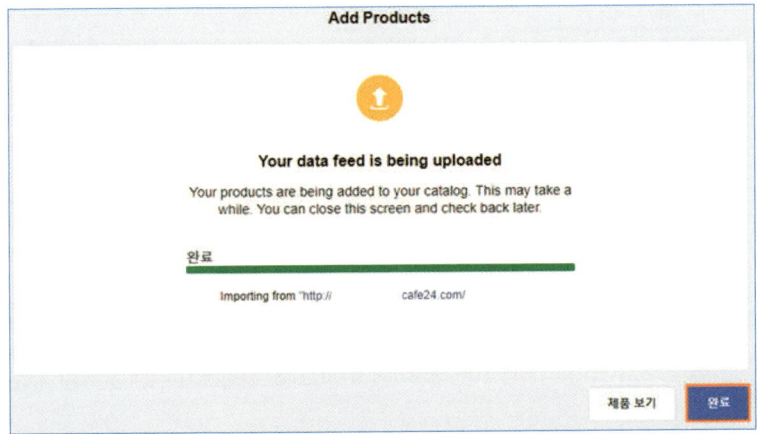

10 끝으로 업로드한 제품 카탈로그와 추적 픽셀을 연결해주어야 다이내믹 광고가 가능하다. 상단의 [진단] 탭을 다시 열어 [Connect Event Source] 버튼을 클릭하여 해당 카탈로그 제품의 추적에 사용할 픽셀 ID를 선택하고 [저장]한다.

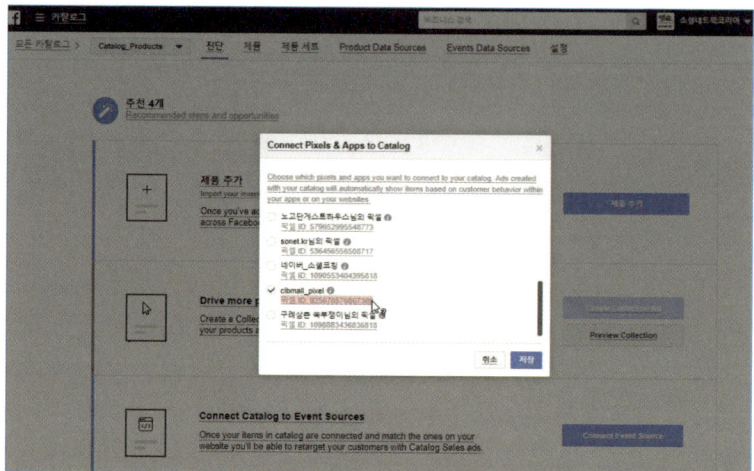

11 이상의 작업이 성공적으로 이루어지면 해당 카탈로그를 선택해 [제품] 탭을 열고 제품 데이터 피드 파일(또는 제품 피드 URL)로 업로드한 상품들이 제품 목록에 정상적으로 추가되었는지 확인해보라.

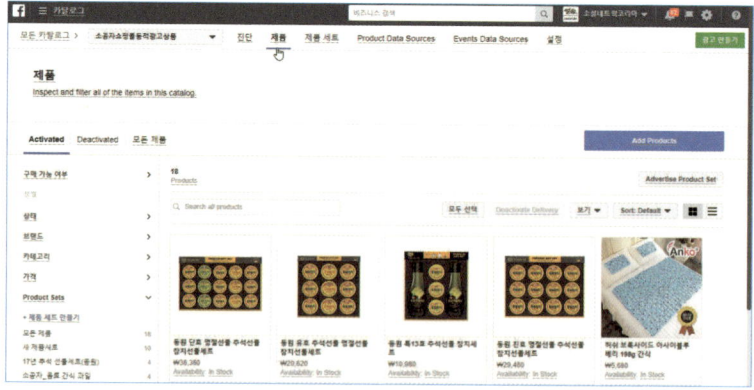

여기까지 작업이 완료되면, [다이내믹 광고]를 집행하기 위해 필요한 제품 카탈

로그 생성을 위한 모든 장벽을 거의 다 넘어온 셈이다. 이제 우리 쇼핑몰 사이트에 방문해서 특정한 상품의 상세 페이지를 열었을 때, 등록한 피드의 상품 등록 정보를 페이스북 픽셀이 정상적으로 추적해 내는지를 확인해 보는 일만 남았다.

12 구글 크롬으로 제품 피드 파일에 포함된 임의의 상품을 찾아 상품 상세 페이지를 연 다음, [Facebook Pixel Helper] 확장프로그램을 구동하여 픽셀 정상 동작 여부를 확인한다.

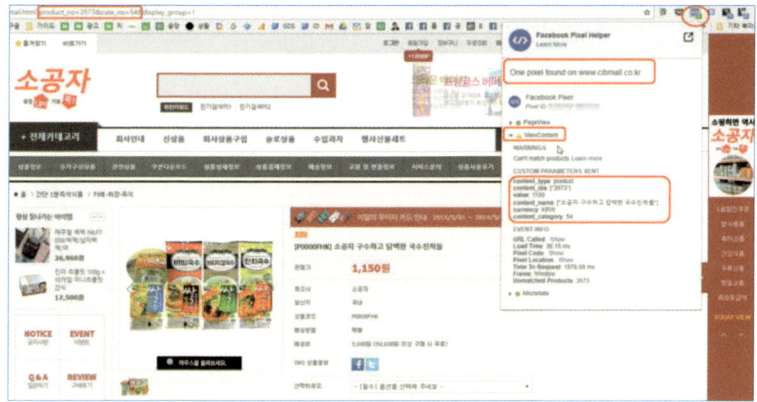

조회한 페이지의 상품 정보 추적 데이터가 정상적으로 나타나면 이제는 「광고 관리자」로 가서 「카탈로그 판매」 광고 캠페인 목표를 선택하고 「제품을 위한 다이내믹 광고 설정」 도움말의 안내에 따라 진행하면 큰 어려움 없이 다이내믹 광고를 집행할 수 있다.

다이내믹 광고를 만들고 집행하는 방법에 대해서는 3장의 끝 부분에서 상세히 다룰 예정이다. 당장에 다이내믹 광고를 실행해보고 싶다면 아래 도움말을 먼저 충분히 숙지하고 시도해보시길 권한다.

● https://www.facebook.com/business/help/455326144628161

(제품을 위한 다이내믹 광고 설정)

페이스북 광고 전략
세상에 하나뿐인
원가 이하 여성의류 전문 도매몰, 이노빌

필자와 개인적인 인연으로 짧게 잡아도 20년 지기가 훌쩍 넘은 옛 사회생활 동료 중에 온라인 쇼핑몰을 꽤 오래전부터 운영해온 분이 있다. '동대문 여성의류 도매' 사이트의 원조에 가까운 곳으로 「이노빌」 http://www.innovill.com이란 곳이 사례의 주인공이다.

언뜻 들으면 빌라 건축 같은 이름이라서 잘못 지은 이름 아니냐 물었더니 '상품 유통 구조의 혁신'을 강조하고자 '이노베이션'의 머리글자를 따온 것일 뿐, 건축 업종과 키워드 경쟁을 하게 될 줄은 생각도 못했다며 웃는다. 이노빌은 시작부터 도매몰을 지향했던 탓에 일반 개인 소비자보다 물건을 떼어다 지방이나 각 지역 소비자에게 소매로 다시 파는 판매업자들을 위한 곳으로 설계되었다. 판매 가격이 도매 최저가 수준으로 책정되는 게 특별한 경쟁력으로 작용하고 있는 쇼핑몰이다.

요즘은 도매꾹이나 코코팩토리와 같은 경쟁 업체 쇼핑몰들이 유사한 시스템으로 온라인 도매시장을 형성하고 경쟁하지만 오픈 초기만 하더라도 압도적인 가격 경쟁력 덕분에 경쟁이 그렇게 심하지는 않았다고 한다. 지금은 사정이 많이 달라졌다. 의류 시장 자체가 경쟁이 워낙 극심해진 상태이고, 도매와 소매의 경계가 무너지는 추세도 한 몫을 더하는 분위기라서 가격 경쟁력만으로 안정적인 시장 점유율을 유지하기가 쉽지 않은 현실이라고 한다.

이노빌과 인연이 맺어진 것은 올해 초, 좀더 체계적이고 공격적인 광고 노출 활동을 통해 신규 회원을 늘리고, 재구매를 높이는 방안을 강구해볼 수 없을까 하는 요청 때문이었다. 그동안 외부 대행사에 광고를 위탁하여 관리해왔는데 광고비 대비 성과가 기대한 만큼 나타나지 않는다는 판단이 들었고, 아울러 페이스북 광고를 새로 시도해보고 그 효과를 직접 확인해 보고 싶다는 것이었다.

광고의 효율을 측정해 보려면 가장 먼저 기존에 시행하고 있는 광고들의 종류와 예산 규모(매체별 집행 비율)를 살펴보고, 유입률과 전환율 수준을 알아보아야 한다. 쇼핑몰 운영 실태를 알아보기 위해 구글 애널리틱스를 통해 데이터를 확인하고 우선 가장 놀란 것은 '믿기지 않을 정도로 낮은 이탈률' 수치였다.

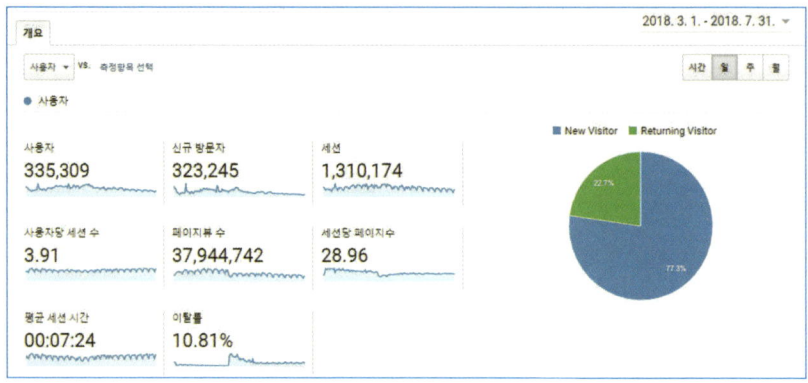

이 자료는 올 3월 초부터 7월 말까지 4개월간 이노빌 사이트에서 보여주고 있는 사용자 활동 현황을 구글 애널리틱스 기반으로 추적해본 결과이다. 이탈률은 11%를 넘지 않는다. 131만 세션에 대해 평균 방문 체류시간은 7분이 넘고, 세션당 페이지 수가 30페이지에 이른다. 넉 달 동안 사용자당 방문 세션 수가 4회이니 한 달에 한 번꼴은 꾸준히 방문한다는 얘기인데도 재방문율은 23%에 불과하다. 즉 신규 유입자가 80% 가까운 걸 보면 성장 가능성이 여전히 존재한다는 이야기이다.

이노빌에서 집행중인 광고 실태를 살펴본즉, "여성 의류 도매" 관련 연관 키워드를 중심으로 네이버 키워드 광고를 기본으로 하고 기타 검색 광고와 바이럴 마케팅과 SEO 광고를 적게는 500만원에서 많게는 1천만원 이상 집행하는 수준이었다. 올해 3월부터 페이스북 타겟 광고를 200~500만원까지 추가로 투입해보는 실험적 조치와 더불어 구글 GDN

노출을 2개월가량 공격적으로 시행해 보았다. 평소 대비 2배 이상의 광고 예산을 공격적으로 투입해본 결과 나름 의미있는 결과가 도출되었다.

먼저 가장 눈에 띄게 두드러진 효과는 페이스북 광고 예산을 늘린 데 따른 신규 회원의 증가와 매출 상승폭 간의 연관성이 뚜렷하게 확인된 점이다. 기존에 게시물 홍보와 같은 소극적 노출을 하다가 구매 전환 캠페인을 과감히 실시한 결과 좋은 효율이 지속되고 있다.

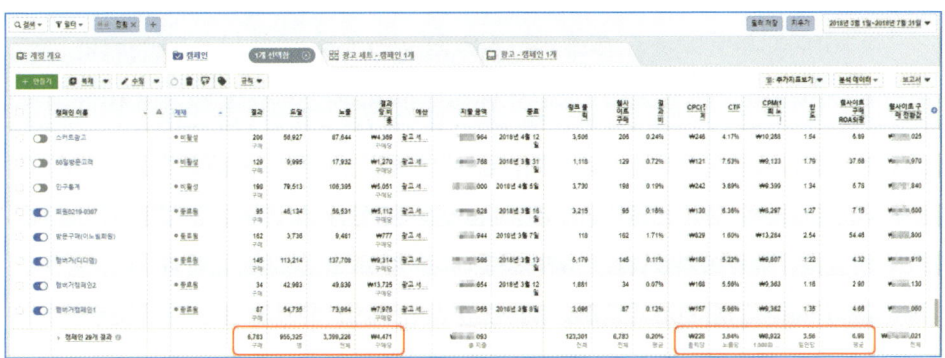

3월부터 7월까지 넉 달 동안 페이스북 구매 전환 캠페인 목표로 진행한 광고 약 30건의 집행 결과 평균 실적을 살펴보면, 전체 약 340만 노출수 대비 약 95만 명 도달수 기준으로 총 6,800건 정도 구매 전환과 평균 700% 정도 ROAS를 기록하고 있다. 구매 전환당 광고단가는 평균 4,500원 수준으로 이 사이트의 평균 객단가에 비하면 양호한 편이다. 네이버 기본 키워드 광고와 더불어 구매 전환 캠페인을 중심으로 페이스북 광고를 지속적으로 집행하는 이유이다.

이노빌 페이스북 광고 사례를 통해서 확인할 수 있는 시사점은 제품의 가격 경쟁력이 충분하거나 신규 방문자들에게 어필할 수 있는 차별적인 유인 요소가 있을 경우 페이스북(인스타그램 포함) 광고를 통해 신규 유입자를 늘리는 것만으로도 적지 않은 구매 전환 효율을 보인다는 점이다. 또한 구매 전환당 광고 단가나 ROAS 또한 광고 대상 타겟의 차별성에 관계 없이 비교적 고르게 성과를 낸다는 점이다.

물론 방문구매를 한 고객이나 최근 쇼핑몰을 방문한 적이 있는 재방문 고객들을 맞춤 타겟으로 삼아 집행하는 구매 전환 광고의 효율이 다른 일반 타겟을 대상으로 한 경우보다 높게 나온다는 점이 두드러진다. 맞춤 타겟의 실효성이 그만큼 높다는 점이 분명히 검증되고 있는 셈이다.

이노빌 광고 사례를 통해 페이스북 광고 성과 외에 한 가지 더 눈여겨볼 점이 있다. 다름 아닌 구글 검색 광고의 전환 효율이 2018년 중반기 이후 눈에 띄게 향상되고 있다는 점이다. 구글 검색 광고의 형식적인 구조는 네이버 검색 광고와 유사하지만 광고 예산을 소진하는 운영 방식이 다르다. 특히 연관 키워드 자동 확장 노출 방식 및 문맥 타게팅과 관심사 추적 기반 리마케팅 기술의 고도화로 전환 효율이 부쩍 높아지고 있는 것으로 짐작된다.

이노빌 광고 전략과 결과를 통해 온라인 광고의 대세가 타게팅의 정교함을 통해 전환 효율을 높이는 기술 경쟁 쪽으로 흐르고 있음을 더 체감하게 된다. 페이스북과 구글이 온라인 광고 지존의 자리를 놓고 고객들의 반응 행동을 자동 추적하여 리마케팅 및 전환 효율을 향상시키는 데 자존심을 건 전쟁을 벌이고 있다. 지금 더 절실하게 필요한 것은 거대 공룡들간 싸움 덕분에 날로 향상되고 있는 광고 기술을 남보다 먼저 습득하여 실무 현장에서 바로 써먹을 수 있는 실전 응용 능력이다!

페이스북 맞춤 타겟과
판매 광고하기

chapter
3

기존 고객 파일로
맞춤 타겟 만들기

페이스북 광고를 처음 공부하는 분들이 픽셀과 맞춤 타겟에 대해 종종 오해하는 것 두 가지가 있다.

하나는, 페이스북 픽셀은 유료 광고를 집행할 때만 이용할 수 있다고 생각하는 점. 또 하나는, 맞춤 타겟은 웹사이트에서 수집된 트래픽 데이터로만 만들 수 있다고 생각하는 것이다. 둘 다 사실과 다르다. 오프라인 매장을 운영할 경우 방문자의 명함을 정리한 엑셀 파일은 물론이고, 결제 시스템이나 마일리지 관리 시스템과 연동된 고객 관리 프로그램으로 수집한 휴대폰 번호나 이메일 정보 등 여러 가지 고객 데이터 파일로 맞춤 타겟을 만들 수 있다.

고객 파일은 오프라인 매장에서만 만들어지는 게 아니다. 스마트스토어나 G마켓같이 외부 쇼핑몰에 입점해 있을 경우 추적 픽셀을 마음대로 심을 수 없다. 이때문에 추적 픽셀 데이터를 이용해 '트래픽 맞춤 타겟'을 만드는 것이 불가능하다. 다만 외부 몰에서 구매한 고객의 명단은 '택배 송장 리스트'로 접수되므로 이 연락처 데이터를 이용해 '고객 파일 맞춤 타겟'을 만드는 것은 얼마든지 가능하다.

따라서 온라인 쇼핑몰 방문자 트래픽을 추적하여 맞춤 타겟을 만드는 것에 못지 않게 오프라인 매장 또는 외부 몰에서 발생한 데이터를 맞춤 타겟 생성 자료로 삼거나, 유사 타겟을 만들기 위한 소스로 활용할 필요가 있다. 그러므로 우선 「고객 파일 맞춤 타겟」을 만드는 방법부터 살펴보자.

1 | 고객 파일 맞춤 타겟을 만드는 순서

01 [비즈니스 관리자]의 [모든 도구] 메뉴판을 펼쳐 [자산] – [타겟]을 클릭한다.

02 작업할 [광고 계정]을 선택한 뒤, [타겟 만들기]를 펼쳐 [맞춤 타겟]을 클릭한다.

자산 라이브러리
비즈니스 검색
계정: 최규문의 페이스북 가이드 (12369814...
타겟
이미지
위치
동영상
검색
모든 타겟
폴더
내 최근 타겟
타겟 만들기
필터
열 맞춤 설정
광고 만들기
작업
맞춤 타겟
유사 타겟
저장된 타겟
유형
페이지 참여자_최근60일_2000
맞춤 타겟
참여 - 페이지
page-admin&디마.온광&페북.소마_6.5
저장된 타겟

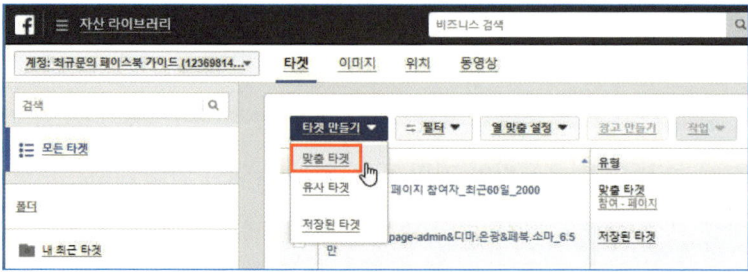

03 [맞춤 타겟 만들기] 팝업 창에서 [고객 파일] 옵션을 선택하여 클릭한다.

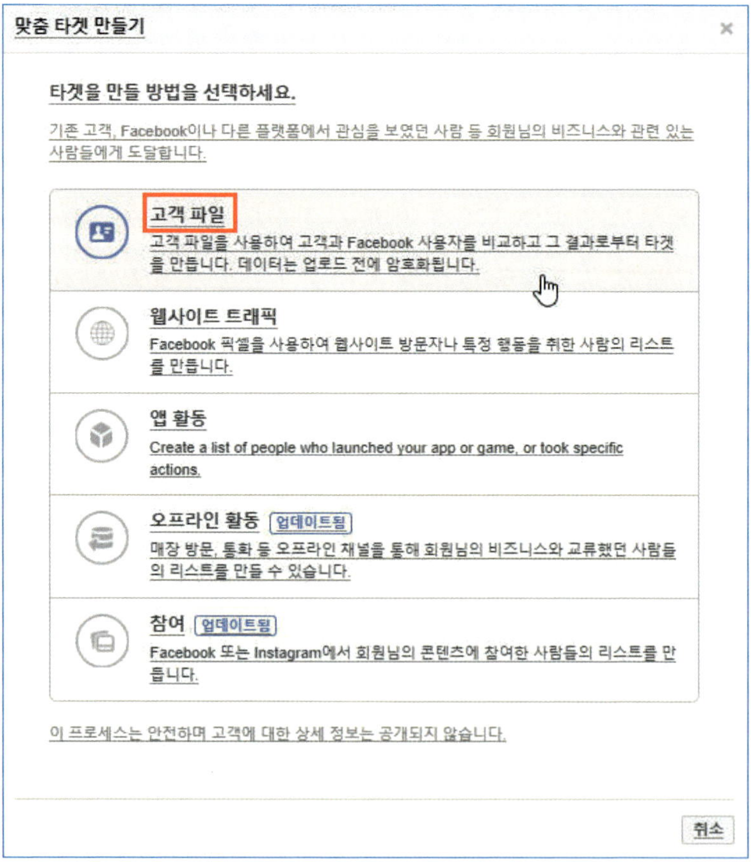

맞춤 타겟 만들기
타겟을 만들 방법을 선택하세요.
기존 고객, Facebook이나 다른 플랫폼에서 관심을 보였던 사람 등 회원님의 비즈니스와 관련 있는 사람들에게 도달합니다.
고객 파일
고객 파일을 사용하여 고객과 Facebook 사용자를 비교하고 그 결과로부터 타겟을 만듭니다. 데이터는 업로드 전에 암호화됩니다.
웹사이트 트래픽
Facebook 픽셀을 사용하여 웹사이트 방문자나 특정 행동을 취한 사람의 리스트를 만듭니다.
앱 활동
Create a list of people who launched your app or game, or took specific actions.
오프라인 활동
업데이트됨
매장 방문, 통화 등 오프라인 채널을 통해 회원님의 비즈니스와 교류했던 사람들의 리스트를 만들 수 있습니다.
참여
업데이트됨
Facebook 또는 Instagram에서 회원님의 콘텐츠에 참여한 사람들의 리스트를 만듭니다.
이 프로세스는 안전하며 고객에 대한 상세 정보는 공개되지 않습니다.
취소

04 [맞춤 타겟 만들기]에서 [자체 파일로부터 고객을 추가…] 옵션을 클릭한다.

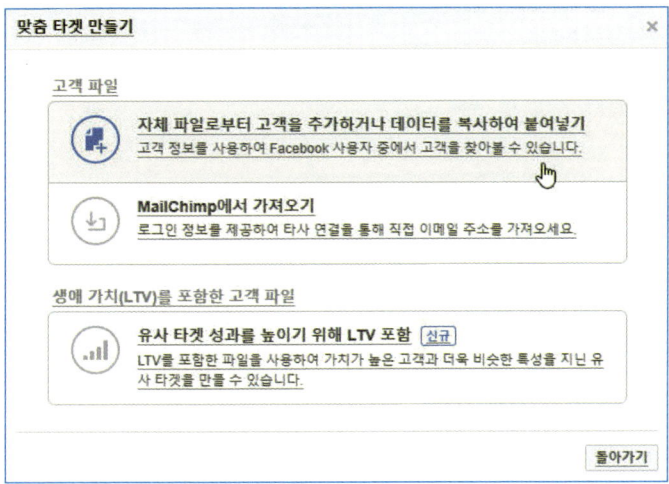

05 [원래 데이터 소스] 선택 메뉴를 펼쳐 맞춤 타겟 생성에 사용하려는 파일의 수집 출처를 선택한다.

06 [파일 업로드] 버튼을 눌러 맞춤 타겟 생성에 사용할 파일을 선택하고 [다음] 버튼을 클릭한다.

07 사용할 데이터 열이 맞는지 미리보기로 확인한 뒤 [업로드 및 만들기] 버튼을 클릭한다.

08 업로드가 되었다는 메시지가 뜨면 [완료] 버튼을 클릭하고 30분 정도 대기한다.

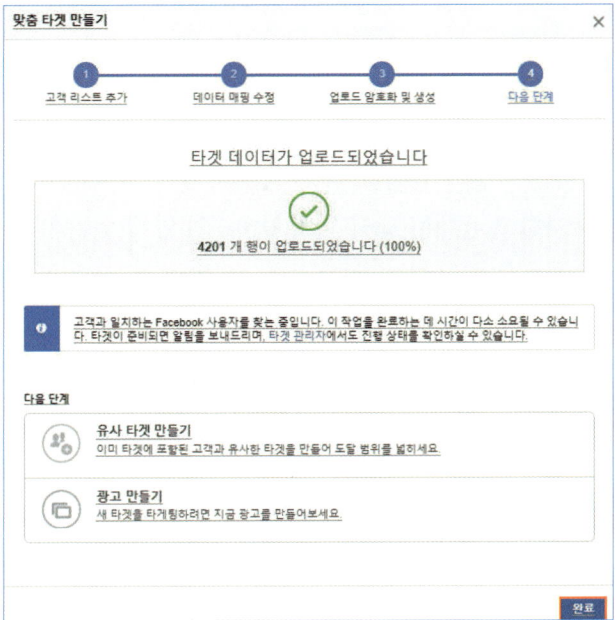

위와 같은 절차를 거치면 누구나 기존의 고객 명단이나 연락처(주소록) 파일로 맞춤 타겟을 만들 수 있다. 고객 리스트 파일을 이용하여 맞춤 타겟을 만들 때 여러 개의 필드가 한꺼번에 들어 있는 원본 파일을 사용하기보다 휴대폰 번호나 이메일 주소에 해당하는 열 하나 혹은 두세 개의 열만 따로 복사하여 옮긴 사본 파일로 작업하는 게 덜 번거롭고 빠르게 작업을 마칠 수 있다.

2 | 휴대폰 번호로 맞춤 타겟 만들 때 국가 코드 추가 요령

휴대폰 번호 필드를 추출하여 맞춤 타겟을 만들 경우 휴대폰 번호 앞에 국가코드를 추가해 주어야 한다. 우리나라의 경우 대한민국 국가 식별 코드 82를 추가하고 휴대폰 표시 번호 '010-'의 앞에 있는 '0'은 빼고 '8210-' 으로 바꿔주어야 맞춤 타겟 생성이 정상적으로 이루어진다. 휴대폰 번호를 이용해 고객 파일 맞춤 타겟을 생성하는 방법을 알아보자.

01 먼저 원본 데이터 파일에서 휴대폰 번호 열만 선택해 열 데이터를 [복사]한다.

02 구글 스프레드시트 새 파일(또는 새 시트)을 열어서 복사해둔 열을 [붙여넣기] 한 다음에, [찾기-바꾸기] 단축 메뉴키[Ctrl + H]를 눌러 [찾기] 칸에 "010-"를 넣고, [바꾸기] 칸에 "8210-"을 입력하고 [모두 바꾸기] 버튼을 클릭한다. 전화번호 구분 코드로 '하이픈(-)'이 들어 있을 경우 가장 간편한 방법이다.

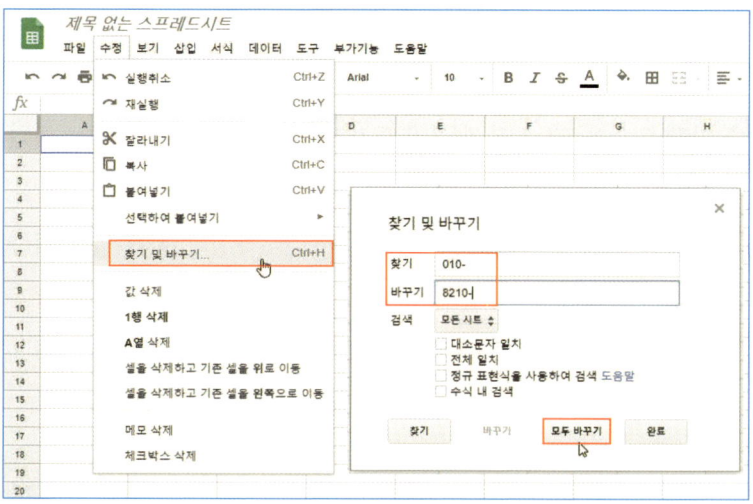

엑셀 프로그램 이용시 국가 코드 추가 요령

엑셀을 이용해 작업할 경우, 상단 메뉴판 맨 뒤쪽에 있는 [찾기 및 선택] 옵션에
서 [바꾸기(Ctrl+H)] 메뉴를 선택하여 위와 같은 방법으로 치환한다.

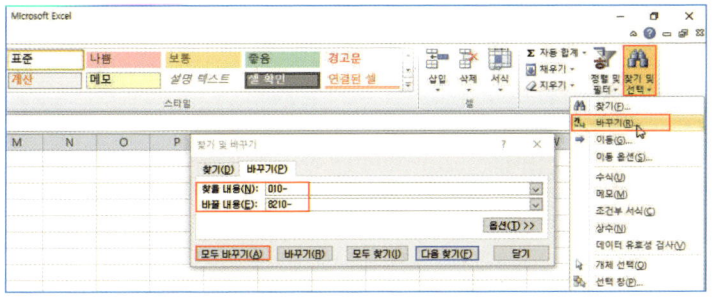

전화번호 사이에 하이픈(-)이 없을 때 국가 코드 추가요령

엑셀 파일로 작업할 때 전화번호 사이에 있는 하이픈(-)과 '010' 앞의 '0'이 자동
으로 제거되어 1012345678 형식으로 복사될 수 있다.
이런 때에는 엑셀 시트 [A1 셀]을 기준으로 [B1 셀]에 ="82"&A1이라는 함수식
을 입력한 뒤 오른쪽 아래 모서리에 생기는 [+] 기호를 마우스로 클릭하여 데이
터가 들어있는 최종 행까지 드래그하면 B1셀의 수식이 자동으로 드래그한 행까
지 복사되면서 휴대폰번호 앞에 82가 붙은 넘버로 일괄 변환되어 표시된다.
이후 B열 전체를 복사하여 C열에 [값만 붙여넣기] 옵션으로 붙여넣은 다음, A
열과 B열을 [열 삭제]하고 남은 열(C열)의 값만으로 맞춤 타겟 작업용 .csv 파일
을 만들어주면 된다. (A, B열을 '열 삭제'하면 C열이 A열 자리로 이전됨.)

쇼핑몰 방문자 맞춤 타겟 및 유사 타겟 만들기

● ● ●

1 | '웹사이트 트래픽' 맞춤 타겟은 어떻게 만드나

온라인 쇼핑몰 사이트에 방문자의 행동을 추적하는 페이스북 픽셀을 미리 설치해두면, 일정한 '맞춤 조건'을 설정해 주고 해당 행동을 한 사람들만 추려서 '맞춤 타겟'을 만들 수 있다. 사이트 전체 방문자를 모아낼 수도 있고, 특정한 웹페이지에 방문한 사람들만 따로 묶어 낼 수도 있다. 종합몰을 운영하고 있어 다양한 상품 카테고리를 갖고 있다면 카테고리별로 맞춤 타겟을 만들 수 있다. 예를 들어 유아용품 카테고리를 구경한 사람과 스포츠용품 카테고리를 보고 간 사람을 나누어서 각각 맞춤 타겟을 만들 수 있다.

또한 사람들이 어떤 행동을 했는지 사이트에서 보인 충성도나 참여 활동 혹은 전환 활동에 대해서는 표준 이벤트 픽셀을 이용하여 더욱 상세한 내역까지 추적할 수 있다. 상품 상세 페이지를 조회했는지, 장바구니에 담았는지 혹은 결제를 끝까지 완료했는지 등의 행동 정보를 세밀하게 추적할 수 있다. 픽셀에 매개변수를 추가할 경우 방문한 사람이 보고 간 상품의 ID나 상품명, 가격 등의 상품 정보나 거래 내역까지 알아내어 '동적 타겟 광고(다이내믹 광고)'를 만들어 집행할 수도 있다.

따라서 쇼핑몰을 운영하면서 추적 픽셀과 「웹사이트 트래픽」 맞춤 타겟을 이용하지 않고 있다면 경쟁 업체에 뒤지게 되는 건 불 보듯 뻔하다. 그럼에도 대다수 쇼핑몰 운영자들이나 소상공인들은 이런 초보적인 내용도 모른 채 무모한 광고 경쟁에 뛰어들고 있다. 지금 당장 중단하라! 페이스북 광고는 맞춤 타겟도 없이 돈을 낭비할 만큼 값싼 광고가 절대 아니다!

온라인 쇼핑몰을 운영하면서 밑 빠진 독에 물 붓듯이 광고비를 허비하고 싶지 않다면 아래와 같은 방법으로 웹사이트 트래픽 맞춤 타겟부터 만들어 보시기 바란다.

01 [비즈니스 관리자(광고 관리자)]의 [모든 도구] 메뉴판을 펼쳐 [자산] → [타겟]을 클릭한다.

02 작업할 [광고 계정]을 먼저 선택한 뒤, [타겟 만들기] 메뉴를 펼쳐 [맞춤 타겟]을
클릭한다.

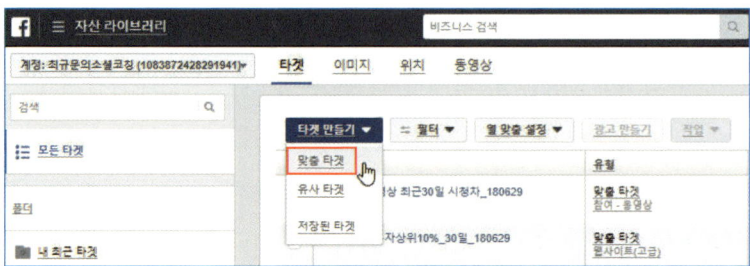

03 [맞춤 타겟 만들기] 팝업 창에서 [웹사이트 트래픽] 옵션을 선택한다.

웹사이트 트래픽 맞춤 타겟 픽셀 앞에 [빨간색 경고] 표시가 뜰 때

[웹사이트 트래픽] 맞춤 타겟은 우리 쇼핑몰에 추적 픽셀이 심어져 있어야만 만들 수 있다. 픽셀 이름 앞에 빨간색 동그라미가 나타날 때는 픽셀이 특정한 웹사이트에 심어져 있지 않거나 비정상적으로 동작하고 있어 맞춤 타겟을 생성할 수 없는 상태임을 의미한다. 이 경우 추적을 원하는 웹사이트(쇼핑몰)에 추적 픽셀이 정상적으로 삽입되어 있는지부터 확인해보아야 한다. 만약 픽셀이 심어져 있는 데도 경고등이 뜬다면 그 원인을 찾아서 바로잡아주어야 한다. 어떻게 추적 픽셀을 심어야 하는지 모르겠거든 앞서 설명한 [페이스북 픽셀이란 무엇이고 어떻게 설치하나] 편을 충분히 복습한 뒤에 이 섹션으로 다시 오기 바란다.

04 선택된 픽셀 앞에 녹색 표시가 뜨면 기본 옵션에 따라 [모든 웹사이트 방문자] 기준으로 '최근 30일 동안' 방문한 사람들로 트래픽 맞춤 타겟을 만들 수 있다.

수집 날짜는 최근 180일까지 임의로 변경이 가능하며, 웹사이트에 페이스북 픽셀이 설치된 날로부터 작동하므로 픽셀을 심은 지 오래 지나지 않았다면 충분한 규모의 맞춤 타겟을 만들긴 어렵다.

05 [모든 웹사이트 방문자] 옆의 메뉴를 아래로 펼치면 [특정 웹페이지를 방문한 사람]을 비롯해 이용시간별 방문자 또는 특정한 이벤트 활동을 나타낸 사람들을 따로 모아 맞춤 타겟을 만들수 있다.

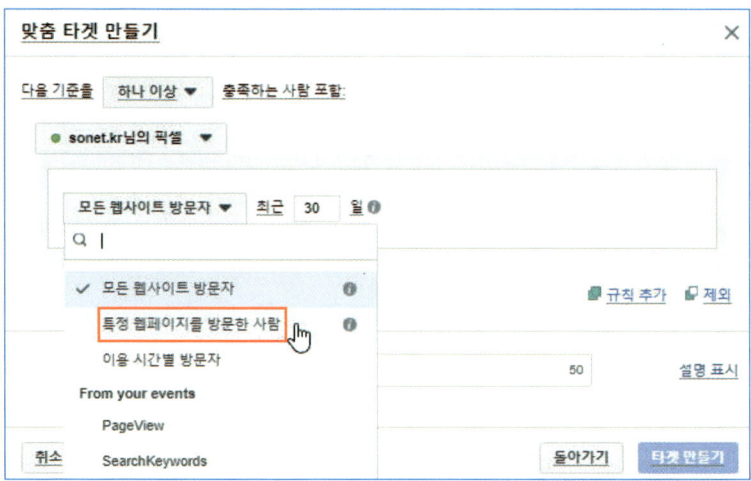

이때 특정한 웹사이트 URL 주소를 복사하여 입력해주면 해당 웹페이지 주소를 방문한 사람만 따로 모아서 맞춤 타겟을 만들 수 있다. 아래쪽에 있는 [+필터 추가] 링크를 이용해서 해당 웹페이지 방문자 중에서 특정 조건을 만족하는 사람만 다시 추려낼 수도 있다.

06 [이용 시간별 방문자] 옵션을 선택하면 특정 웹사이트(또는 특정 웹페이지)에서 상위 5%, 10%, 25% 단위로 적극적인 활동을 보인 사람들만 따로 맞춤 타겟을 만들 수도 있다.

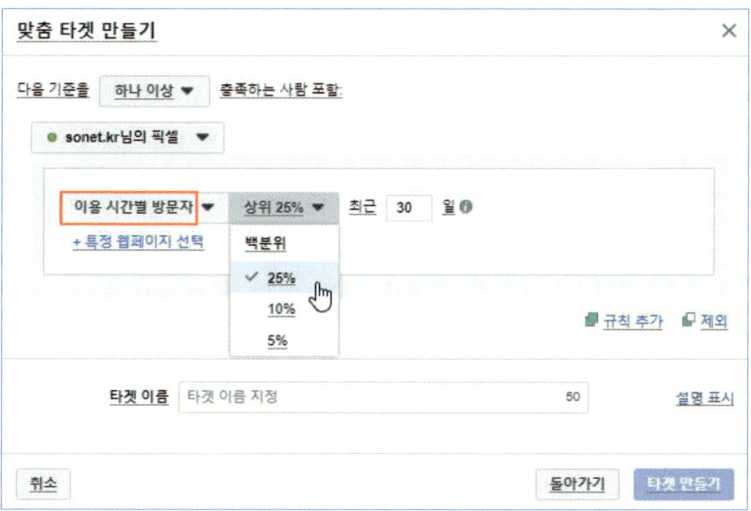

Tip

맞춤 타겟 생성시 타겟의 조건을 더 세분화하는 방법은?

특정 웹페이지 방문자에 대해 [+필터 추가] 옵션을 적용하는 것 외에도 [추가 세분화 기준] 을 이용하거나 [규칙 추가] 또는 [제외 규칙 추가] 등의 옵션을 통해서 특정한 사람들을 추가하거나 제외하는 옵션을 추가로 적용하여 맞춤 타겟을 더 정교하게 만들 수 있다. 그러나 필터링이나 제외 옵션을 과도하게 사용하면 맞춤 타겟의 규모가 크게 축소될 수 있으므로 유의하라.

2 | '유사 타겟'은 어떻게 만들고 어디에 써먹을까

「유사 타겟」이 어떤 기능을 하는지에 대해서는 챕터 1에서 간략히 언급했으니 챕터 1의 5-4에서 다룬 내용을 참고하고, 여기에서는 유사 타겟을 실제로 어떻게 만들고 써먹을 수 있는지를 살펴보자.

상식적으로는 유사 타겟의 범위가 좁을수록 소스 타겟(기존고객)의 특성과 더 유사하기 때문에 전환 성과가 더 좋게 나오리라 기대한다. 그러나 실제로 테스트해보면 유사 타겟의 크기가 충분히 넓을 때 오히려 더 좋은 성과가 나오기도 한다. 심지어 유사 타겟을 대상으로 집행한 광고의 성과가 소스로 삼았던 맞춤 타겟(기존고객 리스트)을 대상으로 한 것보다 더 좋은 효율을 보이는 경우도 생긴다. 유사 타겟은 먼저 소스로 삼을 맞춤 타겟을 선택하고, 추출할 대상 위치(나라 또는 지역)를 지정해준 뒤, 몇 %짜리로 만들지 타겟의 규모(크기)만 정해주면 어렵지 않게 만들 수 있다.

01 [비즈니스 관리자]의 [모든 도구] 메뉴판을 펼쳐 [자산] – [타겟]을 클릭한다.

02 작업할 광고 계정을 선택한 뒤, [타겟 만들기] 메뉴를 펼쳐 [유사 타겟]을 클릭한다.

03 [소스] 항목의 빈 칸 안에 마우스를 클릭하면, 사용 가능한 [맞춤 타겟] 또는 [페이지] 목록이 뜬다.

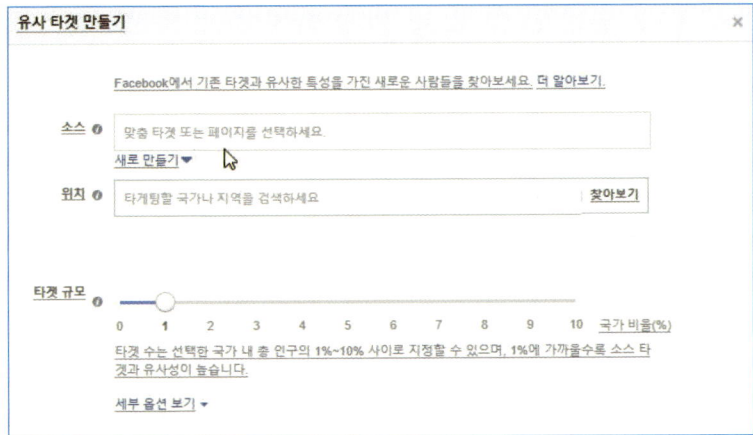

04 펼쳐진 목록 중에서 소스 타겟으로 사용할 [맞춤 타겟] 또는 [페이지]를 골라 클릭한다.

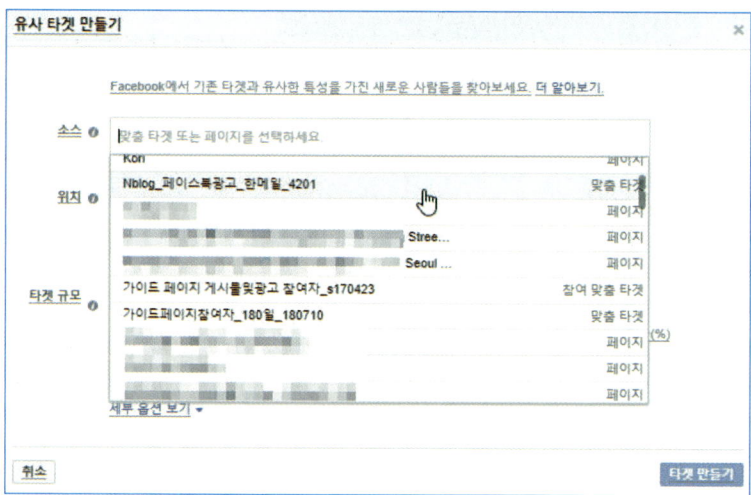

05 [유사 타겟 만들기] 팝업 창에서 [위치] 항목 끝에 있는 [찾아보기] 링크를 클릭하여 국가/지역 선택 메뉴를 펼치고, 유사 타겟 추출에 사용할 대상 국가 혹은 지역을 선택한다.

국가 또는 지역을 선택할 때 알아두면 좋은 팁

유사 타겟 생성시 [위치] 항목은 국가와 지역으로 나뉜다. 국가는 펼침 메뉴를 열어보면 다시 전 세계 대륙별로 포함되는 국가 목록이 뜨고, 지역은 자유무역 지역, 앱스토어 지역, 신흥시장국가, 유로 지역 등이 리스트로 나온다. 각각의 지역을 열어서 필요한 상세 국가 및 지역을 선택할 수 있다.

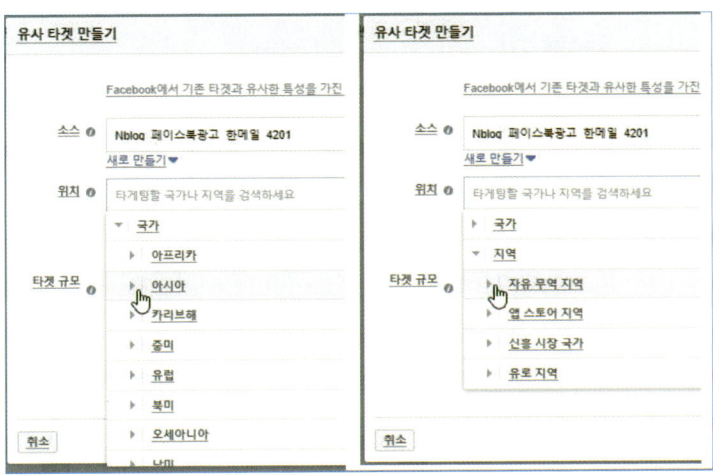

고객 리스트 맞춤 타겟 만들기 [완료] 후 유사 타겟 만들 때 유의사항

[맞춤 타겟]을 생성하려면 업로드하는 파일 명단의 개인정보를 누구인지 알 수 없도록 비식별화 처리하고 이 명단 중 페이스북 가입자만 추려내는 작업을 해야 한다. 대한민국 사용자 1800만~2000만 명을 대상으로 비교하는 작업이라 20~30분가량 소요된다. 맞춤 타겟 생성 작업이 완전히 끝나지 않은 상태에서 [유사 타겟]을 만들 경우 엉뚱한 타겟으로 일치하지 않는 맞춤 타겟이 만들어질 수 있으니 유의하라.

06 [타겟 규모] 라인 위 동그라미 표식을 마우스로 끌어 원하는 규모(최고 10%)까지 늘려 지정한 뒤, [타겟 만들기]를 클릭하고 20~30분 정도 기다리면 [타겟] 목록에 유사 타겟이 생성된다.

이상의 과정을 차례로 거치면 누구나 어렵지 않게 유사 타겟을 생성할 수 있다.

타겟 생성 후 '타겟 업데이트 중'이라는 안내가 뜰 때는 아직 유사 타겟 생성 작업이 완료되지 않았다는 의미이므로 20~30분 정도 기다린 뒤에 다시 열어서 생성된 규모를 확인해보면 된다. 초록색 동그란 점이 뜨면서 「사용 가능」이라고 표시되면 맞춤 타겟이나 유사 타겟을 광고에 사용할 수 있다.

타겟의 규모를 달리하여 여러 개의 유사 타겟을 한꺼번에 생성하려면

기본 1%로 지정된 유사 타겟 규모 하단에 [세부 옵션 보기]를 클릭하여 펼치면 [타겟 수]가 3개로 지정되면서, 선택한 국가의 페이스북 월간 사용자 수 대비 1%, 1~2%, 2~5%에 해당하는 구간의 유사 타겟 3개가 동시에 만들어진다. 이들 타겟에 포함되는 사람들은 서로 겹치지 않으므로 동시에 광고를 게시해도 서로 경쟁하지 않는다. 실제 A/B 테스트로 광고 성과를 비교해보면 이 중 타겟 규모가 클 경우 더 좋은 성과가 나오기도 하므로, 광고 초기에는 가급적 다양한 규모의 유사 타겟을 생성하여 테스트를 반복해보기를 권한다.

[타겟 수]는 최대 6개까지 동시 생성할 수 있으며, 각 타겟의 % 설정 구간 폭은 슬라이드를 움직여 자유롭게 조절할 수 있다.

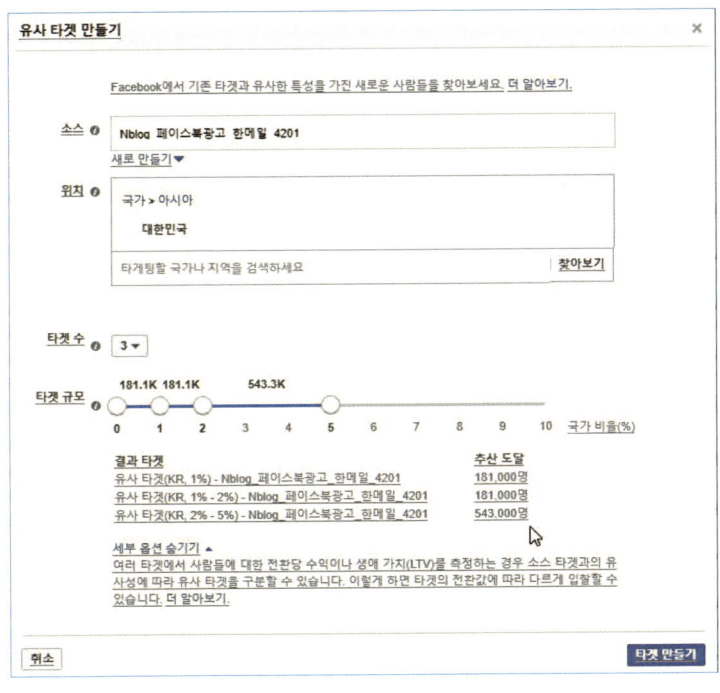

세그먼트별 맞춤 타겟과
판매 대상 맞춤 타겟 만들기

1 | '참여' 맞춤 타겟은 어떤 종류가 있고 어떻게 활용하나

　오프라인 매장이나 온라인 쇼핑몰을 갖고 있지 않다고 해도, 또 픽셀이 무엇이고 어떤 기능을 하는지 아무것도 모른다고 해도 만들어 쓸 수 있는 맞춤 타겟이 있다. 페이스북 페이지를 통해 드러나는 이용자들의 반응에 따라서 '맞춤 조건'만 부여해주면 페이스북이 알아서 만들어주는 맞춤 타겟이다. 이른바 「참여」 맞춤 타겟이라 부르는 것으로, '페이스북 페이지'를 통해 지원되는 기능이다. 페이지 게시물의 종류나 방문자들의 참여 활동 형태에 따라서 여섯 가지 맞춤 타겟 옵션을 제공한다.

　(1)동영상 (2)잠재고객용 양식 (3)캔버스(Instant Experience) (4)페이스북 페이지 (5)인스타그램 비즈니스 프로필 (6)이벤트

　이 중에서 가장 최근에 생긴 옵션이 바로 인스타그램 비즈니스 계정

을 팔로우하고 있는 팔로워들의 참여 활동 정도에 따라서 맞춤 타겟을 만들어주는 옵션이다. 앞으로도 마케팅 목적에 따라 더 다양하고 세부적인 맞춤 타겟 생성 옵션이 늘어날 것이다. 사용자들의 참여 행동에 따라서 어떻게 맞춤 타겟을 만드는지 하나씩 살펴보자.

우선 참여 맞춤 타겟을 만들려면 아래와 같은 순서를 따른다.

먼저, 「맞춤 타겟 만들기」 팝업 창에서 「참여」 옵션을 선택하고, 원하는 「활동」 옵션을 선택한다.

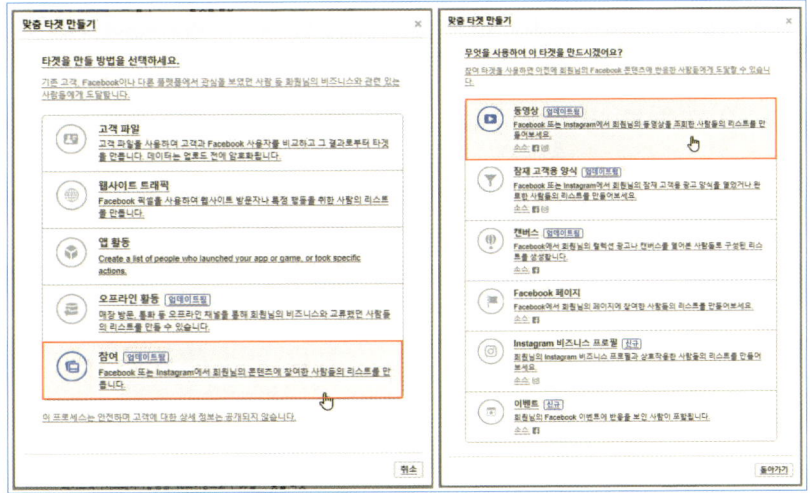

1) 「동영상」 옵션 설정 조건

사람들이 페이스북에 업로드된 각종 동영상에 대해 몇 % 정도까지 시청하는지 시청 참여도(시청 시간의 길이)에 따라서 타겟을 나누는 것이다. 선택 옵션을 보면 3초, 10초 조회자를 비롯해, 전체 동영상의 25%, 50%, 75%, 95%까지 시청하는 사람을 구분하여 각각 맞춤 타겟을 만들도록 조건을 설정할 수 있다.

먼저 어떤 기준으로 맞춤 타겟을 만들 것인지 시청 길이 조건을 설정한 뒤에, 그동안 올린 동영상 중에서 어떤 동영상들에 대해 이 기준을 적용할 것인지, 해당 동영상들을 차례로 체크 표시해서 선택해 주면 된다. 가급적 조회수가 많은 동영상을 선택하는 것이 타겟의 규모를 늘리는 데 유리하므로 참여가 활발하게 일어날 수 있는 동영상을 가능한 많이 자주 올려두면 추후 맞춤 타겟을 만드는 데 무척 요긴하게 사용할 수 있다.

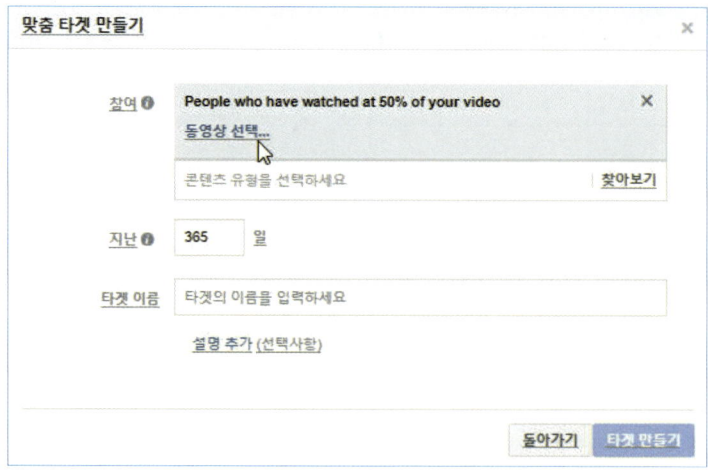

2) 「잠재고객용 양식」 옵션 설정 조건

잠재고객용 양식이란 고객들의 전화번호나 이메일 등을 확보하는 동시에 수신 동의를 구하기 위해 간단한 약식 설문과 함께 응답 제출자에게 일정한 혜택을 제공하는 방식의 광고 양식을 의미한다. 이 양식에 대해 열어만 보고 제출하지 않은 사람들의 목록을 맞춤 타겟으로 만들 수 있다.

3) 「캔버스」 옵션 설정 조건

'모바일 전용 랜딩 페이지'라고 할 수 있는 캔버스(Instant Experience) 양식에 대해 열어본 사람들을 묶어 준다.

캔버스를 열어본 사람 또는 캔버스에 연결된 링크를 클릭한 사람 중 어떤 옵션을 사용할지 정해주고 수집을 원하는 캔버스 양식을 모두 선택해주면 된다. 최근 365일 이내 반응을 남긴 사람을 수집할 수 있다.

4) 「Facebook 페이지」 옵션 설정 조건

페이스북 페이지에 올린 게시물이나 광고 홍보물에 대해서 다양한 참여 행동을 한 사람들을 활동별 기준에 따라 구분하여 맞춤 타겟으로 만들 수 있다.

위 그림의 펼쳐진 옵션 항목들에서 보이듯이 방문자, 게시물 및 광고 참여자, 행동유도 버튼 클릭자, 메시지 송신자 혹은 게시물을 저장한 사람 등 페이지에 적극적인 행동이나 반응으로 참여한 모든 사람을 각 행동별로 또는 전체를 묶어 맞춤 타겟을 만들 수 있다.

5) 「인스타그램 비즈니스 프로필」 옵션 설정 조건

인스타그램 비즈니스 계정 프로필을 방문한 사람, 인스타그램 게시물이나 광고에 대해 참여를 해준 사람, 비즈니스 프로필에 메시지를 보낸 사람, 게시물이나 광고를 저장한 사람들을 각각의 행동에 따라 구분하여 타겟으로 묶어 준다.

6) 「이벤트」 옵션 설정 조건

시간과 날짜, 장소가 정해진 행사에 대해 초청받은 사람들이 어떤 답변을 해오는지에 따라서 회신 유형별로 구분하여 맞춤 타겟을 만들 수있는 방법이다. 참석 여부 표시뿐만 아니라 해당 이벤트(행사)에 대해 페이지를 방문하거나 참여한 사람들까지 따로 구분하여 타겟을 만들 수있다.

이벤트 행동의 종류는 계속해서 추가되고 있다. 이벤트에 참석 또는관심을 표명한 사람, 이벤트 페이지를 방문했거나 공유하기 등의 반응을남긴 사람, 티켓 링크를 클릭하거나 구매한 사람 등 활동 내용에 따라 구분해서 맞춤 타겟을 다양하게 생성할 수 있다.

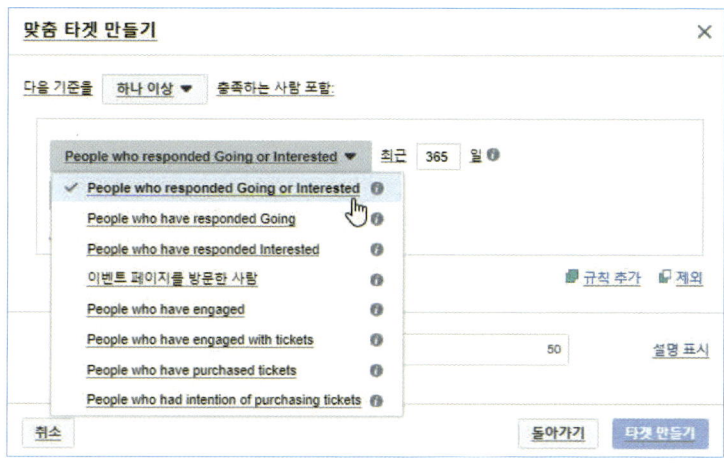

위 그림에서 제시된 여러 이벤트 항목 중에서 원하는 옵션을 선택한 뒤 어떤 이벤트를 기준으로 수집할 것인지 해당 이벤트를 찾아 모두 선택해주면 된다.

2 | 「앱 활동」 및 「오프라인 이벤트」 맞춤 타겟은 언제 이용하나

앱 활동에 기초한 맞춤 타겟은 안드로이드 앱이나 아이폰용 iOS앱을
출시하여 인스톨을 하게 하고, 각 앱에 대해서 사용자들이 어떤 반응이
나 참여를 일으키는지에 따라서 각각의 활동 유형이나 심도별로 구분하
여 맞춤 타겟을 만들고 싶을 때 사용하는 옵션이다.

앱 활동을 이용해서 페이스북 맞춤 타겟을 생성하려면, 일반 웹사이
트와는 달리 출시한 앱에 대해 페이스북 앱과 연동하여 사용자의 활동
내역을 파악할 수 있도록 하는 작업과 해당 앱 소스 내에 사용자의 활동
을 추적할 수 있도록 SDK 코드를 삽입 설정하는 작업이 먼저 완료되어
있어야 한다. 모바일 앱 개발 도구(소스 편집 프로그램) 없이 앱 개발자의
도움을 빌리지 않고 일반인들이 직접 수행하기 힘든 작업이라 구체적인
설명은 생략한다. 사내 개발자나 앱 관련 기술 지원 담당자에게 의뢰하
여 SDK 추적 코드 삽입 및 페이스북 앱 센터와 자사 앱(안드로이드, iOS)
의 연동 작업이 완료되면 아래 옵션을 통해서 사용자들의 앱 활동 내용
별로 구분하여 맞춤 타겟을 만들 수 있다.

앱 활동 이외에 페이스북이 가장 최근에 제공하기 시작한 서비스는 바로 「오프라인 이벤트」 활동 정보를 기반으로 만들어진 고객 파일을 이용해서 맞춤 타겟을 생성해주는 것이다. 「오프라인 이벤트」는 매장에 방문했거나 특정한 행사에 참여하여 자신들의 연락처 정보나 개인 정보를 POS시스템이나 고객 CRM 시스템에 남긴 경우 여기서 추출한 각종 데이터를 파일로 만들어 앞서 살펴본 「고객 리스트」 맞춤 타겟 생성 절차와 유사한 방법으로 맞춤 타겟을 만들어 페이스북 광고 등에 사용할 수 있게 해준다.

오프라인 이벤트 자료에 대한 사전 정의와 세트 항목이 「비즈니스 관리자」 메뉴의 「이벤트 관리자」 영역에서 먼저 설정되어 있어야만 이 데이터를 기준으로 맞춤 타겟을 생성할 수 있으니 유의하라.

오프라인 이벤트에 기초하여 고객 데이터 파일을 생성하는 방법은 아래 순서와 같다.

01 [비즈니스 관리자] 메뉴의 [이벤트 관리자] 항목 중에 있는 [오프라인 이벤트] 링크를 클릭한다.

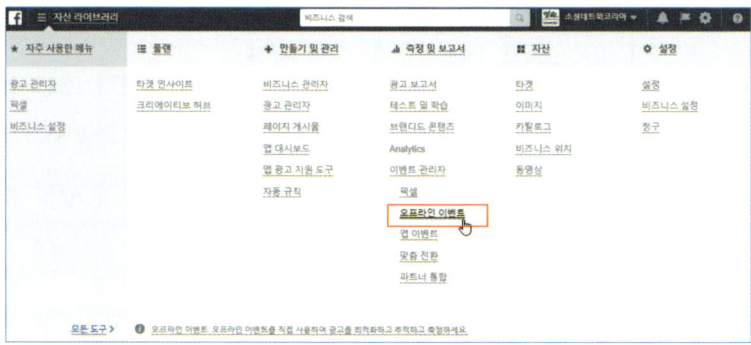

02 설명문을 읽어본 뒤에 아래쪽 중앙에 있는 [시작하기] 버튼을 클릭한다.

[비즈니스 관리자]에서 처음으로 [오프라인 이벤트] 링크를 클릭하면 아래와 같이 [오프라인 이벤트 시작하기]라는 안내용 설명창이 뜬다. 읽어 보면 대략 어떤 내용들을 추적할 수 있는지에 대한 간략한 설명들이 적혀 있으니 참고하라. POS, 콜센터, CRM 시스템의 고객 데이터를 업로드할 수 있도록 관련 작업 메뉴들을 제공해 준다.

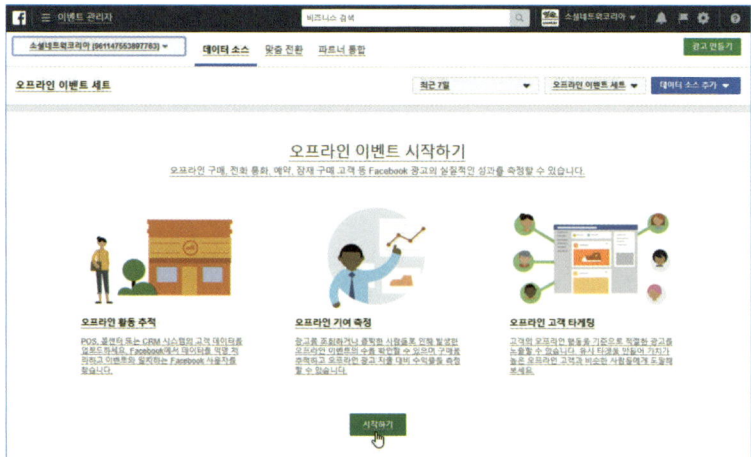

03 [Facebook 비즈니스 도구 약관]을 읽어보고 [동의] 버튼을 클릭한다.

고객 개인정보 관련 데이터를 활용하는 과정이기 때문에 다시 한번 데이터 활용에 대한 약관에 동의할 것을 요구한다. 관련 약관을 충분히 읽어보고 숙지한 뒤, [동의]하면 된다.

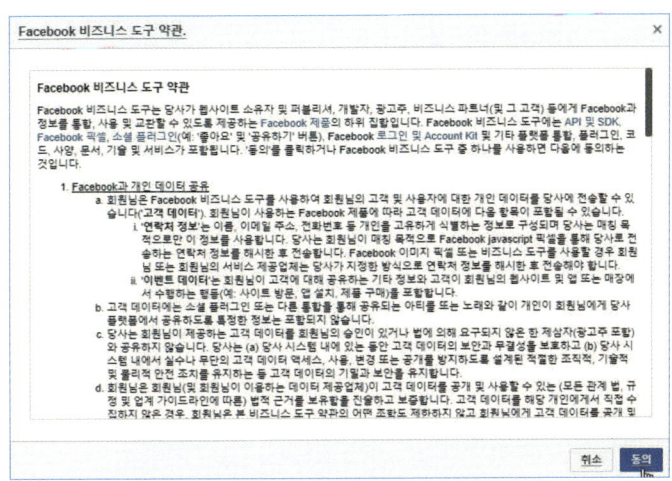

04 [파일 선택] 버튼을 눌러서 타겟을 생성하려는 데이터 파일을 업로드해준다.

고객 상세 정보, 이벤트 시간, 이벤트 상세 정보 등을 담은 데이터 파일을 업로드시 사용할 수 있다.

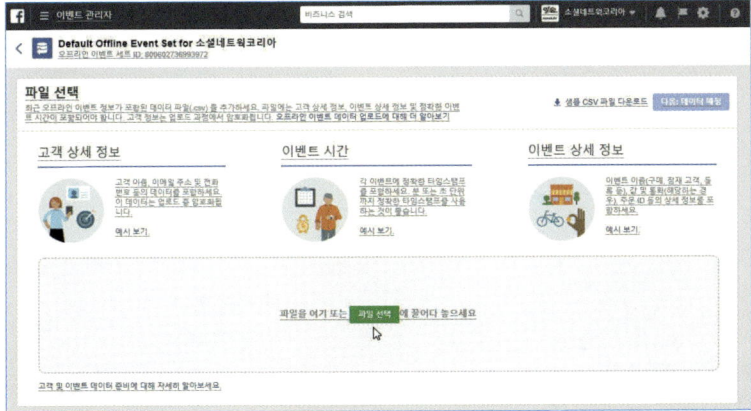

각 항목의 아래쪽 [예시 보기] 링크를 클릭하여 내용을 참고하고 데이터 유형을 선택하고 파일을 업로드해주면 된다. 오프라인 이벤트에서 사용할 수 있는 데이터의 필드 종류는 아래와 같다.

3 | 생애 가치(LTV)를 포함한 고객 파일로 맞춤 타겟 소스 만들기

고객 파일을 이용해 맞춤 타겟을 만들 때, 파일의 필드 항목에 고객 생애 가치(LTV) 데이터 열을 추가하여 상대적으로 더 높은 충성도를 보이는 고객들을 가려내어 맞춤 타겟(소스 타겟)을 만들면 충성도 수준(LTV의 높고 낮음)에 따라 유사성 정도가 다른 여러 유사 타겟을 생성할 수 있다. '고객 생애 가치(LTV)'란 특정한 고객과 관계를 유지하는 동안 그 고객이 기여할 것으로 예상되는 순이익을 수치로 나타낸 것을 말한다.

예를 들자면 구매 주기 내 고객의 구매 빈도, 구매 회당 지출액, 관계 유지 기간 동안 고객 지출 예상액 등을 복합적으로 측정하여 산정하는 수치다. LTV 값이 크면 클수록 더 높은 충성도를 가진 것으로 간주할 수 있다. 특정한 행동(예: 구매)을 했다는 것만으로 모두 하나의 맞춤 타겟으로 묶는 것이 아니라, 구매 행동을 한 사람들 중에서도 구매 누적액이나 구매 횟수가 많은 사람들 상위 몇 % 구성자들의 특성을 기준으로 맞춤 타겟을 만드는 것이다.

상대적으로 충성도가 높은 사람들로 만들어진 맞춤 타겟일수록 그 타겟을 소스로 삼아서 만든 유사 타겟의 효과 또한 커질 것이므로 잘 활용하면 무척 유용한 기능이다.

01 [맞춤 타겟 만들기] 팝업 창에서 [유사 타겟 성과를 높이기 위해 LTV 포함] 옵션을 클릭한다.

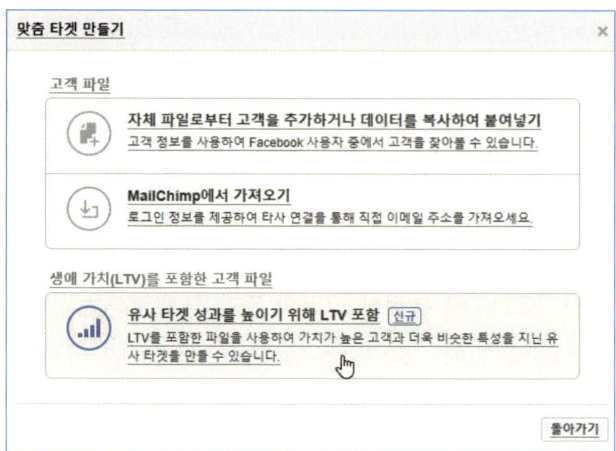

02 [LTV를 포함한 맞춤 타겟 만들기] 팝업 창이 뜨면, [원래 데이터 소스]에 수집 데이터 출처 옵션을 선택하고 [파일 업로드] 버튼을 눌러 'LTV 데이터 열을 포함한 고객 파일'을 선택해주고 [다음] 버튼을 클릭한다.

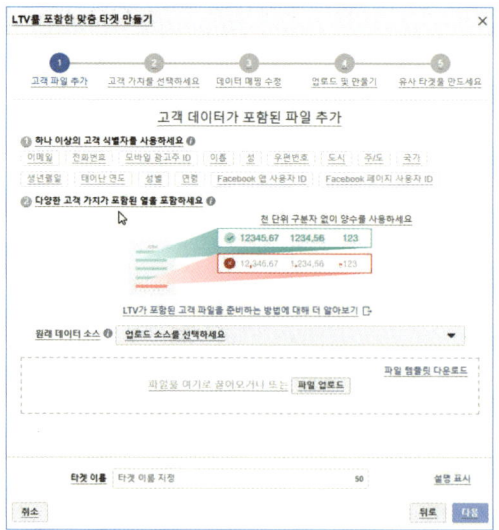

이때 사용할 고객 파일은 이메일 주소나 전화번호 등 한 가지 이상의 고객 식별자 열(필드)과 유사 타겟 생성시 상대적 일치도(유사도) 순위를 가르는 기준으로 사용할 고객 가치 데이터 열을 포함하고 있어야 한다. 고객 가치 열의 데이터에 천 단위 구분 콤마(,) 기호는 없애주어야 하고 양수가 아닌 마이너스(−) 수치는 포함하면 안된다.

03 [고객 가치 : 가치 열 선택]을 펼쳐서 업로드한 파일에서 가치 비교 기준으로 사용할 열을 선택해준 뒤 [다음] 버튼을 클릭한다.

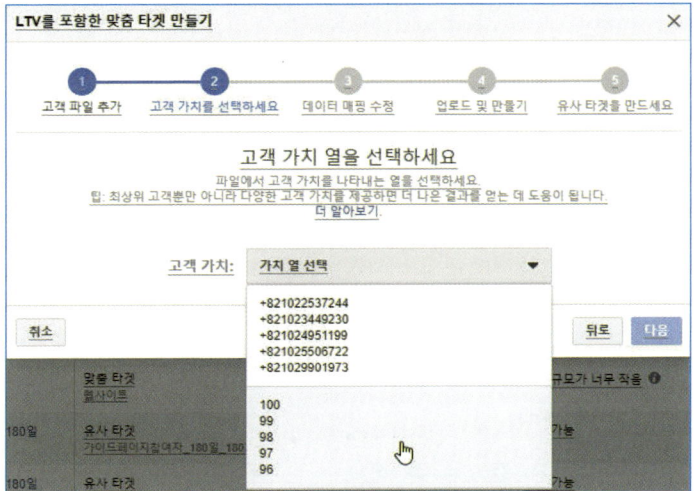

04 [미리 보기 및 매핑] 항목에서 고객 가치 열과 각 필드의 분류가 제대로 맞는지 매핑 내용을 확인한 뒤 [업로드 및 만들기] 버튼을 클릭한다.

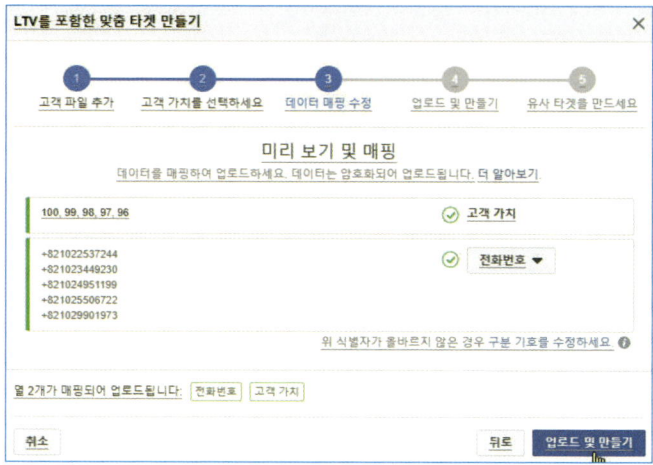

05 파일 업로드가 정상적으로 이루어지고 [파일이 업로드되었습니다] 안내가 뜨면 맞춤 타겟 생성 작업을 마칠 때까지 일정 시간(보통 30분 가량)을 기다렸다가 [유사 타겟 만들기] 절차로 넘어간다.

Tip

LTV(고객생애가치) 기반 유사 타겟을 만들어 운용을 최적화하려면

가치 기반 유사 타겟을 만들려면 '고객 가치 데이터 열이 포함된' 맞춤 타겟을 '소스 타겟'으로 삼아야 한다. 필요한 맞춤 타겟이 준비되지 않았으면 아래 링크 중 [맞춤 타겟 소스 만들기] 섹션부터 읽어보고 작업하라.
조건에 맞는 맞춤 타겟이 준비되어 있으면 [가치 기반 유사 타겟 만들기] 섹션의 내용을 참고하라.

● https://business.facebook.com/business/help/185705781836755

생애가치 열을 포함한 동일한 소스 타겟으로 여러 개의 유사 타겟을 만든 경우 각 유사 타겟은 구성원이 서로 겹치지 않는다. 따라서 각 유사 타겟별로 동일한 광고를 초기 입찰가로 설정하여 집행해본 뒤, 각 타겟의 전환당 수익이나 LTV 값을 확인해 보고 그 결과를 기초로 각 타겟별 입찰가를 수정하는 것이 바람직하다. 높은 가치를 보이는 타겟에 대해서는 입찰가를 높이고, 상대적으로 낮은 가치를 보이는 유사 타겟에 대해서는 입찰가를 낮추거나 광고를 중단하면 된다.

4 | 맞춤 타겟은 어떻게 조합하고 공유할까

지금까지 살펴본 바와 같이 페이스북에서는 아주 다양한 방법을 통해 고객을 분류하고 나누어 마케팅 목적에 따라 여러 가지 맞춤 타겟을 만들어 낼 수 있다. 그렇다면 이렇게 만들어진 다양한 맞춤 타겟을 실제 광고에 적용하여 사용할 때는 어떤 방식으로 이용할까?

　맞춤 타겟은 광고 캠페인 설정시 「광고 세트」 설정 단계에서 「타겟」을 설정할 때 매우 다양한 방식으로 조합하여 활용할 수 있다. 단일 맞춤 타겟만 따로 쓰거나 여러 개의 맞춤 타겟을 「추가」하거나 「제외」 하는 조합 옵션들을 통해서 광고 노출 대상 타겟의 범위를 늘리거나 좁힐 수 있다.

　이때 하나의 타겟에 너무 많은 부가 조건을 주지 않는 게 바람직하다. 예를 들어 하루 평균 방문자 수가 많지 않은 쇼핑몰에서 '특정한 웹 페이지에 방문한 사람들 중 특정한 행동을 한 사람만 따로 묶어내라'는 식으로 두세 가지 이상의 'AND 조건'을 중복하여 맞춤 타겟을 만들도록 설정하면 해당 조건을 동시에 만족하는 대상을 찾아내는 일이 무척 어려워진다. 결과적으로 사용 가능한 맞춤 타겟을 만드는 데 시일이 오래 걸리거나 수집되는 규모가 너무 적어서 광고 대상 타겟으로 이용하기 어려운 경우가 많다.

　그렇다고 해서 하나의 맞춤 타겟을 몇만 명 이상의 크기로 만드는 것도 바람직하지 않다. 맞춤 타겟은 대상자들의 행동 특성을 분석해 비슷한 전환 활동을 할 것으로 예상되는 사람들을 추려내는 작업이다. 타겟의 규모가 커지면 커질수록 구성원의 공통적 행동 특성은 줄어들고 상호간의 변별력이 낮아지게 된다. 그러므로 맞춤 타겟을 소스로 삼아 비슷한 특성을 가진 사람들을 추려서 유사 타겟을 만들고자 할 때는 모집단의 변별력이 너무 희석되지 않도록 적정한 규모로 만드는 게 좋다.

또한, 비즈니스 관리자에서 여러 개의 광고 계정에 관리자 권한을 갖고 있을 경우 특정한 광고 계정에서 만든 맞춤 타겟을 다른 광고 계정에서 함께 이용할 수 있도록 '공유'할 수도 있다. 유사 타겟을 이용하여 캠페인을 진행할 경우 매우 유용한 기능인데 의외로 모르는 분들이 많아서 따로 설명을 덧붙인다.

특정한 광고 계정에서 만든 맞춤 타겟을 다른 광고 계정과 공유하는 방법은 다음과 같다.

01 [비즈니스 관리자] → [모든 도구] → [타겟] 목록을 열어서 공유하려는 맞춤 타
겟 또는 유사 타겟 앞의 체크 박스에 설정 체크를 하고, 오른쪽 위에 있는 [작업]
메뉴를 펼쳐서 [공유하기]를 클릭한다.

02 [맞춤 타겟 공유] 팝업 창에서 공유할 광고 계정 ID 또는 이름을 입력하여 선택
한다.

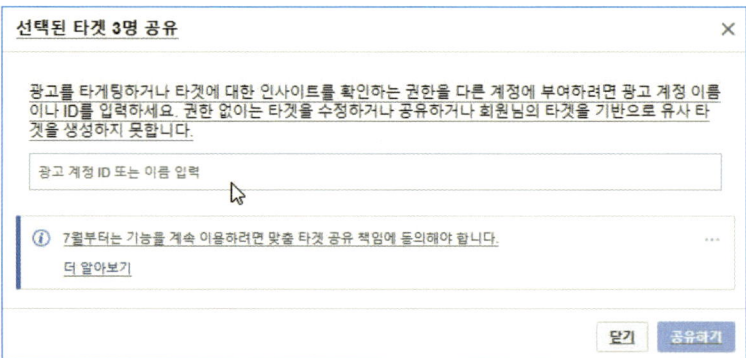

광고 계정의 ID 넘버를 확인하려면?

광고 계정의 ID 넘버는 [비즈니스 설정] 메뉴에서 [광고 계정] 탭을 눌러 맞춤 타겟을 공유하려는 광고 계정을 선택하면 해당 광고 계정의 이름 밑에 ID 번호가 나온다. 이 번호를 [복사]해서 [붙여넣기] 해도 되고, 광고 계정의 이름을 알면 직접 입력해서 목록에 뜨면 클릭해서 선택해도 된다.

지금까지 페이스북 픽셀을 생성해서 웹사이트에 심는 방법과 맞춤 타겟을 만들고 활용하는 다양한 방법들을 알아보았다. 페이스북 광고 실력은 픽셀과 맞춤 타겟을 얼마나 자유롭게 다룰 수 있느냐에 의해서 판가름난다고 해도 과언이 아니다. 다소 어렵게 느껴지더라도 인내심을 갖고 깊이 공부하지 않으면 안 된다! 어설프게 배운 페이스북 광고 지식이 특히 위험하다!

랜딩 페이지와 페이스북 전환 광고에 대하여

1 | '랜딩 페이지'란 무엇이고 어떤 역할을 하는가

온라인 광고를 하다보면 '랜딩 페이지'란 말을 자주 듣게 된다. 광고를 내보낼 때 첨부된 이미지나 텍스트 혹은 CTA 버튼이나 관련 링크를 클릭했을 때 연결된 제품이나 상품을 더 상세하게 설명하여 기대하는 전환을 일으키도록 유인하는 '전환 유도 페이지'를 흔히 「랜딩 페이지」라고 부른다.

쇼핑몰을 운영하고 있고, 특정한 상품을 판매하기 위해 광고에 해당 상품의 상세 설명 페이지의 URL 주소를 랜딩 페이지로 설정했다면 이 경우에는 '상품 상세 설명 페이지' 자체가 랜딩 페이지이다. 만약 계절성 이벤트를 진행하기 위해 특별 프로모션 이벤트 행사를 만들고 그 행사를 설명하는 이벤트 페이지를 따로 만들어서 광고를 클릭했을 때 그 웹페이지가 바로 열리도록 해놓았다면 그 이벤트 행사 안내 페이지가 곧 랜딩 페이지가 된다.

광고의 성과는 매우 다양한 요소에 의해 영향을 받고 결정된다. 타겟의 적확도도 중요하지만 전환을 일으키는 데 가장 결정적인 요소를 꼽으라면 대개는 '랜딩 페이지'의 콘텐츠가 전환을 촉진할 만큼 매력이 있는지 그 내용이나 형식의 완성도를 우선 살펴볼 일이다. 똑같은 광고에 노출되었거나 똑같은 클릭률을 기록했더라도 광고를 클릭하고 들어왔을 때 보여지는 랜딩 페이지의 구조나 내용이 어떤가에 따라서 고객이 물건

을 살지 말지가 크게 좌우되기 때문이다.

페이스북 광고에 목을 매는 많은 사업자나 마케터들이 가장 많이 저지르는 실수나 착각이 바로 구매 전환에 대해 랜딩 페이지가 갖는 결정력과 중요성을 충분히 인식하지 못한다는 점이다. 많은 사람들이 쇼핑몰에 '유입 수만 늘면 매출은 무조건 따라서 늘어난다'고 착각한다. 때문에 광고를 써서 유입은 일어났는데 전환 수가 생각보다 낮으면 당장 광고업체나 담당자에게 책임을 돌리곤 한다. 하지만 이것은 본말이 뒤집힌 것이다. 정말로 질 좋고 꼭 필요한 제품이라면 광고가 좀 거칠거나 완성도가 떨어져도 팔린다. 반대로 아무리 광고가 그럴듯해도 정작 써보니 아니다 싶으면 고객들의 사용 후기와 리뷰가 냉정하게 올라오고 그런 상품은 좀처럼 더 팔리지 않는다. 광고 자체보다 훨씬 더 중요한 것은 제품이나 서비스 자체의 질과 먼저 사용해본 사람들의 평가다.

검색 광고는 대개 뭔가를 찾고 구매하려는 의도를 갖고서 행동하는 사람들의 유입이기 때문에 일단 클릭이 발생하면 전환으로 이어질 확률이 상대적으로 높다. 당연히 유입 방문 수가 늘어나면 덩달아 매출도 늘어나게 마련이다. 그러나 페이스북 광고와 같은 디스플레이 광고는 사정이 다르다. 처음부터 사려는 마음을 갖고 있었던 것이 아니다. 친구나 지인들의 소식을 알고 싶어서 뉴스피드를 스크롤하던 중에 우연히 눈에 뜨인 포스트(디스플레이 광고)를 보고 흥미와 관심이 생겨 뭔지 한번 살펴나 보자고 클릭했을 뿐이다. '어쩌다 우연히' 들어온 사람을 '이왕 들어온 김에' 사도록 만들려면 그만큼 강력한 행동 유발 요소가 준비되어 있어야 한다. '가격 할인'부터 시작해서 '1+1이벤트', '덤 얹어주기', '샘플 공짜로 보내주기' 등등 어떤 요소든지 이왕 구경온 김에 작은 상품 하나라도 사게 만드는 작업이 긴요하다.

당장 판매를 일으키기 어렵다면, 최소한 고객 접점을 만들고 나중에라도 추가 제안을 보낼 수 있도록 연락처를 확보하든가, 회원 가입이라도 시키든가, 우리 게시물이나 제품에 좋아요 클릭이라도 남길 수 있도록 해야 한다. 치밀하고 집요하게 고객의 행동을 유발할 수 있는 장치를 마련해야 한다. 최초 방문 고객에게 회원 가입시 마일리지 포인트를 과감하게 준다든가, 최초 구매 고객에게 즉석 사용 가능한 쿠폰을 지급한다든가, 제한된 기간 내 구매 고객에게만 할인 특전을 준다든가, 조건부 특혜를 제공하는 다양한 이벤트나 프로모션 기법을 쓰는 것도 바로 이런 목적 때문이다.

따라서 검색 광고가 아닌 디스플레이 광고의 랜딩 페이지에 이러한 유인 요소들이 하나도 없이 단지 광고 양만 늘려서 직접 전환이 일어날 것을 기대하는 것은 넌센스에 가까운 일이다. 많은 광고주들이 랜딩 페이지도 제대로 준비하지 않고 무작정 광고를 집행하면서 페이스북 광고의 전환 효과가 없다면서 실망하고 돌아선다.

페이스북 광고에서 단순 도달이나 노출을 통한 인지도 확산 수준을 넘어 구매 전환 효과를 내고 싶다면 무엇보다 먼저 '랜딩 페이지'의 구매 촉진 요소와 장치를 어떻게 설계하고 만들 것인지부터 심각하게 고민해야 한다.

지금부터 쇼핑몰 판매를 위해 가장 많이 사용하는 트래픽(클릭 유발) 광고와 전환(구매 유발) 광고에 대해서 집중적으로 알아보고, 어떻게 하면 이들 광고의 성과를 극대화할 수 있을지 구체적인 방법을 함께 찾아보자.

2 │ '트래픽' 광고를 해야 할까, '전환' 광고를 해야 할까

페이스북 광고는 캠페인 목표에 따라 크게 세 가지 범주로 나뉜다. 첫째는 신제품이나 브랜드 인지도를 높이기 위한 '인지도 확보' 광고, 둘째는 쇼핑몰 방문 유입을 늘리기 위한 '트래픽 및 참여' 광고, 셋째는 방문자의 온라인 구매나 매장 방문, 상담 신청, 회원 가입 등을 늘리기 위한 '전환' 광고이다.

페이스북이 광고 상품을 출시하던 초기에는 가장 쉽고 접근하기 편한 「게시물 홍보하기」 광고나 페이지 노출을 늘리는 「동영상 조회」 광고를 많이 권했다. 하지만 실제 광고 시행 결과 이러한 광고들이 구매 전환 성과로까지 직접 이어지기 힘들다는 광고주들의 피드백이 쌓이면서 최근에는 '전환' 광고와 이벤트 추적을 통한 '리타게팅'(맞춤 타겟) 광고를 적극 권하는 추세이다.

이같은 강조점 전환은 페이스북 광고에 대한 광고주들의 쌓인 실망도 작용했겠지만, 그보다는 그동안 광고에 대해 고객들이 보인 반응 데이터가 축적된데 따른 자신감의 반영일 수도 있다. 어떤 회원들이 어떤 아이템과 제품에 대해 어느 정도의 반응을 일으키는지 전환 행동에 관한 이력 데이터가 쌓이면 전환 효율이 높아지는 건 시간문제이기 때문이다.

예를 들어 국내 페이스북 사용자 데이터를 잠시 살펴보자. 페이스북 광고를 집행하기 위해 광고 대상 타겟을 설정할 때 '대한민국 18세 이상' 페이스북 가입자로서 월간 1회 이상 접속하는 활성 회원(MAU, Monthly Active User) 전체를 대상으로 삼으면 2018년 10월 기준으로 약 2,000만 명에 달한다.

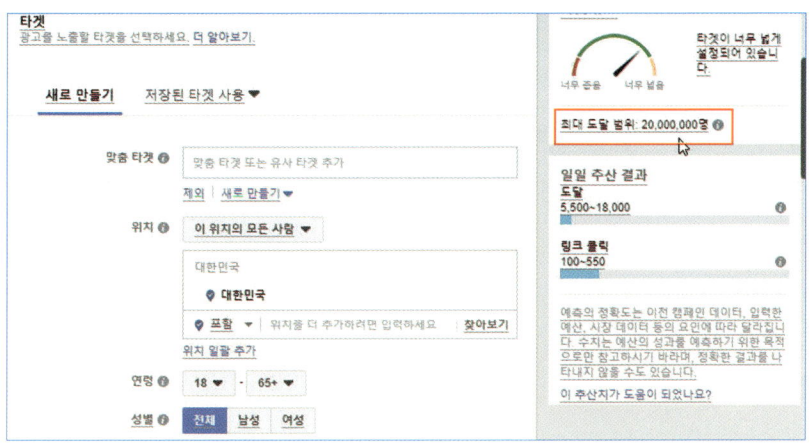

그런데, 여기서 「상세 타게팅」 영역의 「찾아보기」 옵션을 이용해 「행동」 → 「구매 행동」 항목에서 「구매에 관심을 보인 사람」 조건을 체크해서 필터링해보면 그 숫자가 460만 명으로 잡힌다. 이 말은 국내 페이스북 사용자 네다섯 명 중 한 명은 페이스북 광고에 대해 '구매 관련 의사'를 보였다는 말이다. 20%가 넘는 수치이다.

이런 행동 관련 수치가 집계된다는 자체가 어떤 사람들이 전환 행동을 할 가능성이 높은 사람인지를 페이스북이 파악하고 있다는 이야기이고, 필요하면 이들을 타게팅 대상으로 삼을 수 있다는 반증이다. 만약 광

고를 내보낼 때 '구매에 관심을 보인 사람들'을 타겟 대상으로 삼으면 그 결과는 어떻게 될까? 그렇지 않은 무반응 층이나 소극적 참여자를 대상으로 노출하는 것에 비해서 상대적으로 더 나은 전환율이 나올 것이라 예상하는 건 그리 어렵지 않다! 이런 사례를 들려주어도 그 의미가 무엇인지 감이 잡히지 않는 분들은 여전히 이렇게 묻는다.

"매출을 늘리려면 트래픽 광고가 좋아요, 구매 전환 광고가 좋아요?"

여러분이라면 어떻게 답하겠는가? 필자는 "어느 쪽이 더 좋다고 확언하거나 미리 예단할 수 없습니다. 두 가지를 함께 테스트해보고 더 좋은 효율이 나오는 쪽을 선택하세요!"라고 답한다. 하나마나한 무책임한 답변이라고? 그렇게 들릴 수 있다. 페이스북의 논리대로라면 "구매 전환 광고를 하라!"고 답하는 게 맞을 테니까! 그렇지만 여기서 한 번 더 이론과 현실의 차이에 대해 고민해볼 필요가 있다.

마케팅 목표가 무엇인가요? 도움말: 목표 선택		
경매 ⓘ 도달 및 빈도 ⓘ		
인지도	관심 유도	전환
브랜드 인지도	트래픽	전환
도달	참여	카탈로그 판매
	앱 설치	매장 방문
	동영상 조회	
	잠재 고객 확보	
	메시지	

인지도 광고는 도달과 노출을 극대화시키는 데 일차적인 목적이 있다. 클릭을 하느냐, 전환을 하느냐는 나중 문제다. 당장 최대한 많은 도달과 노출을 일으켜서 브랜드 인지도를 높이는 데 집중한다. 마찬가지로 트래픽 광고나 게시물 참여 광고를 캠페인 목표로 삼으면 클릭하고 방문한 사람들이 전환을 얼마나 할지는 부차적으로 취급한다. 클릭 행동을 자주 빈번하게 하는 성별이나 연령층, 매체(노출 위치)에 집중적으로 광고를 노출한다. 그리하여 광고주가 요구한 결과, 즉 클릭률이나 게시물에 대한 참여 반응 행동을 많이 하는 쪽으로 동작한다.

논리대로라면 전환을 높이고자 할 때는 '구매 전환'을 캠페인 목표로 잡는 것이 가장 좋은 성과를 내야 마땅하다. 주위의 경험담을 들어 보면 실제로도 그러한 경향이 확인되는 것은 분명하다. 그런데 간과하지 말아야 할 것은 광고의 성과는 단지 타겟 설정에 의해서만 결정되는 게 아니란 점이다. 모든 광고의 성과는 타겟 설정뿐만 아니라 광고 소재의 흡인력, 노출 대상 타겟의 규모, 노출 빈도, 다른 광고주와의 경쟁 정도, 특히 노출된 타겟이 광고를 접한 시점에 얼마나 전환 의지를 갖고 있느냐에 따라 그 효율이 크게 좌우된다.

설령 캠페인 목표를 전환이 아닌 '트래픽'으로 설정했다 하더라도 광고 문구나 이미지, 동영상이 강한 클릭 유발력을 갖고 있고, 랜딩 페이지가 구매 유인력을 갖도록 잘 만들어져 있다면 굳이 '전환' 목표를 잡지 않고 '트래픽' 광고로 클릭만 유발해도 기대 이상의 매출이 일어날 가능성은 얼마든지 있다.

어떤 광고에도 절대 법칙이나 무조건이란 있을 수 없다. 맞춤 타겟의 효율 또한 소스로 사용한 원래의 맞춤 타겟보다 유사 타겟을 사용한 광고의 성과가 더 좋게 나오기도 한다. 또 같은 소스로 만든 유사 타겟이라고 해도 원래 소스 맞춤 타겟과의 유사성이 더 높은 0~1% 구간 유사 타겟보다 1~2% 구간 혹은 2~5% 구간 유사 타겟의 효율이 더 좋게 나오는 경우도 없지 않다.

판매를 일으키는 게 최우선 목표인 쇼핑몰 운영자 입장에서 광고 예산 집행의 효과를 극대화하자면 궁극적으로는 '전환' 광고의 효율을 높이고 극대화하는 실력을 기르는 것이 최선이다. 다만 전환 광고를 진행하려면 방문자들이 어떤 행동을 할 때 '전환'이라 할 것인지 미리 정의하고 행동을 추적할 수 있어야 한다. 이러한 추적은 웹 브라우저나 앱의 행동을 추적하는 픽셀에 의존하기 때문에 픽셀 코드가 정상 동작하지 않으면 전환 캠페인 광고를 진행할 수 없다는 점을 특히 유의해야 한다.

어떤 방문자가 특정한 상품을 구경하고 나갔을 경우 조회한 상품의 정보를 자동으로 파악하여 그 사람에게 바로 그 상품으로 광고를 구성하여 노출하는 다이내믹(카탈로그 판매) 광고도 전환 광고의 일종이다. 또 오프라인 매장으로 찾아오게 만드는 '매장 방문' 광고 또한 '전환' 광고의 범주에 포함된다.

매장 방문 광고는 오프라인 프랜차이즈 업체와 같이 여러 지역에 걸쳐 지점이나 지사가 흩어져 있거나 매장에 방문할 가능성이 일정 거리 이내 거주자나 유동인구로 제한되는 경우 미리 전체 지사나 지점의 위치 정보를 일괄적으로 등록시켜놓고 각 매장으로부터 거리 반경과 같은 조건을 부여하여 동시에 광고를 내보내고 싶을 때 이용할 수 있는 광고이다.

카탈로그 판매 광고에 대해서는 뒤에서 더 상세히 다루도록 하고, 여기에서는 전환 광고를 어떤 절차에 의해 만들고, 전환 광고를 집행할 때 유의할 사항은 무엇인지 좀 더 깊이 살펴보자.

3 | 전환 목표는 어떻게 설정하고 픽셀은 어떻게 설치하나

페이스북에서 전환 광고를 집행하는 목적은 보통 다음과 같다.

- 매출 늘리기 : 구매 완료
- 행동 유도 : 사이트 방문, 장바구니 담기, 기타 행동(검색, 회원 가입, 신청양식 접수 등)
- 트래픽 늘리기 : 특정 랜딩 페이지 또는 웹사이트 방문 유도

전환 추적의 대상에는 웹사이트 행동뿐만 아니라 앱 활동 또는 메신저 반응 또한 포함된다. 메신저를 대상으로 지정해 전환 광고를 집행할 경우 해당 광고에 노출된 사람과 비즈니스(페이지)간에 메시지 대화를 나눌 수 있도록 연결한다. 메시지 대상 전환 광고는 메시지를 열어보고 반응할 가능성이 높은 사람들 위주로 노출된다.

웹사이트(쇼핑몰)인 경우 픽셀을 설치하면 전자상거래 사이트에서 추적할 수 있는 기본적인 전환 옵션들이 전환 이벤트 선택 목록에 나타난다. 녹색 버튼이 나타나는 이벤트는 전환 추적이 가능하므로 광고 또한 가능하지만 빨간색으로 표시되는 이벤트는 픽셀이 정상적으로 추적하지 못하는 상태로서 '전환'을 캠페인 목표로 선택할 수 없다.

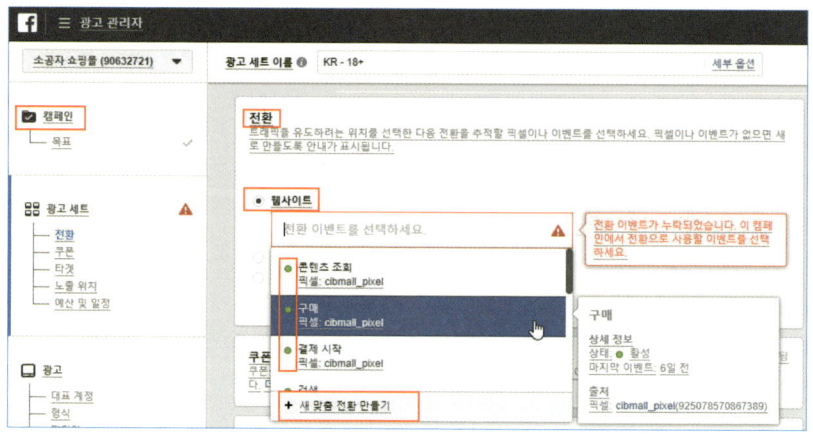

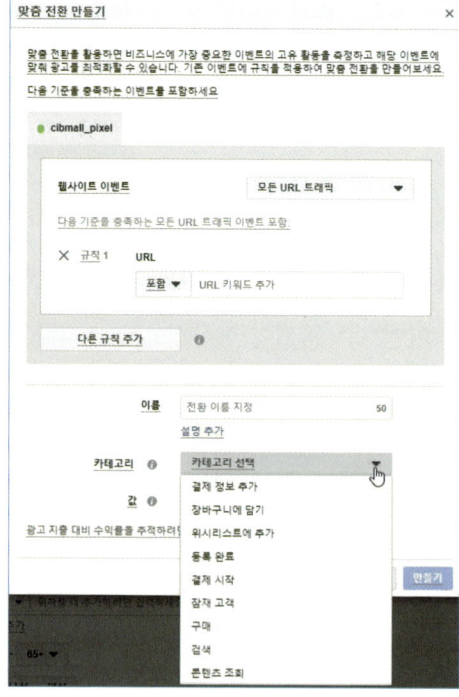

만약 이미 설치되어 있는
표준 이벤트 행동 이외에 특
정한 랜딩 페이지를 별도로
제작하여 오픈하고, 해당 웹
페이지 URL 조회 행동을 전
환 목표로 삼아서 광고하고
그 성과를 추적하고 싶다면,
전환 이벤트 선택 창 하단에
있는 「+ 새 맞춤 전환 만들
기」 링크를 클릭하여 해당하
는 전환 조건(특정 웹페이지
URL 또는 키워드 등)을 설정
해서 「맞춤 전환」 목표를 새
로 만들 수 있다.

페이스북 전환 광고를 집행하려면 웹사이트 내에 페이스북 픽셀이 미리 설치되어 있어야만 가능하다. 쇼핑몰 종류에 따라 픽셀을 설치하는 방법에 대해서는 챕터1에서 상세히 설명하였으니 1-4의 3 설명을 참고하라. 만일 챕터 1에서 예시로 설명한 유형의 쇼핑몰에 속하지 않거나 더 자세한 설명이 필요한 경우라면 아래 페이스북 도움말을 살펴보시길 권한다.

🔵 https://www.facebook.com/business/help/952192354843755

• • •

4 | 전환 '최적화 기준'은 무엇이고, 어떻게 설정해야 하나

페이스북 광고를 집행할 때는 타겟 설정 단계에서 노출 위치와 함께 예산 및 일정을 필요에 따라 선택하거나 조정할 수 있다. 또 그 아래쪽에서 「광고 게재 최적화 기준」을 선택하는 항목이 나타난다. 특히 광고에 노출된 사람들이 특정한 행동을 할 것을 기대하는 전환 광고의 성과는 '최적화 옵션'과 밀접한 상관 관계를 가진다. 따라서 이에 대한 내용을 미리 공부하고 익혀둘 필요가 있다.

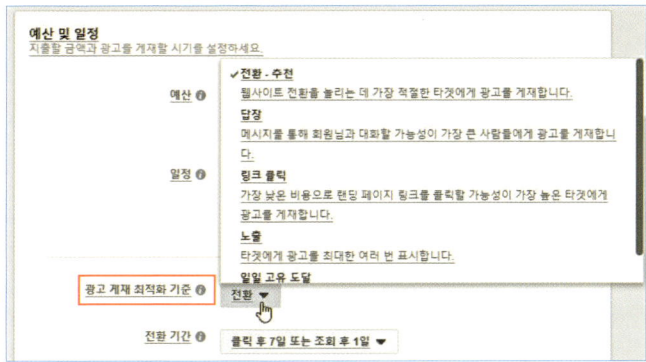

쇼핑몰 사이트의 전환 이벤트는 일반적으로 「구매」가 기본 옵션으로 선택된다. 이때 '광고 게재 최적화 기준'은 「전환」이 기본 옵션이다. 만약 전환 대상을 웹사이트가 아닌 '메시지'로 설정한 경우라면 최적화 기준을 '답장'으로 선택할 수 있다. 우리 쇼핑몰에서 취급하는 상품의 가격대가 높거나 사전 상담이나 비교 판단이 필요한 고관여도 상품이라면 '전환'을 최적화 기준으로 삼는 게 오히려 더 비효율적인 결과를 낳을 수 있다. 따라서 랜딩 페이지에서 직접 구매 전환이 일어나기 어렵거나 판매자와의 사전 질의 응답이 꼭 필요한 경우라면 「전환」 대신 「답장」 옵션을 최적화 기준으로 삼아서 대화할 가능성이 높은 사람들 위주로 메시지 광고를 노출하는 것도 괜찮은 방안이다.

Tip 트래픽 광고에서 '광고 게재 최적화 기준'은 무엇이 좋을까?

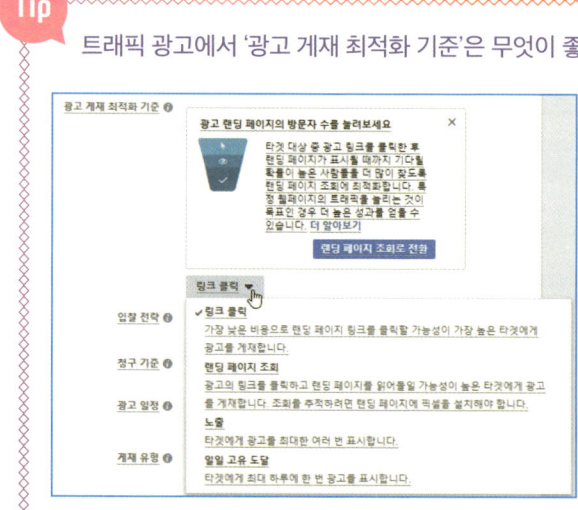

'트래픽 광고'를 통해 더 많은 클릭 방문을 유인하고자 하는 경우 보통은 '링크 클릭'이 디폴트 옵션으로 주어진다. 하지만 클릭 후 랜딩 페이지 내용을 읽어 본 사람들이 참여에 적극적일 가능성이 높으므로 이 경우 [랜딩 페이지 조회]로 최적화 옵션을 바꿀 것을 권장한다.

페이스북이 「광고 게재 최적화 기준」을 강조하고 여러 가지 선택 옵션을 새로 개발하여 제공하는 이유는 무엇일까? 그것은 페이스북 광고 시스템이 '머신 러닝' 학습을 통해 광고주가 캠페인 목표만 설정하면 해당 목표에 근접한 행동을 할 가능성이 높은 대상자를 자동으로 추려내어 그들을 주요 타겟으로 삼아 광고를 노출해 줄 수 있다는 걸 의미한다. 머신 러닝을 통해 최적화를 이루려면 타겟 대상자들의 반응 패턴을 분석하는 데 일정한 규모의 초기 학습량(반응 케이스)이 필요하다. 어떤 전환 유형인가에 따라서 적게는 50회부터 많게는 1만회 이상에 이르기까지 성과 최적화에 필요한 기본 클릭 수(또는 전환 이벤트 수)가 요구된다.

픽셀 이벤트의 발생 수량 규모에 따라 어떤 경우에 어떻게 대응하면 최적화에 더 바람직할 것인지에 대해서는 아래 페이스북의 도움말을 참고하기 바란다.

1) 발생하는 픽셀 이벤트가 매월 500회 미만인 경우(입문 가이드)
🔗 https://www.facebook.com/business/help/1652152451509276

픽셀을 설치했고 웹사이트 매출을 증대시키길 원하지만, 픽셀 이벤트(방문자 유입 횟수)가 매월 500건 미만 수준이라면 온라인 기본 고객층을 확보하고 기본 데이터(수량)를 확보하는 데 주력해야 한다. 이 경우 매출을 증대시키려면 먼저 웹사이트로 사람들이 들어오도록 유인하는 작업이 우선되어야 한다. 따라서 「트래픽」 목표를 설정하고 「랜딩 페이지 조회 최적화」 옵션으로 광고를 집중 게재하여 초기 방문자층(잠재고객층)을 구축하는 작업이 필요하다. 이 수준에서 광고를 운용할 때 필요한 가이드다.

2) 발생하는 픽셀 이벤트가 매월 500~10,000회 수준(중급자용 가이드)

🔵 https://www.facebook.com/business/help/446517335749801

픽셀을 설치했고 웹사이트 매출을 증대하고자 원하며, 매월 픽셀 이벤트가 500~10,000건 정도 발생하는 수준이라면, 이 경우는 다양한 테스트를 통해 '가장 적합한 전환 최적화 옵션을 파악'하고 이를 통해 캠페인 '규모'를 확장하는 것이 좋다.

「광고 세트」를 만드는 단계에서 최적화 이벤트를 선택할 수 있는데 이 선택을 통해 광고 게재 시스템에 어떤 결과를 기대하는지를 알려줄 수 있다. 예를 들어, 어떤 광고주는 '링크 클릭'에 최적화하고자 하는 반면, 다른 광고주는 '동영상 조회'에 최적화하길 원할 수 있다. 픽셀을 설치하면 웹사이트에 대한 링크 클릭뿐만 아니라 웹사이트 안에서 취한 여러 행동에 맞춰서 최적화하도록 게재 시스템을 설정할 수 있다. 사용 가능한 이벤트의 유형들이 무엇인지 숙지하고 최적화에 사용할 전환 유형('표준 이벤트' 픽셀로 추적할지 아니면 '맞춤 전환'으로 새로 정의를 할지)을 선택하는 게 필요하다. 전환 유형 외에 「전환 기간」 및 「기여 기간」의 개념을 이해하고 전환 기간(예 : 노출/조회 후 1일 이내 또는 클릭 후 7일 이내)에 부합하는 기여 기간을 선택한다.

이때 마케팅(캠페인) 목표로 「전환」 광고를 선택했다고 해서 광고 게재 최적화 기준이 무조건 '전환'으로 설정되는 것은 아니다. 「광고 세트」 만들기 단계에서 위쪽 「전환」 섹션의 옵션(예: 구매, 장바구니 담기, 등록 완료 등)을 먼저 선택해주고, 아래쪽 「광고 게재 최적화 조건」 섹션에서 「전환」 옵션을 선택해주어야 비로소 '전환'에 최적화된 광고가 집행된다는 점을 잊지 마라!

몇 건 정도의 전환(이벤트)이 발생해야 최적화 요건이 충족될까?

'페이지 조회'나 '링크 클릭'보다 드물게 발생하는 결과(예: '구매 전환')를 전환 목표로 삼아서 최적화하려면 전환 기간 내에 최적화 기준으로 설정한 픽셀 이벤트를 '주당 50회' 정도는 광고 자체의 결과로 얻는 것이 좋다. 전환 이벤트가 광고 외에 다른 경로를 통해 발생하거나 전환 기간을 벗어나서 발생하는 경우 50회에 포함되지 않는다. 예를 들어 클릭 후 전환 기간이 7일인데 누군가가 광고를 클릭하고 8일 후에 구매를 완료하면 이 구매는 50회 전환 안에 포함되지 않는다.

따라서 정확한 전환 옵션을 선택하려면 [View Analytics] 화면을 통해 [픽셀 이벤트]별 발생 횟수를 확인한 후에 [광고 세트]를 설정하는 것이 바람직하다. 광고를 하지 않고도 '매월 100회 이상' 발생하는 전환 이벤트를 찾아서 그 전환에 최적화하는 것이 바람직하다. 광고 없이 이 정도의 전환 수를 달성하지 못하면, 광고 세트를 통해서도 전환할 타겟을 충분히 찾지 못할 가능성이 높다. 특정한 픽셀 이벤트가 충분히 발생하지 않을 경우 먼저 웹사이트 방문 트래픽을 더 높이고 잠재고객 기반을 구축하는 데 더 많은 노력을 투자할 필요가 있다.

3) 픽셀 이벤트가 매월 10,000회 이상 발생할 때(고급 가이드)

🔵 https://www.facebook.com/business/help/1954700488185307

픽셀을 설치했고 웹사이트 매출을 증대하고자 하며, 픽셀 이벤트가 매월 10,000회 이상 발생하고, 성공적인 전환 최적화 전략을 이미 수립한 상태에서 예산을 추가로 투입하여 전환 최적화 캠페인의 규모를 확장하기를 원할 때 참고하면 좋은 지침이다. '광고 예산'을 늘리고 이를 광고 전략의 주축으로 삼아 '캠페인의 효율 및 효과를 극대화'하는 방법을 찾는 경우에 적극 참고하라.

여기서 특히 유의할 점은 타겟이나 예산을 다르게 하고 싶은 경우가 아니면 광고 타겟을 지나치게 세분하여 쪼개지 말라는 것이다. 페이스북 광고 시스템이 전환 최적화를 하려면 '광고 세트당 매주 50회 이상'의 전환 이벤트가 발생해야 한다. 그런데 광고 세트를 여러 개로 나눌 경우 개별 세트당 전환 횟수가 분산되어 50개 이상의 유의미한 전환이 발생하는 광고 세트가 없을 경우 합계 전환 수는 같더라도 어느 세트도 최적화 요건을 충족시키지 못해 예산만 분산돼 소진되어 버리고 정작 최적화 결과는 얻지 못하는 사태가 발생할 수 있기 때문이다.

광고 예산을 추가 투입하려 할 경우 부족한 타겟을 확보하는 방법으로 가장 바람직하고 많이 쓰이는 방법은 '유사 타겟'을 이용하는 방법이다. 유사 타겟을 활용할 때 특히 유의할 점은 다음과 같다.

- 첫째, 지나치게 광범위한 맞춤 타겟을 유사 타겟을 만드는 소스 용도로 사용하지 마라. 타겟의 범위가 넓어질수록 우수 고객과 일반 고객의 변별력이 약해져서 타겟의 실효성이 떨어지기 때문이다.

- 둘째, 소스 타겟의 가치는 소스의 크기보다 가치(차별적 특성)가 더 중요하다. 일반적으로 유사 타겟을 만드는 소스의 크기는 1천 명에서 5만 명 사이의 맞춤 타겟이 이상적이다. 소스의 차별성이 명확하다면 몇만 명의 타겟보다 100명의 타겟이 더 성공적인 결과를 낼 수도 있다.

- 셋째, 비슷한 소스 타겟을 여러 개 만들지 말고, 가치가 높은 소스 타겟 하나로 유사 타겟 규모를 확장하여 여러 개를 만들어라.

- 넷째, 유사 타겟과 추가 타게팅 옵션을 함께 사용하지 마라! 소스 타겟을 통해 만들어진 유사 타겟은 그 자체에 이미 연령, 성별, 관심사와 같은 특성 정보를 포함하고 있다. 때문에 유사 타겟에 추가 타게팅을 병행하여 사용하면 타게팅 대상이 오히려 더 혼란스러워질 위험성이 있다. 극단적인 예를 들어 유사 타겟은 '30대 여성'이 주축으로 만들어져 있는데 만약 다른 추가 타게팅 조건에서 '40대 남성'에게만 노출하라고 설정한다면 어떤 결과가 나오겠는가!

광고 세트 설정시 관심사 '타게팅 확장' 기능을 사용하려면

타겟을 확대해서 더 나은 결과를 얻을 것으로 예상되는 경우 '타게팅 확장 기능'을 이용하여 타겟 대상을 확대할 수 있다.

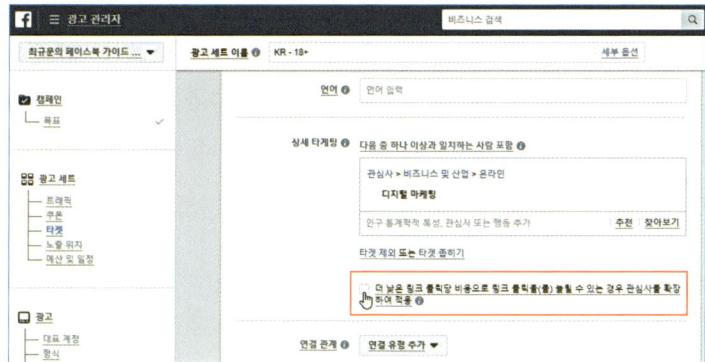

타게팅 확장은 관심사 기반 타게팅 조건을 자동으로 조정하여 비용이 적게 들거나 더 많은 결과를 얻을 수 있도록 더 많은 사람에게 도달할 수 있게 타겟 대상의 규모를 넓혀주는 설정 옵션이다. 전환, 앱 설치, 잠재고객 확보, 게시물 참여 또는 트래픽 캠페인 목표의 광고를 실시할 때 [광고 세트]에서 찾아볼 수 있다.

- 전환 또는 앱 설치 캠페인 : 타게팅 확장에서 기본적으로 선택되며 확인란을 선택 취소하여 제외할 수 있다.
- 잠재고객 확보, 트래픽 또는 게시물 참여 캠페인 : 기본적으로 제외되며 확인란을 선택하여 포함시킬 수 있다.

타게팅 확장 기능의 사용법에 대해 더 자세한 사항은 아래 도움말을 참고하라.

🔵 https://www.facebook.com/business/help/128066880933676

5 │ 전환 성과는 어떻게 추적하고, 캠페인 성과 분석은 어떻게 하나

전환 광고를 할 때 마지막으로 남는 과제는 실제로 그 광고로부터 어느 정도의 성과가 나오는지 어떻게 추적하고 확인할 것인가이다. 많은 광고주들이 페이스북 광고를 집행하지만 정작 성과 분석을 제대로 하지 않거나 못하는 경우가 의외로 많다. 기껏해야 페이스북이 자체 제공하는 광고 관리자 보고서의 캠페인별 기본 지표를 확인하는 수준에서 그치는 경우가 대부분일 것이다.

페이스북 「광고 관리자」 보고서를 읽는 방법 중에서 알아두면 좋은 필수팁을 몇 가지만 제시해둔다.

01 비교 탭 스위치를 켜서 구간별 성과 비교해 보기

우측 상단 기간 설정 옵션에서 [비교] 탭 스위치를 켜고, 날짜 구간을 설정한 뒤 [업데이트] 버튼을 눌러 적용하면 설정한 기간 대비 그 전 기간에 대한 전후 데이터를 비교할 수 있다.

02 필터 옵션을 이용해 필요한 광고 캠페인만 걸러보기

[필터] 옵션을 이용해 [광고 게재] 항목의 [활성] 탭을 선택하면 설정된 기간 안에 활성화된 광고 캠페인 결과만 필터링해서 활성화된(현재 집행 중인) 캠페인의 결과 수치나 합계 금액 또는 평균 데이터를 쉽게 구분해서 볼 수 있다.

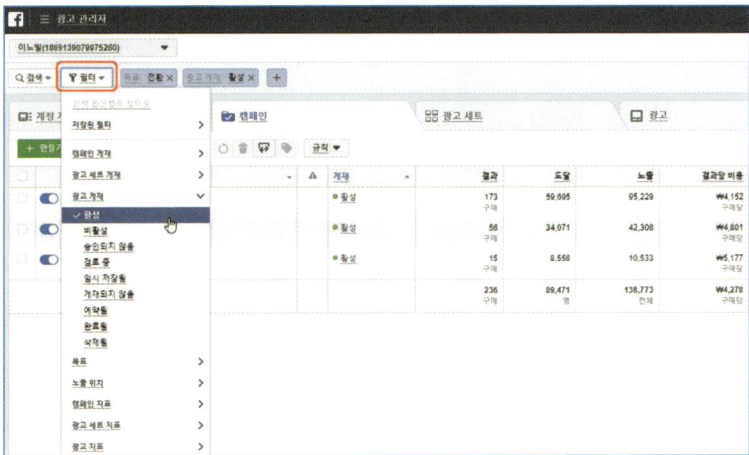

03 기본 보고서 필드에 나타나지 않은 지표를 추가하여 저장하기

보고 싶은 성과지표 열을 추가하고 이름을 정해 [저장]해두면 다음에 다시 들어왔을 때 [열: 보기] 선택 옵션에서 해당 지표 이름을 호출하여 추가 지표 값들을 바로 확인할 수 있다.

다음 그림의 순서 표시를 참고해서 직접 설정해보라. 결과 비율, 빈도, CPC(링크 클릭), CTR(링크 클릭), CPM 값 등은 기본으로 추가해두면 좋다. 전자상거래 쇼핑몰의 경우 링크 클릭률이나 웹사이트 구매 전환값, ROAS값 등을 추가하여 살펴보면 다른 채널이나 매체의 광고비와 견주어 페이스북 광고의 성과를 비교해보기 쉽다.

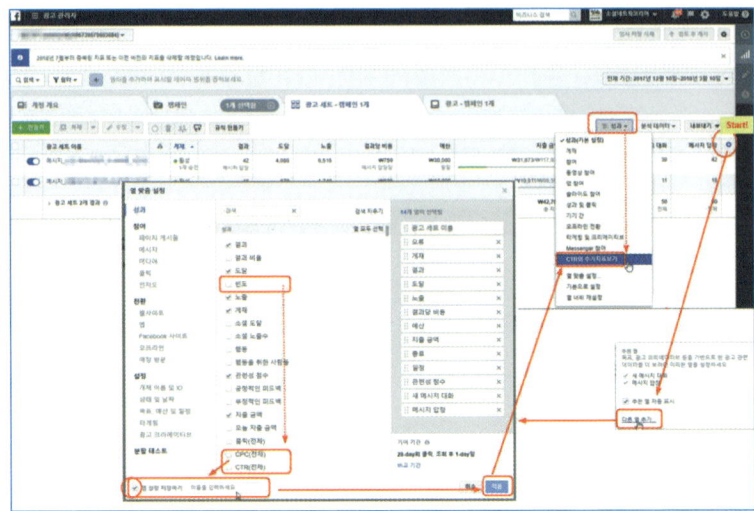

맨 뒤쪽 열에 있는 파란색 (+) 버튼을 이용해서 [다른 열 추가] 링크를 클릭하여 위의 요소들을 추가 체크해준 뒤, 아래 줄에 있는 [열 설정 저장하기] 앞의 네모 박스에 체크를 하면 [이름을 입력하세요]라는 입력 창이 나타난다. 임의로 [이름]을 설정(입력)해주고 [적용] 버튼을 누르면 다음부터는 일일이 지표를 다시 추가하지 않아도 성과 옵션 목록 중 새로 만들어 저장한 항목을 선택하여 추가 지표들을 볼 수 있다.

페이스북 광고 성과를 구글 애널리틱스로 추적하고 분석하려면

페이스북 광고 추적시, 구글 캠페인 URL 매개변수를 이용하여 페이스북 광고별 광고 성과를 더 정밀하게 분석할 수 있다. 유입수 및 비율부터 전환수와 전환율까지 상세 추적이 가능하기 때문에 페이스북 [광고] 만들기 단계의 맨 끝에 있는 [추적] 옵션의 URL 매개변수 항목을 꼭 설정하여 광고를 집행하는 것이 바람직하다. 각각의 매개변수 샘플과 삽입 위치는 아래 예시한 그림을 참고하라.

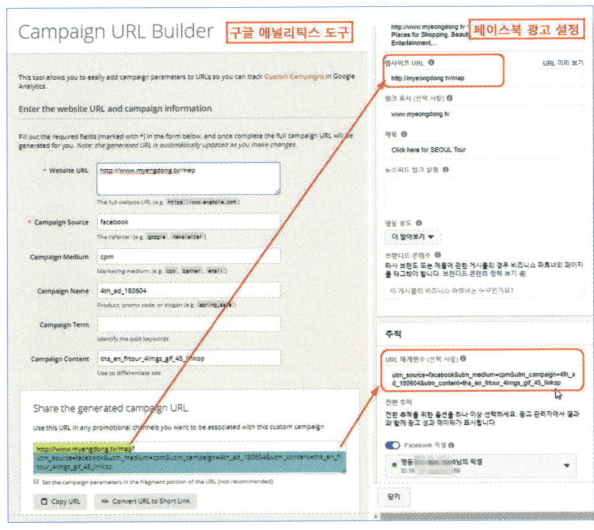

- 어떤 매개변수를 써야 하는지에 대해서는 아래 블로그 글을 참고하시길 권한다. (운영자: 아이보스 김종진)

    ⊙ http://analyticsmarketing.co.kr/digital-analytics/google-analytics-basics/2430

- 구글에서 제공하는 캠페인 추적 매개변수 생성 도구를 사용하려면 아래 링크를 이용하라.

    * UTM 추적 매개변수를 생성해주는 구글 '캠페인 URL 빌더'

    ⊙ https://ga-dev-tools.appspot.com/campaign-url-builder/

- 구글 UTM_ 캠페인 코드를 이용해 추적한 광고의 성과는 구글 애널리틱스 [획득] → [캠페인] → [모든 캠페인] 보고서 항목에서 확인할 수 있다.

페이스북 다이내믹 광고와
카탈로그 활용법

1 | 페이스북 다이내믹 광고란 무엇인가

FDA라고 들어 보았는가? 미국 식품의약국청의 약칭이 아니라 '페이스북 다이내믹 광고(Facebook Dynamic Ads)'를 말함이다. 관련 키워드로 검색을 해보면 이미 2015년 2월에 크리테오가 페이스북 '다이내믹 프로덕트 애드(DPA)'의 파트너로 선정되어 새로운 광고 기술을 선보인다는 기사가 눈에 뜨인다. (참고 기사: https://goo.gl/H1dLK4)

페이스북 다이내믹 광고를 위해 미리 준비해야 하는 「카탈로그」 등록 화면에 가보면 제품 이외에 여행, 부동산, 자동차 등의 선택 옵션이 추가되어 있다. 페이스북 광고에서 취급할 수 있는 아이템이 쇼핑몰에서 취급할 수 있는 상품의 범위를 넘어선 데 따라 이를 반영하기 위해 Product라는 용어를 뺀 것으로 짐작된다. 사연이야 어찌 되었든, 왜 여태까지 있는 듯 없는 듯싶었던 이 다이내믹 광고가 최근에 와서 다시 주목받는 것일까? 우선 페이스북 다이내믹 광고가 무엇이고 어떻게 집행할 수 있는지부터 알아보자.

페이스북은 '페이스북 다이내믹 광고'에 대해 이렇게 스스로 정의한다.

◯ https://www.facebook.com/business/help/1598907360340114

다이내믹 광고

다이내믹 광고는 Facebook, Instagram, Messenger, Audience Network의 다른 광고와 비슷해 보이기도 합니다. 그러나 다이내믹 광고는 각 제품별로 일일이 광고를 만드는 대신, 데이터 피드에 있는 제품 이미지와 상세 정보가 포함된 광고 템플릿을 통해 자동으로 게재된다는 큰 차이점이 있습니다. 다이내믹 광고는 사이트에서 중요한 행동을 취하여 비즈니스에 관심을 보인 사람들에게 Facebook 픽셀이나 SDK를 통해 광고를 노출합니다.

설명만 보면, 일반적인 이미지 광고나 슬라이드 광고와 큰 차이가 없어 보인다. 다른 점은 각 제품별로 일일이 광고를 만드는 것이 아니라 제품 피드(상품 정보 파일)에서 제공하는 이미지(URL Link)와 상세 정보를 매칭시켜, 주어진 '동적 광고 템플릿'에 따라 광고를 자동으로 생성하여 게시한다는 점이다.

누군가 우리 웹사이트(쇼핑몰)에 방문해서 특정한 상품에 관심을 갖고 눈독을 들인 흔적이 발견되면 그 제품 정보를 이용해서 자동으로 광고를 만든 다음, 그 방문자가 우리 사이트를 떠나 다른 웹사이트 혹은 다른 모바일 앱으로 이동하더라도 방문해서 보았던 상품과 관련된 광고를 뿌리는 '물귀신 광고'를 일러 「페이스북 다이내믹 광고」라 부른다.

2 | 다이내믹 광고는 왜 개발되었나

다이내믹 광고의 원조는 구글의 '동적 리마케팅 광고'라 할 수 있다. 이런 광고가 태어난 이유나 목적은 뭘까? 그건 바로 디스플레이 광고의 낮은 클릭률(CTR)과 낮은 전환율 때문이라 보면 틀리지 않을 것이다.

온라인 광고는 노출 방식에 따라 크게 두 가지 종류로 구별한다. 디스플레이 광고와 검색 광고다. 디스플레이 광고(DA)란 Display Ads의 약칭으로 이미지 배너나 링크 텍스트 등을 포함해서 누군가가 의식적으로 찾지 않았지만 홈페이지나 매체들 곳곳에 '눈에 뜨이도록' 만들어서 관심이나 호기심이 느껴지는 사람으로 하여금 클릭을 하도록 유인할 목적으로 펼쳐놓은(디스플레이해 놓은) 광고를 말한다.

온라인 웹사이트의 각종 배너 이미지를 비롯해서 지하철 스크린도어나 차량 내부 포스터, 빌딩 옥상의 전광판, TV나 신문에 실린 이미지나 동영상 광고도 크게 보면 모두 디스플레이 광고에 속하는 것들이다.

반면 검색 광고(SA)란 'Search Ads'의 약칭으로, 구글이나 네이버와 같은 '검색' 서비스에서 특정한 단어나 키워드로 검색을 한 결과 펼쳐지는 '검색 결과' 화면에 해당 키워드와 연관된 랜딩 페이지로 연결되는 링크를 가진 텍스트 구문이나 브랜드 이미지 등을 뿌려주는 광고를 의미한다. 말 그대로 특정한 키워드 검색 행동에 대해 그 결과 화면을 이용한다는 점에서 '검색 광고' 혹은 '키워드 광고'라고 부른다.

DA와 SA의 가장 큰 차이는 무엇일까? 그건 바로 광고에 반응하는 사람들의 마음가짐(준비 수준)과 행동(의도)의 차이다. 사람들이 검색을 하는 이유는 뭔가 특정 상품이나 서비스를 소비(구매, 상세정보 획득)할 목적과 의도를 가지고 능동적으로 찾기 위해서이다. 따라서 그 검색 행동의 결과로 나타나는 특정한 상품이나 서비스에 대해서는 '조건만 맞으면' 언제든지 구매 행동으로 표출(전환)하기가 쉽다.

반면 DA의 경우, TV광고나 인터넷 포털의 배너 광고에 노출되는 경우를 생각하면 짐작할 수 있듯이 굳이 소비하겠다는 의지를 맘 속에 갖고 있지 않은 상태에서 우연히 눈에 뜨이게 되는 광고들인 만큼, 직접적인 전환 행동으로 이어지기가 쉽지 않다. 실제로 검색 광고를 통해 클릭한 이들의 전환율은 디스플레이 광고로 클릭한 이들에 비해서 최소한 4~5배, 보통은 10배 이상 높게 나타난다.

그렇지만 소비자가 최종 전환을 일으킬 때까지 단지 검색 광고 한 가지만의 효과에 의해 직접 전환하는 경우는 많지 않다. 때문에 최종적으로 전환한 행동이 꼭 '유료 검색 광고 혼자만'의 노력과 기여로 인한 것이냐 라고 물으면 그렇다고 말하기가 쉽지 않다.

Tip

광고 성과 기여 모델은 무엇이고 어떻게 성과를 배분할까

특정한 전환 행동을 한 사람이 어떤 구매 여정을 거치느냐에 따라 각각의 노출 매체나 채널에 얼마만큼씩 기여도를 인정해야 하는가에 대해서는 다양한 견해와 주장이 지금도 엇갈리며 여러 가지 해석 모델이 개발되고 있다. 최근 구글은 여러 가지 기여 모델에 따른 결과를 선택 옵션에 따라 다르게 보여주기도 한다. 다양한 기여 모델에 대해서는 아래 관련 기사를 참고하여 따로 공부해 보시기 바란다.

🔵 기여 모델, 성과를 어떻게 배분할 것인가?

http://analyticsmarketing.co.kr/digital-analytics/google-analytics/1680/

바로 여기에서 광고주의 고민이 시작된다. 한 번이라도 내 상품을 보고 간 사람들이라면, 광고를 클릭한 그 시점에는 비록 구매를 하지 않았더라도 그 상품(광고)에 눈길조차 주지 않았던 사람보다는 관심이 많았다는 뜻으로 볼 수 있다. 따라서 이런 사람들만 따로 묶어서 해당 상품 광고를 다시 보여주거나 혹은 할인 쿠폰을 주어서 재방문을 유인하면 두 번째나 세 번째 방문 때는 그 물건을 구입할 확률이 더 높아지지 않을까 기대하게 된다.

그런 전략을 실전 광고에서 구현하기 위해 등장한 것이 바로 동적(Dynamic) 광고이다. 어떤 방문자가 우리 쇼핑몰에 와서 관심 있게 구경하고 간 상품이 무엇인지 조회된 상품의 ID 정보를 추적하여 확인하고, 해당 상품과 연관된 정보(상품명, 상품 이미지, 판매가격 등)를 매칭시킨 광고를 자동으로 만들어, 그 상품을 구경하고 갔던 사람에게만 그 광고를 반복 노출하는 자동 추적 광고가 바로 「다이내믹 광고」다.

페이스북 다이내믹 광고가 구글 동적 리마케팅 광고와 다른 장점이 몇 가지 있는데, 가장 큰 차이는 바로 타겟의 '적확성'이다.

페이스북은 대개의 경우 24시간 로그인한 환경에서 제공된다! 때문에 그 사람이 PC를 사용하다가 스마트폰이나 태블릿으로 디바이스를 바꾸어도 로그인 정보를 통해 이용자의 행동 정보를 끊김 없이('데이터 유실' 없이) 추적하는 게 가능하다. 아울러 페이스북 프로필 정보와 소셜 플러그인을 기반으로 수집되는 각 개인의 행동과 관심사 정보를 연결지어 파악할 수 있다. 나아가 광고에 대한 각 개인들의 반응 및 소비 행동 패턴을 추적 분석할 수 있다. 인공지능과 빅데이터 기술을 이용하면 각 사용자들의 '개인별 행동 패턴과 관심사에 따라 1:1 맞춤형 광고'를 만들어 뿌려줄 수 있다고 페이스북이 주장하는 이유도 이때문이다.

이러한 장점은, 페이스북 다이내믹 광고의 노출 대상을 굳이 우리 사이트(쇼핑몰)에 방문하여 특정한 상품을 본 사람들이 아닐지라도, 예를 들면 동종 업계 경쟁 업체의 사이트에 들어가 특정 카테고리 상품에 관심을 보인 사람들에 대해서도 우리 사이트의 유사 상품을 보여줄 수 있다는 것을 의미한다. 실제로 페이스북에서 다이내믹 광고를 집행하려고 하면 선택 대상 타겟에 두 가지 종류를 제시한다. 하나는 '웹사이트 방문자'를 대상으로 하는 '픽셀 타겟'이고, 다른 하나는 상세 타게팅 조건으로 광역 대상을 설정하는 '브로더 타겟(Broader Target)'이다. 우리 사이트에 방문자 수가 많지 않아 추적 픽셀로 만들 수 있는 광고 타겟 대상자 수가 적을 경우 후자를 선택할 수 있다는 게 페이스북 다이내믹 광고의 큰 장점이다.

3 | 페이스북 광고와 네이버 광고는 무엇이 다른가

네이버 광고(정확히는 네이버 검색 광고)의 전환 효율이 떨어진다면서 페이스북 광고로 예산을 돌리려는 분들이 꾸준히 늘고 있다. 그렇지만 남들이 한다니까 우리도 하자는 태도는 매우 위험하고, 광고 예산을 또다시 낭비하는 무모한 시행착오를 겪을 수 있다는 점을 미리 경고해두고 싶다.

네이버는 검색 광고만 집행하는 곳이 아니다. 오히려 우리는 네이버에서 수많은 디스플레이 광고에 쉴 새 없이 노출된다. 가장 흔한 예로, 네이버 검색을 위해 접속하면 네이버 「초기 화면」에서 보게 되는 길쭉한 가로 배너 영역을 볼 수 있다. 「타임 보드」라 부르는데, 이 타임 보드에 실리는 배너 광고의 클릭률은 공식 통계는 없지만 경험담에 따르면 대략

0.1% 미만 수준이라고 한다. (타임 보드의 게재 광고비는 시간당 최저 150만 원에서 3100만원까지 크게 차이난다). 그에 비해 페이스북 광고의 글로벌 평균 클릭률은 2018년 2분기 조사 자료 기준으로 1.6%에 근접하고 있다.

네이버 초기 화면의 대표 배너 광고 대비 무려 20배 가까운 차이가 나는 셈이다. 그러면 이 데이터를 근거로 페이스북 광고의 '효과'가 네이버 광고보다 그만큼 높다고 말할 수 있을까? 답은 "아니올시다!" 이다!

그건 디스플레이 광고끼리 단순 비교를 했을 때의 이야기일 뿐, 우리가 네이버 광고의 CPC(Cost per Click) 금액을 이야기할 때는 일반적으로 '검색 광고' 결과 '링크 클릭당 비용'을 의미한다. 네이버(검색) 광고와 페이스북(디스플레이) 광고 간의 성과 차이를 비교하려면, 단순한 클릭률 차이만이 아니라 클릭한 사람의 소비 의지와 적극성 차이에 따른 '전환 행동 가능성'을 함께 비교해서 살펴봐야 한다.

페이스북 광고를 통해 '직접 전환'(보통 처음 클릭한 뒤 24시간 이내 전환)까지 이르는 경우를 찾아보기란 무척 어렵다. 개인적인 경험으로 볼 때 페이스북 클릭 광고(트래픽 광고)의 직접 전환율은 0.1%에도 못 미치는 경우가 흔하다. 페이스북 역시 이를 의식해서인지「전환 광고」를 집행할 경우 전환 측정(기여 인정) 기간을 '조회 후 1일/ 클릭 뒤 7일'을 기본값으로 설정해놓고 있다. 즉, 페이스북 광고 클릭 후 일주일 안에 구매하면 그것을 페이스북 광고의 전환 성과로 인정한다는 뜻이다.

이런 사정으로 인해 페이스북 광고를 실제 집행해보면 현존하는 디스플레이 광고 중에서 '가장 높은 클릭률'을 보여줌에도 불구하고 전환으로 이어지는 효율은 '현저히' 낮게 나오는 경우가 적지 않다. 그것을 보고 충격을 받아 "페이스북 광고 효과 없다"며 바로 광고를 빼는 광고주 분들도 의외로 많다. 페이스북 광고의 클릭 수만으로 네이버 검색 광고 클릭 수와 같은 효과를 기대하는 것은 매우 큰 착각이고 과도한 기대이다. 페이스북 광고의 원리를 이해하지 못하고 자칫 밑 빠진 독에 물 붓듯이 광고비를 낭비하게 되는 실수가 바로 여기에서 비롯된다.

4 | 페이스북 다이내믹 광고를 하려면 무엇이 필요할까

그렇다면 페이스북 다이내믹 광고를 실제로 해 보려면 어떤 사전 준비와 실행 프로세스가 필요할까? 다이내믹 광고를 집행하려면 기본적으로 다음의 세 가지 준비가 필요하다.

(1) 어떤 사람들이 찾아와서 어떤 상품을 봤는지 알아내는 추적 픽셀(매개변수, 추적 이벤트 픽셀)
(2) 어떤 제품인지 비교 식별하기 위한 상품 등록 정보 파일(카탈로그)
(3) 식별한 상품을 보고 간 사람에게 맞춤 광고로 제공하기 위한 다이내믹 광고 생성 템플릿

등록한 제품들을 다양한 추가 분류 옵션을 이용해서 별도의 광고 그룹으로 묶어서 작업할 수도 있고, 쇼핑몰의 방문자 수가 많지 않아 방문자에게만 광고를 노출하는 게 비효율적이라 판단될 경우 노출 대상 타겟을 광역 타겟으로 선택할 수 있다. 이런 내용은 유의해서 추가로 공부하시기 바란다.

◯ 페이스북 다이내믹 광고 가이드

https://www.facebook.com/business/help/1132465490107046

끝으로 「다이내믹 광고」는 상품의 종류나 가지수가 너무 많아서 일일이 개별 상품 광고를 따로 만들기 어려울 때, 방문한 사람이 어떤 상품에 눈독을 들였는지 추적해서 보고 간 상품을 다시 보여주는 리마케팅 작업을 할 때 성과를 기대할 수 있는 광고이다. 또 여행이나 부동산 상품과 같이 연관 상품의 구입이 예상되는 연계 업종의 상품을 함께 취급할 경우, 예를 들면 비행기표를 예약한 사람에게 도착할 지역 숙박업소나 음식점, 자동차 같은 연계 상품을 추가로 제안할 때도 탁월한 활용가치를 갖는다.

이와 달리 상품의 가지 수가 너무 적거나, 연관도가 낮아서 굳이 추적 리마케팅이 필요치 않은 영역에서 억지로 이 광고를 활용하는 것은 오히려 비효율적일 수도 있다. 모든 교훈은 끝없는 시행착오를 통해 배운다!

다이내믹 광고의 원리와 구현, 운영 방안에 대해서는 페이스북 코리아에서 2017년 9월에 발간한 「페이스북 다이내믹 광고 가이드」 문서의 설명을 참고하라.

ⓞ Facebook Korea Newsletter 그룹 제공 다운로드 링크 : https://goo.gl/vt18mY

5 | 다이내믹(카탈로그 판매) 광고 만들기 프로세스

01 [비즈니스 관리자] → [광고 관리자] → [만들기]에서 캠페인 목표를 [카탈로그 판매]로 선택하고 아래쪽 [캠페인 이름]을 부여해주고 카탈로그 목록을 펼쳐서 광고에 사용할 카탈로그를 선택한다.

위의 그림처럼 카탈로그에 제품이 아직 등록되어 있지 않을 경우에는 [카탈로그 관리자에서 카탈로그 수정하기] 링크를 눌러서 사용할 제품을 추가하거나 제품 세트를 새로 만든 후에 작업할 수 있다.

02 제품이 정상적으로 등록된 카탈로그를 선택하고 [계속] 버튼을 클릭한다.

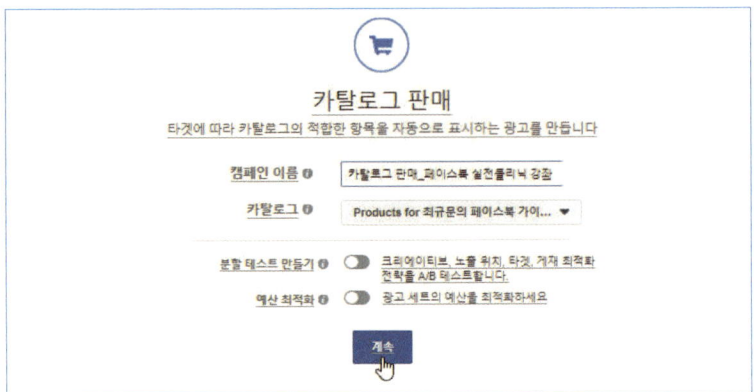

03 카탈로그를 처음 사용할 경우 해당 카탈로그 판매 광고의 성과를 추적하기 위한 픽셀을 선택하여 매칭시키고 [저장] 버튼을 클릭한다. (이 과정은 한번 설정해주면 다시 요구하지 않는다).

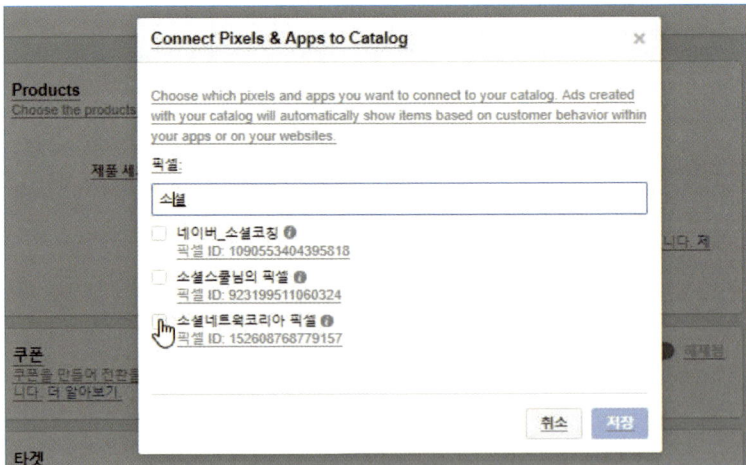

04 선택해준 픽셀과 사용할 카탈로그가 잘 연결되었음을 확인하는 메시지가 뜨면 [확인]을 클릭한다.

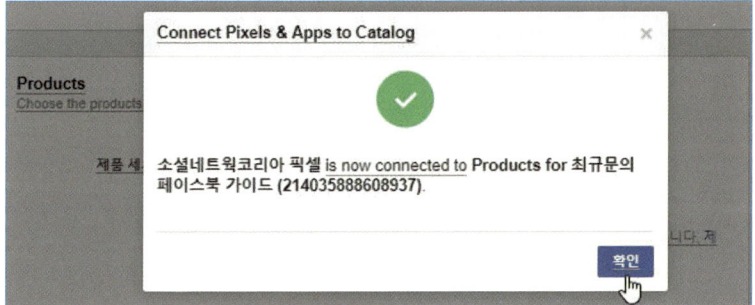

05 카탈로그가 선택되면 카탈로그 안에 들어 있는 목록 중에서 사용할 [제품 세트]를 선택한다.

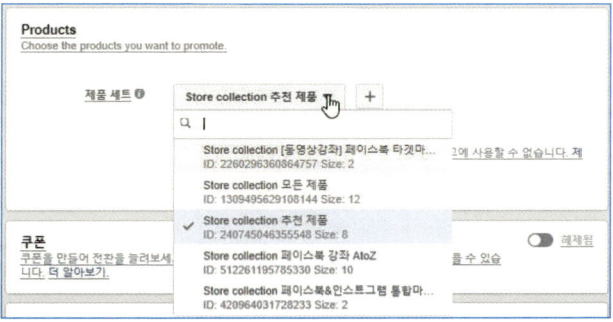

06 광고할 [제품 세트]가 선택되면 해당 제품을 어떤 타겟에게 어떤 조건으로 광고를 노출할 것인지 옵션을 설정해주고 [계속] 버튼을 눌러 남은 광고 만들기 프로세스를 진행한다.

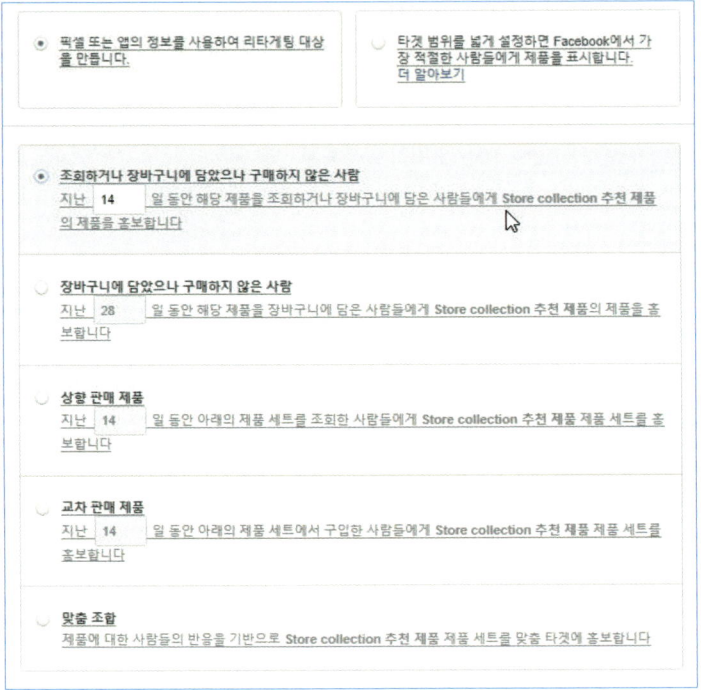

- 웹사이트 트래픽으로 만들어진 쇼핑몰 방문자들만을 대상으로 광고를 노출하고 싶으면 [픽셀 또는 앱의 정보를 사용하여 리타게팅 대상을 만듭니다] 옵션을 선택한다. 이 경우 장바구니 담기 및 구매 완료 등의 픽셀 추적 정보에 기초해서 '장바구니에 담았지만 구매하지 않은 사람'과 같이 여러 가지 선택 옵션에 따라 날짜 등의 조건을 추가로 지정해줄 수 있다.
- 만약 쇼핑몰의 기간 내 방문자 수가 너무 적어서 노출 대상이 너무 제한되어 있다거나 방문자 타겟이 쌓이기까지 너무 오랜 기간이 소요될 것 같다면 [타겟 범위를 넓게 설정하면 페이스북에서 가장 적절한 사람들에게 제품을 표시합니다.] 옵션을 선택한다. 이 옵션을 선택하면 위치, 연령, 성별 등 [핵심 타게팅] 조건과 관심사, 행동 등 [상세 타게팅] 조건을 추가로 부여하여 더 넓은 타겟을 설정해 제품을 노출할 수 있다.

온 · 오프라인 광고 IMC 전략
눈에 좋고 몸에 좋은 온 국민 건강 식품,
안국건강 AG Mall

'루테인'이라는 단어를 들으면 가장 먼저 떠오르는 업체가 어디인가? 아마도 안국이란 회사명이 먼저 떠오를 것이다. 나이가 지긋한 분들이라면 '눈에 좋은 루테인'이라는 말보다 '토비콤'이 먼저 떠오를지도 모른다. 재미있는 것은 필자가 안국몰을 알게 된 건 '눈 때문이 아니라 코' 때문이라는 사실이다.

3년 전 안국건강에서 '눈 전문'으로 굳어진 업체 이미지와 제품군의 한계를 벗어나고자 야심차게 '코에 좋은 건강식품'을 개발해 출시했다. 브랜드명은 '코박사'. 구아바 잎에서 추출한 성분을 주원료로 만든 새로운 제품으로, 자사 온라인 쇼핑몰 전용 상품으로 내놓았다.

봄 가을만 되면 어김 없이 찾아오는 환절기 불청객, 알레르기 비염은 우리나라 사람들 중 600만 명 이상이 경험하는 고질적인 증상이라고 한다. 필자 역시 오랫동안 환절기만 되면 심한 재채기와 코막힘 증세로 고생하던 처지였다.

과민성 체질을 바꾸는 것인 만큼 3~6개월 꾸준히 먹어야 제대로 효과를 보지만 당장에 2~3주 정도만 먹어봐도 분명 효과가 있을 거라는 확신에 찬 권유에 믿음이 갔다. 실제로 개인적으로 변화를 경험했고 덕분에 가족이나 비염으로 고생하는 분들을 만나면 지금도 열심히 권하곤 한다.

3년에 걸친 마케팅 시도를 지켜보면서 느꼈던 점들을 몇 가지만 정리하여 공유한다.

우선 첫째로 꼽을 점은, 회사 차원에서 디지털 마케팅 시스템을 도입하는 일은 구성원들의 의지나 마음만으로 되는 게 아니라 결국 사람과 실무 능력으로부터 시작된다는 것이다. 안국건강 역시 처음 온라인 마케팅을 시도하던 때에는 GA(구글 애널리틱스)가 무엇의 약자인지, 페이스북 픽셀이 뭔지, 맞춤 타겟이 무엇인지 개념조차 모르는 상황에서 시작했다. 의욕이 앞서 외부 대행사의 도움마저 끊고 스스로 자체적으로 운영해보겠다고 도전했지만 거의 1년을 시행착오의 반복으로 허송하다시피 했다.

온라인 마케팅은 오프라인 유통 매장을 관리하는 시스템이나 구조와 여러 가지 면에서 다르다. 실무 역량을 갖춘 인재를 먼저 확보하고 그 경험을 내부 교육과 체험을 통해 확산하고 축적하는 작업이 필수적으로 요구된다. 지나친 의욕으로 경험자도 없는 상태에서 우리끼리 배워서 해보겠다는 식의 무모한 자세로는 제자리에서 헤매는 시간만 늘릴 뿐이다.

둘째는, 성장을 위해서는 브랜드 인지도 증대를 위한 모험적인 투자가 한 번은 필요하다는 점이다. 처음 안국건강과 만났을 때 직원수 15명 정도에 매출액이 150억원이 넘는 규모였다. 직원 1인당 매출이 10억이 넘는 '이상한(놀랄 만한)' 회사였고 당연히 내부 직원들의 자부심도 높았다. 모회사라 할 안국약품의 대중적 인지도와 제조 공급 라인에서 탄탄하게 갖추어진 인프라가 그러한 저력을 형성해준 바탕일 것이다.

그런 점을 감안하더라도 불과 1~2년 사이에 매출액이 두 배 가까이 급성장한데 가장 큰 계기가 되었던 것은 이서진을 광고 모델로 삼아 TV CF를 만들어 과감히 인지도 홍보에 투자한 모험 덕분이다. 건강식품은 사람이 먹는 제품인 만큼 브랜드 신뢰도를 무시할 수가 없다.

마케팅 전략을 세울 때 당장에 눈에 보이는 전환 광고에만 매몰되면 안 된다. 온라인 마케팅은 확률과의 전쟁이다. 우리나라 전체 쇼핑몰 거래를 분석해보면 평균 클릭률은 1%, 평균 구매 전환율은 2.5% 수준이다. 실제로 일어나는 구매 전환 수는 '1만 명 노출당 2.5명'밖에 되지 않는다는 얘기다. 이런 상황에서 검색 광고에만 의존하게 될 경우 대다수 잠재고객이나 미래 가망고객의 머리 속에 우리 상품과 연결되는 '검색할 키워드'를 미리 형성시켜줄 기회를 잃게 된다. 무모한 것처럼 보여 고개를 흔들었던 안국건강의 CF 광고는 오히려 적절한 성장 모멘텀으로 작용해 기대 이상의 성과를 내주었다.

셋째는, 온라인 마케팅 조직의 구성과 투자는 세일즈와 손익 관점에서 접근할 필요가 있다는 점이다. 팔아야 산다! 유통 영업 조직의 생명은 당연히 세일즈다! 온라인 마케팅을 고민하는 모든 개인이나 조직이 늘 조심하고 경계해야 할 부분이 마케팅을 단지 홍보나 광고 행동이라고 여기는 것이다. 절대 그렇지 않다! 온라인 마케팅, 특히 쇼핑몰은 몰에서 보여지는 디스플레이 요소나 콘텐츠, 레이아웃 디자인이나 배치 하나하나가 곧바로 홍보와 동시에 영업 행동을 겸하는 장치로 동작한다. 한 번 구경을 시작한 고객이 한눈 팔거나 빠져 나가지 않고 우리가 기대한 전환 행동까지 완료하도록 모든 클릭 동선을 치밀하게 짜고 마지막 전환까지 이끌어내야 한다.

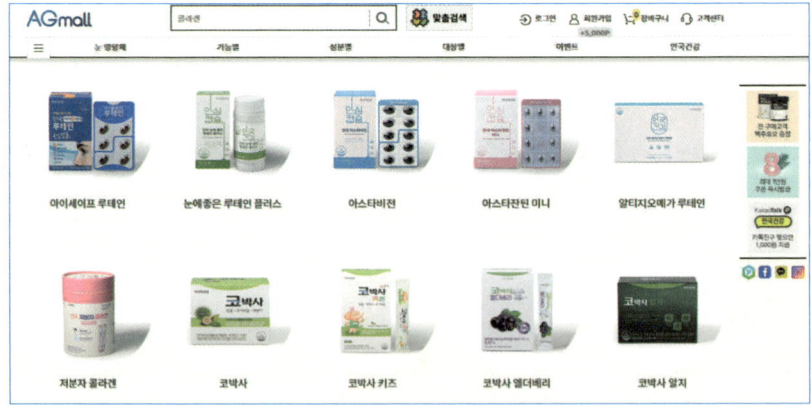

요컨대 온라인 쇼핑몰의 구조가 고도화될수록 마케팅과 세일즈는 하나로 통합된다. 마케팅팀의 역할은 단지 홍보 콘텐츠 제작이나 이벤트 행사 기획에서 끝나는 것이 아니다. 노출이 판매로 연결되도록 기획 단

계부터 영업 성과 목표를 고려해야 한다는 점을 잊지 말자.

넷째는, 온라인 마케팅은 궁극적으로 고객관계 관리 시스템의 도입과 데이터 마케팅 조직으로 전환을 목표로, 장기적으로 '1:1 개인 맞춤 마케팅 시스템 구축' 방향으로 키워나가야 한다는 점이다.

아마존의 멈출 줄 모르는 성장세 속에 대규모 오프라인 유통 매장이나 백화점들이 속속 두 손을 들고 있는 형국이고, 국내에서는 집 앞 구멍가게까지 모조리 대기업 계열의 편의점 시스템으로 바뀌고 있다. 모바일 인터넷 시스템과 배송 시스템이 발달할수록 온라인의 경쟁력은 커진다. 공급 유통 흐름 전체가 디지털 시스템으로 관리될 때 개인들이 수공업적 경영 방식으로 이겨낼 방법은 없다. 마찬가지로 인공지능의 발달과 머신 러닝 기술의 진화로 이제는 '인간의 감'이 컴퓨터의 '분석 숫자'를 이기지 못하는 시대가 와버렸다. 고객 관리 시스템 자체가 곧 판매와 매출을 좌우하는 요소가 된 셈이다. 어떤 고객이 평소 무엇에 관심을 가지고 있다가 언제 어떤 계기로 검색을 시작하여 우리 몰에 들어오고, 무엇을 얼마나 구경하다가 얼마 만에 구매를 하는지, 그리고 구매 뒤 얼마가 지나면 다시 사러 오는지 혹은 경쟁사로 빠져 나가 영영 돌아오지 않는지 분석하고 있는가? 그런 시스템을 구축하여 운영하고 있는가?

만약 우리 고객의 구매 여정을 제대로 추적하고 분석하고 대처할 수 있다면 그 사람, 혹은 그 조직이 운영하는 쇼핑몰은 어떤 업종의 어떤 아이템을 취급하더라도 성공할 것이다. 안국건강이 그런 업체의 하나로 성장하여 디지털 마케팅의 모범사례로 기억될 수 있기를 기대한다.

2

쇼핑몰 운영자를 위한
인스타그램 마케팅

인스타마켓,
무엇을 어떻게 준비할까

chapter
4

인스타그램의 성장과 인스타마켓

4-1

1 | 대한민국 SNS의 현황과 인스타마켓

인스타그램의 성장세가 무섭다. 지난 2018년 6월 22일 IGTV라는 독립형 동영상 플랫폼을 발표하는 자리에서 전 세계 사용자수가 10억 명을 돌파했다고 밝혔다. 페이스북(월간 22억 명), 왓츠앱(월간 15억 명), 메신저 (월간 13억 명)을 감안한다면 또 다시 10억 명이 넘는 사용자를 가진 플랫폼으로 성장한 것이다. 국내만 봐도 2017년 8월 10일 1,000만 명이 사용한다고 발표가 되었으며, 1년이 넘은 지금은 더 많은 사용자가 인스타그램을 사용할 것으로 추정해 볼 수 있다. 페이스북, 인스타그램, 밴드, 카카오스토리가 서로 순위 다툼을 벌이던 국내 SNS 환경에서 페이스북의 플랫폼이 완전히 장악했음을 알 수 있는 대목이다.

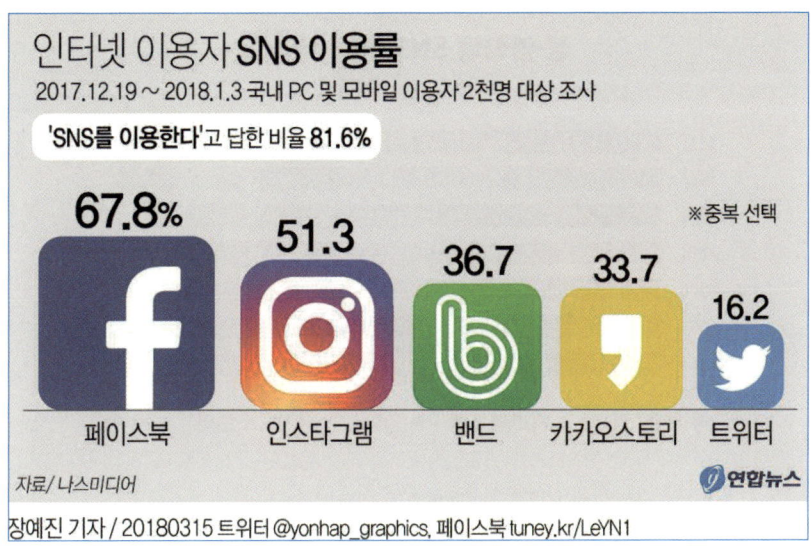

인터넷 이용자 **SNS 이용률**
2017.12.19 ~ 2018.1.3 국내 PC 및 모바일 이용자 2천명 대상 조사

'SNS를 이용한다'고 답한 비율 **81.6%**

※중복 선택

67.8%

51.3

36.7

33.7

16.2

페이스북　　인스타그램　　밴드　　카카오스토리　　트위터

자료/ 나스미디어

연합뉴스

장예진 기자 / 20180315 트위터 @yonhap_graphics, 페이스북 tuney.kr/LeYN1

[그림1] 출처 : 연합뉴스　　참고 : 나스미디어 '2018 인터넷 이용자 조사' 보고서

　　페이스북의 성장세가 둔화되고, 토종 SNS인 밴드와 카카오 스토리도 별다른 반등을 못 일으키고 있는 상황에서 인스타그램만 홀로 성장한 것이다. 필자는 페이스북, 인스타그램, 밴드, 카카오스토리에 블로그, 유튜브를 합쳐서 6가지 플랫폼을 소셜미디어로 분류하는데 유튜브의 독주체제와 그 뒤를 잇는 인스타그램의 활약에 혀를 내두를 지경이다. 유튜브가 대세가 되리라는 것은 모두들 알고 있었을 테지만, 인스타그램이 IGTV를 내놓으면서 곧바로 추격하는 모양새를 둔 것은 동영상 대세의 시대임을 다시 한번 입증하는 것이 아닐까?

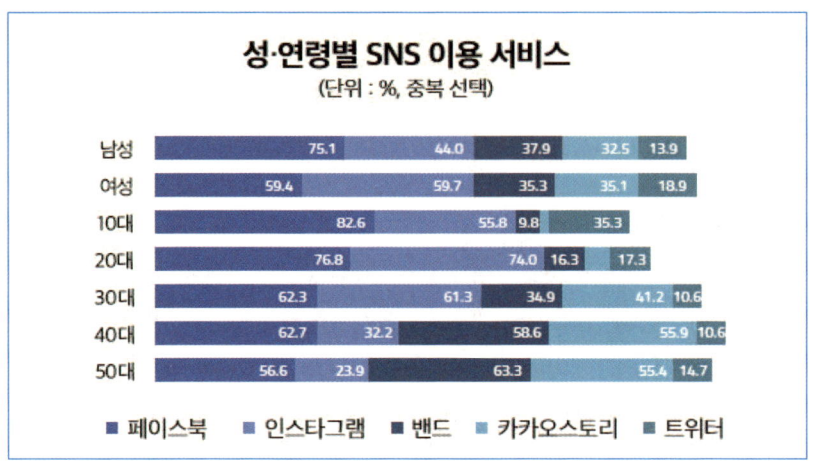

[그림2] 출처 : 나스미디어 '2018 인터넷 이용자 조사'

보통 SNS의 발달 과정을 보면 디지털 네이티브인 10대들이 먼저 이용을 시작하고 그 다음에 20대, 30대 순으로 확대되다가 40~50대까지 진입하는 것을 알 수 있었다. SNS에 대한 피로도가 증가하고 상위 플랫폼들의 고착화가 진행되는 지금, 유일하게 인스타그램이 성장할 수 있었던 것은 20대 여성들의 폭발적인 사용 증가 때문이다. 필자가 강의를 진행할 때마다 농담으로 얘기하는 것이 밴드가 50대 아재의 느낌이라면 인스타그램은 20대 여성의 느낌으로 표현할 수 있다는 것은 바로 이를 쉽게 설명하기 위해서 꺼낸 말이다. 실제 데이터로 증명이 되는 부분이다.

● ● ●

2 | 인스타그램 마켓화, 어디만큼 왔나

필자가 전작인 '인스타그램 마케팅' 책을 낸 것이 2016년인데, 그 이후로 인스타그램은 쇼핑쪽에 조금 더 비중을 확대하는 모양새다! 그도 그럴 것이 외식업이나 여행업 등 많은 분야에서 활발하게 활용되어지지만, 커머스만큼 성과를 보여주기 쉬운 것이 없기 때문이다. 또한 SNS를 통해서 사람을 많이 모을 수만 있다면 그것은 바로 '공동구매' 형식을 통해서 많은 물건을 팔 수 있음을 의미한다. 블로그가 가장 오랜 역사를 지니고 있고, 이후 4개의 SNS는 모두 공동구매 채널이 되었다 해도 무방하다. 필자가 농담으로 얘기하는 카카오 스토리 '5분 한국사 이야기'에서 나중에는 레깅스를 팔고, 고구마를 파는 현상이 나왔던 것은 결국 플랫폼은 가시적 성과를 보여줄 수 있는 판매모델로 이어지기 때문이다. 현재 유튜브 크리에이터들이 많은 콘텐츠들을 생산해 내고 있지만, 조만간 많은 채널들이 판매로 이어질 것은 누구나 예상 가능한 일이 아니겠는가? 그걸 비디오 커머스라 부르든, 유튜브마켓이라 부르든지 말이다.

년도	삼성갤럭시	SNS	스마트스토어	톡스토어
2010	갤럭시 S1	블로그,페북,트위터	지식쇼핑	카카오톡 출시
2011	갤럭시 S2 (4월)	블로그,페북,트위터	지식쇼핑	카카오 선물하기
2012	갤럭시 S3 (5월)	블로그,페북,트위터	지식쇼핑,샵N	카카오 스토리 오픈
2013	갤럭시 S4 (4월)	페이스북	지식쇼핑,샵N	카카오 스토리 플러스
2014	갤럭시 S5 (3월)	카카오 스토리 (채널)	지식쇼핑,스토어팜 샵윈도	다음카카오 합병
2015	갤럭시 S6 (4월)	밴드	네이버쇼핑,스토어팜 샵윈도,네이버페이 네이버톡톡	카카오페이
2016	갤럭시 S7 (3월)	인스타그램	네이버쇼핑,스토어팜 쇼핑윈도,네이버페이 네이버톡톡 쇼핑검색광고	카카오 채널 정지사태
2017	갤럭시 S8 (3월)	유튜브	쇼핑플랫폼으로 대변신! (1년간 테스트?)	톡스토어 베타테스트 플러스친구 통합 카카오 모먼트 광고
2018	갤럭시 S9 (2월)	유튜브 마켓化	스마트스토어(02.01)	카카오 커머스 분리 톡스토어(10.24)
2019	?	?	?	?
2020	?	?	?	?

[그림3] 모바일 기술의 진화와 SNS 그리고 커머스
(출처 : 임헌수 저 '스마트스토어 마케팅')

위 표는 필자가 '스토어팜'에서 '스마트스토어'의 변화 과정을 살펴보면서 작성한 표이다. 두 번째 열의 SNS의 진화 과정을 유심히 보면 현재의 상황을 알 수 있다! 2012년까지만 해도 블로그, 페이스북, 트위터가 대한민국에서 가장 활발하게 사용되던 SNS였다. 하지만 2013년 페이스북이 먼저 치고 나가면서 2014년 카카오 스토리, 2015년 밴드, 2016년 인스타그램 그리고 드디어 작년에 유튜브가 모든 앱을 통틀어 압도적인 SNS가 되었다. 여기서 2가지 경향성을 알 수 있는데, 기술이 발달하면서 점점 글 → 사진 → 영상으로 발달되어 왔음을 알 수 있다. 또한 SNS가 성숙해지면 필연적으로 커머스와 연결이 된다는 사실이다. 블로그마켓, 페북마켓, 카스마켓, 인스타마켓 등등 뒤에 마켓만 붙이면 모든 SNS를 커머스를 위한 공간으로 봐도 무방하다.

대한민국 4대 SNS의 광고 출시 시기

		일반 계정	비즈니스 계정 (광고 가능)	비즈 계정 출시 시기
	카카오 스토리	카카오 스토리 친구 1,000명	스토리 채널 소식받기 무제한	2014.11
	밴드	일반 밴드 회원 1,000명	빅 밴드 회원 수 무제한	2015.06
	페이스북	개인 프로필 친구 5,000명	비즈니스 페이지 좋아요 무제한	2013년 말
	인스타그램	일반 계정 인사이트 ×	비즈니스 프로필 인사이트 O	2016.08

[그림4] 대한민국 4대 SNS의 광고 출시 시기

앞의 그림3과 그림4를 연계해서 보자면 모든 SNS가 2016년을 기점으로 광고 상품이 출시되었다. 이 말은 어느 정도 개인의 노력으로 할 수 있는 시대가 끝났다는 것과 각 플랫폼사들이 도달률 조절에 들어갔다는 의미이다. 인스타그램만 따로 떼어 놓고 보자면 2016년 하반기 출시되어 2017년 한해 동안 충분한 광고 계정에 대한 테스트가 진행되었고, 그게 성숙 단계에 들어갔음을 의미한다.

3 | 인스타마켓에서 공부할 것은 무엇인가

그렇기 때문에 현재 인스타그램에서 마케팅을 하고자 하는 분들이라면 이런 기본적인 흐름을 알고 접근했으면 하는 바람이다. 특히나 쇼핑몰을 운영하시는 분들이라면 크게 3가지 방향에서 접근을 해야 한다.

(1) 계정 브랜딩과 팔로워 수 늘리기

(2) 해시태그의 확산과 쇼핑태그의 활용

(3) 인스타그램 광고로 효율 높이기

내 계정의 브랜딩을 하고 팔로워를 늘리는 것은 모든 운영자들의 고민거리이다. 이 책에서는 기본적인 내용은 빠르게 정리하고 실전에서 쓰이는 내용들을 적용해 볼 생각이다. 특히 비즈니스 프로필로 전환하지 않은 상태에서 내 개인 계정만으로 운영해 나가는 스킬을 배워볼 계획이다. 특히 챕터4는 공동구매로 판매하는 것에 포커스를 맞췄기 때문에 결제 부분을 해결하기 위한 SNSform에 대해서 알아볼 예정이다.

또한 '인스타마켓'이라 불러도 무방할 정도로 점점 커머스 기능을 강화하는 지금, 쇼핑태그의 적용 방법과 어떻게 하면 내 상품을 더 효과적으로 홍보할 수 있는지에 대해서는 챕터5에서 다룰 예정이다. 스마트스토어가 대세인 요즘 스마트스토어를 모르고서는 온라인 판매가 힘들다. 그래서 함께 다룰 예정이다.

　마지막으로 인스타그램 광고 세팅을 정확히 알고, 이를 제대로 적용해 보고자 한다. 챕터6에서는 인스타그램 광고에 대한 것을 충분히 다룰 예정이다. 픽셀을 심을 수 있는 쇼핑몰이 갖추어져 있다면, 잠재고객을 하나라도 놓치지 않기 위해서 더욱 노력해야 할 것이다.

쇼핑몰 운영자를 위한 인스타그램 프로필 설계

1 | 인스타그램 계정 세팅하기 (개인 프로필 VS 비즈니스 프로필)

인스타그램 마케팅에 있어서 꼭 필요한 내용들을 점검하고자 한다. 4-1의 그림4에서도 보았듯이 현재 모든 SNS 플랫폼들은 개인 계정과 비즈니스 계정을 함께 운영할 수 있다. 비즈니스 계정이라 함은 말 그대로 기업들이 적절한 비용을 지불함으로써 광고를 집행할 수 있음을 의미한다. 사진 공유 앱으로 시작한 인스타그램은 점차 진화함에 따라서 기능이 굉장히 복잡해지게 되었다. 그래서 이번 장에서는 쇼핑몰 운영자들을 위해 프로필을 설계하는 방법에 대해서 자세히 알아보도록 하겠다.

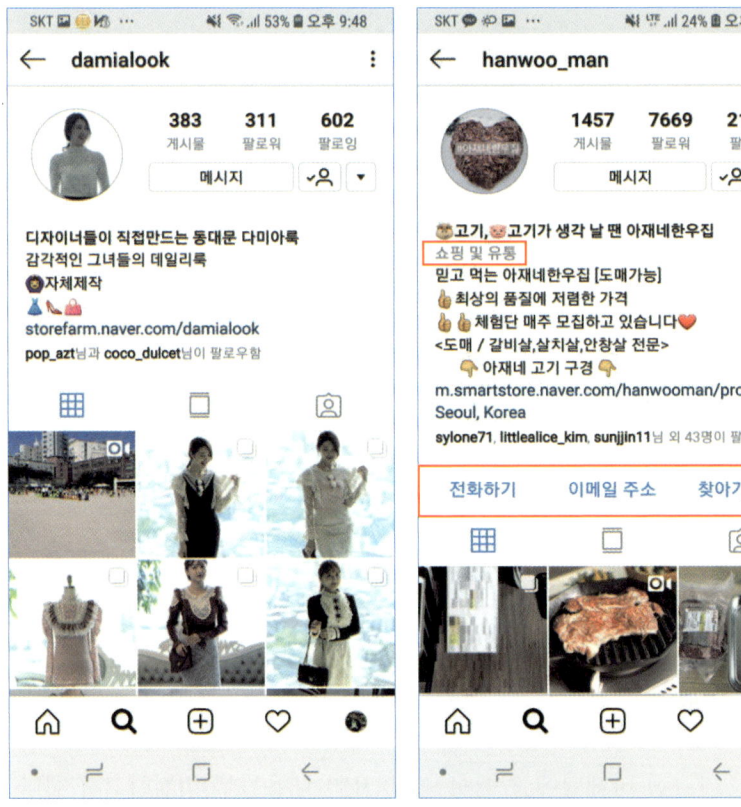

[그림1] 개인 프로필   [그림2] 비즈니스 프로필

　　개인 프로필과 비즈니스 프로필의 외형적인 차이는 비즈니스 상황을 보여주는 회색 글씨 부분과 전화하기, 이메일주소, 찾아가는 길이 표시되어 있느냐 없느냐로 쉽게 파악할 수 있다. 당연히 비즈니스 프로필로 전환이 되어야만 인스타그램 광고가 가능한데, 비즈니스 프로필로 전환하기 위해서는 페이스북 페이지와의 연동이 필요하기 때문에 이 부분에 대해서는 챕터5에서 자세히 다루고자 한다.

	페이스북	인스타그램
개인 계정	프로필	프로필
비즈니스 계정	페이지	비즈니스 프로필
광고 및 분석	페이지	비즈니스 프로필
메시지 보내기	페이스북 메신저	DM (Direct Message)

주의사항 : 인스타그램 계정 만들기

(1) 휴대폰 1개당 총 5개의 계정을 만들 수 있다.
(2) 전화번호나 페이스북으로 로그인 가입보다는 이메일로 가입하는 걸 추천드린다.
(3) 개인계정 1개(내 일상을 올리고 연습할 수 있는)와 마케팅용 계정 1개를 운영할
    것을 추천드린다.

[그림3] 계정 추가(새로 가입)

[그림4] 새로운 계정 생성

[그림5] 팔로우할 사람찾기

페이스북은 계정이 프로필과 페이지로 따로 분리가 되지만, 인스타그램은 그렇지 않다. 내 개인 프로필에서 전환을 하여 비즈니스 계정이 되는 것이기 때문에 많은 분들이 개념이 명확히 서지 않는 부분이기도 하다. 또 계정 운영상 어떻게 하면 좋을지 어려움을 호소하는 분들이 있는데 이럴 경우에 2가지를 고려해 볼 수 있다. 첫째 개인 계정으로 운영하던 것을(보통은 팔로워가 상당히 많이 모아져 있는 경우가 있다). 그대로 운영하면서 차츰 판매를 위한 용도로 변화시켜나가는 것이다. 이런 경우는 사장님(판매자)이 직접 얼굴을 드러내놓고 운영하는 경우 큰 도움이 된다. 두 번째는 회사 차원에서 운영하는 경우로 이런 경우에는 앞에서 설명한 것처럼 새로 계정을 만들어야 한다. 그래야 담당자를 두어서 운영을 전담시킬 수 있다. 계정을 이메일로 가입하는 것이 좋다고 한 이유가 이것이다. 이메일로 가입해야 담당자가 로그인을 해서 관리하기 편하기 때문이다. 계정을 새로 가입하다보면 그림5처럼 팔로우할 사람들을 추천해 주는데, 이때 중요한 것은 될 수 있으면 아는 사람들은 배제하는 것이 좋다. 왜냐하면 인스타그램은 철저히 '관심사' 기반의 SNS이기 때문에, 내 상품을 사줄 만한 사람들로 팔로워를 늘려나가는 것이 좋기 때문이다.

2 | 프로필을 전략적으로 설계하라

인스타그램을 운영하는데 있어서 제일 중요한 첫걸음은 프로필을 제대로 설계하는 일이다. 철저하게 모바일 기반의 SNS이고(PC버전이 있긴 하나 게시물을 올릴 수는 없다). 항상 프로필이 노출되기 때문에, 첫인상에서 이 계정을 팔로우를 할 것인지 아닌지를 판가름나게 할 수 있다.

프로필을 다른 식으로 표현하면 우리가 길거리에서 흔하게 받게 되는 '전단지'와도 같은 느낌이다. 내가 열심히 인스타그램 피드에 게시물을 올려서 팔로워들의 호감을 이끌어 냈다면, 그 다음에는 프로필에서 나의 매력을 어필해야 한다. 그래서 더욱 꼼꼼하게 설계할 필요가 있다. 아래의 그림6의 바디온 비키니 같은 경우는 '설계'라는 표현을 왜 썼는지 이해하기 쉬울 것이다. 왜냐하면 계정의 콘텐츠가 모두 다른 분들의 계정에서 퍼다가 운영하는 것인데, 이게 가능하려면 무엇을 하는 곳인지를 명확히 알려주어야 하기 때문이다.

[그림6] 인스타그램 프로필 설계시 가장 중요한 4가지 요소

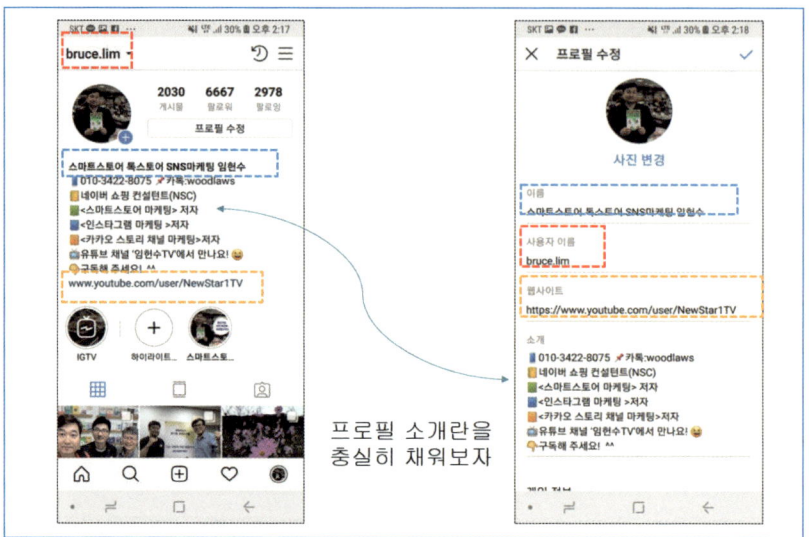

[그림7] 인스타그램 프로필과 수정하기

계정 : 인스타그램 계정은 @bodyon_bikini로 표시되는 부분이다. 이 계정만 보아도 어떤 곳인지를 바로 알 수 있게끔 해주는 것이 중요하다. 1인 기업인 경우는 사장님들의 이메일주소 등의 ID를 그대로 쓰는 경우도 있으나, 향후 확장성을 고려한다면 비즈니스 계정의 느낌이 살게끔 계정을 잘 만드는 것이 좋다. 혹시나 내가 쓰려고 하는 ID가 누가 쓰고 있다면 @rabiqueen_official처럼 뒤에 _official 을 붙이거나 @girlcrush_insta처럼 뒤에 _insta를 붙여서 인스타 계정임을 드러내는 것도 좋은 방법이다.

로고 : 프로필 사진이 들어가는 부분으로 퍼스널 브랜딩이 중요한 경우에는 본인의 얼굴을 넣는 것이 제일 좋다. 요가나 피트니스를 하시는 분들을 생각해보면 쉬운 케이스이다. 하지만 상품을 판매하는 경우라면 가장 메인으로 해야 하는 상품 사진을 넣거나 회사를 상징하는 로고를

넣는 것이 낫다.

프로필 : 프로필 부분은 내가 무엇을 하는 사람인지, 내 회사에서 무엇을 주로 취급하는지 등을 적을 수 있는 공간이다. 짧게 쓸 수도 있지만 회사의 미션이라든지, 중요한 정보가 될 만한 것들을 적어주는 것이 좋다. 프로필에는 현재 #해시태그도 적용이 되고 있기에 주요 품목을 적어주는 것도 방법이다. 필자가 강조하는 것은 이모지인데, 이모지는 인스타그램 커뮤니티에서 가장 중요한 커뮤니케이션 수단이므로 내 비즈니스에 맞는 것을 골라서 적확하게 써보길 바란다. 프로필에서 웹사이트 부분은 쇼핑몰이나 스마트스토어를 운영하는 경우라면 해당 쇼핑몰 주소를 넣으면 된다. 필요에 따라서 블로그 주소, 유튜브 채널 주소, 카카오톡 오픈채팅 주소 등을 넣기도 한다.

[그림8] 맛나농산 인스타그램

[그림9] 깬다큐 인스타그램

맛나농산은 과일을 전문으로 판매하는 곳으로 프로필에서 어떤 자세로 일하고 있는지 강하게 어필하고 있다. 이러한 것들이 팔로워들에게는 큰 믿음감을 주는 것은 당연하지 않은가? 깬다큐는 현재 진행하고 있는 이벤트를 잘 정리해 두었다. 앞서 인스타그램 프로필이 전단지와 같은 역할을 한다는 것의 적절한 예이니 참고하길 바란다.

[그림10] 다양한 이모지(갤럭시노트9의 경우에는 이모지를 찾기가 훨씬 쉬워졌다).

우리나라의 카카오톡에서 다양한 이모티콘이 폭발적으로 성장하는 것처럼 인간의 감정이나 상황을 말로 표현하기 힘들 때, 매우 유용하게 쓰일 수 있다. 전 세계 공용의 언어이기 때문에 외국인과의 소통에 있어서도 매우 중요하다.

Tip

이모지(Emoji, 감정 그림 문자)

일본어 '그림(絵, 에[え])'과 '문자(文字, 모지[もじ])'의 합성어이다. 이모티콘 (emoticon)은 텍스트(아스키 문자)의 조합으로 감정을 나타내지만, 감정 그림 문자(이모지)는 이미지로 감정을 표현한다.

1999년 일본의 이동통신사 NTT 도코모(NTT DoCoMo)가 이미지로 된 문자인 이모지를 처음 도입하였다. 초기에는 통신사 간 호환이 되지 않았으나, 이동통신과 스마트폰 발전으로 이모지가 인기를 끌면서 모든 통신사에서 이모지를 지원하게 되었다. 모바일 운영 체제를 개발하던 구글(Google)과 애플(Apple)의 제안으로 2007년 유니코드 기술 위원회(Unicode Technical Committee)에서 유니코드 이모지 기술 표준이 제정되었다. 이로써 일본뿐만 아니라 전 세계적으로 인기를 얻게 되었다. 이모지는 누리 소통망 서비스(SNS) 활성화로 빠르게 확산되었다.
광대역 이동통신으로 데이터 전송 속도가 빨라져 애니메이션 형태의 이모지인 스티커(sticker)도 등장하였다.

[네이버 지식백과] 감정 그림 문자

사진 : 앞서 단계의 것들이 다 완성되었다면 그 다음부터는 콘텐츠를 올리는 것이다. 콘텐츠를 무엇을 올리느냐에 따라서 인스타그램의 느낌이 확 달라지는 것은 당연한 일이다. 관심사 기반의 SNS이기 때문에, 본인이 어필하고자 하는 것들을 중심으로 연출하면 좋다.

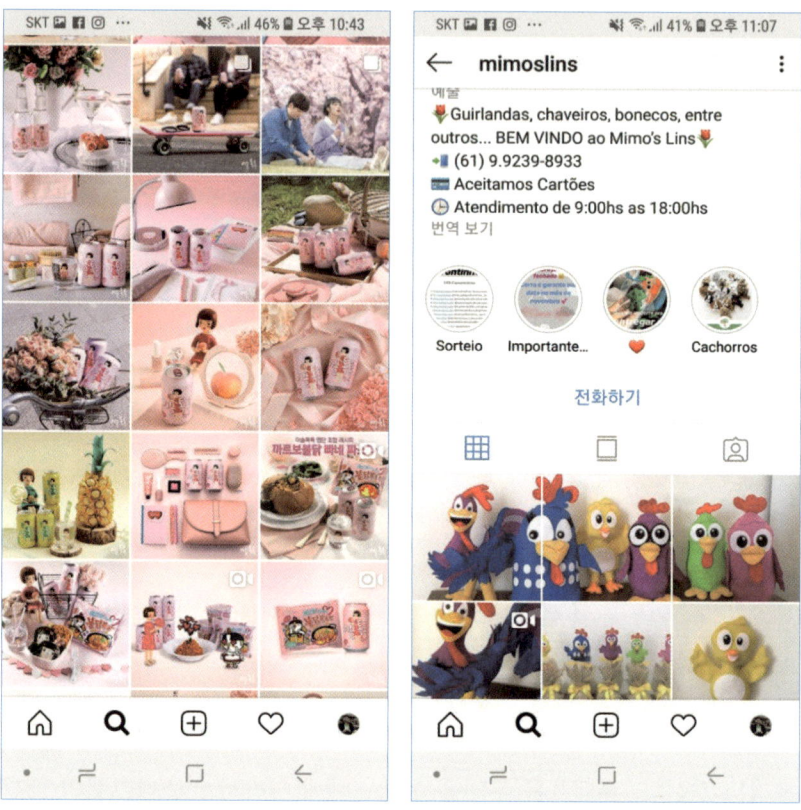

[그림11] 이슬톡톡(@official.isultoktok)　　　　[그림12] 인스타그리드가 적용된 사례

　콘텐츠 부분에 있어서 어떻게 느낌을 연출하느냐는 매우 중요하다. 그림11의 이슬톡톡 같은 경우는 상품의 색상이 핑크와 옐로우이기 때문에, 전체 피드의 느낌이 일관적으로 보여지는 것을 알 수 있다. 이것은 사진을 올릴 때 특정한 필터를 사용함으로써 얻을 수 있는데, 예를 들어 아날로그 필름 핑크 필터(Analog film Pink filters)를 사용할 수 있다. 「그림 12」는 인스타 그리드(insta grid)가 적용된 것으로 사진을 여러 가지 조각으로 나누어서 올리는 것이다. 내 인스타그램이 어떤 곳인지를 보여줄

때 감각적으로 활용하기에 좋다. 주의할 점은 매번 인스타 그리드로 게시물을 올리게 되면 조각난 사진이 팔로워들의 피드에 올라가기 때문에, 불편함을 일으킬 수 있다. 따라서 팔로워가 별로 없는 계정 세팅 초기에 사용하거나, 가끔 어떤 행사를 보여줄 때 사용하는 것이 좋다.

3 | 스토리 하이라이트, 그리고 IGTV

인스타그램 스토리스(Instagram Stories) 기능은 사용자들이 스스로를 표현하기 위한 도구로 자리 잡았지만, 24시간 이상 스토리를 보관할 방법은 없었다. 하지만 스토리 하이라이트 기능을 이용해 지금까지 공유했던 스토리를 모아 프로필에서 자신을 더욱 잘 표현할 수 있게 되었다.

스토리 하이라이트는 프로필 소개 아래에 있는 새로운 섹션에 표시된다. 하이라이트를 만들려면 맨 왼쪽의 스토리 '신규' 아이콘을 누르면 되는데, 스토리 보관함에서 원하는 스토리를 선택, 하이라이트의 커버를 선택하고 이름을 지정할 수 있다. 이 과정을 완료하면 하이라이트가 프로필에 원으로 표시되며, 원을 누르면 각각 독립적인 스토리로 재생된다. 하이라이트는 직접 삭제할 때까지 프로필에 계속 표시되고 하이라이트에 스토리 콘텐츠를 자유롭게 추가할 수 있다. 하이라이트를 수정하거나 삭제하려면 프로필 화면에서 해당 하이라이트를 길게 누르면 된다.

[그림13] 스토리 하이라이트

[그림14] IGTV

　　IGTV는 새롭게 런칭된 인스타그램의 동영상 플랫폼으로 별도의 앱에 게시물을 올린 후 인스타그램의 프로필 하단에 노출시킬 수 있다. 하이라이트와 IGTV를 잘 배치하면 팔로워들의 시선을 끌고 강조하고 싶은 것을 따로 보여줄 수 있기 때문에 유용하다.

[그림15] 아임닭 메인 계정

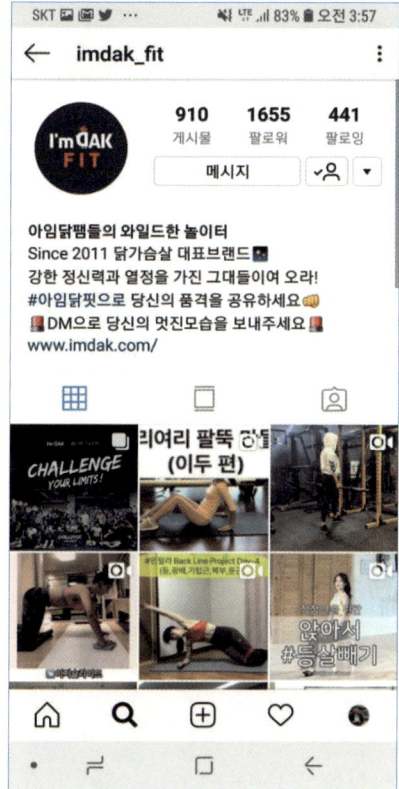

[그림16] 아임닭 놀이터 계정

아임닭의 인스타그램 계정은 굉장히 정교하게 설계되었음을 알 수 있다. 메인 계정에서는 제품에 대해서 직접적으로 보여주고 판매를 유도하고 있고, 놀이터 계정에서는 닭가슴살을 주로 먹는 사람들을 위해서 동기부여를 해주고 있다고 보면 된다. 계정 ID부터 로고, 프로필, 콘텐츠까지 완벽하게 세팅한 사례이다. 아마도 아임닭 마케팅팀은 인스타그램의 중요성을 인식하고 계정을 2개씩이나 운영하는 것이 아닌가 싶다.

팔로워를 늘려주는
콘텐츠 운영 방법

인스타그램 프로필이 내가 파는 상품에 맞게끔 설계가 된 다음에 할 것은 내 피드를 채울 콘텐츠를 고민하는 일이다. 인스타그램은 애초에 사진을 공유하는 앱으로 시작했기 때문에 정사각형 사진을 제일 많이 사용하지만, 지금은 동영상 플랫폼으로 봐도 무방할 정도로 동영상도 많이 사용하고 있다.

[그림1] 인스타그램 콘텐츠 구성요소 4가지

본격적으로 인스타그램 콘텐츠를 운영하기에 앞서 가장 중요한 사실을 하나 알아야 한다. '인스타그램은 욕망 비즈니스다.' 필자가 인스타그램을 오랫동안 연구하면서 찾아낸 인스타그램의 본질은 '욕망'이다. 보통 인스타그램을 '허세의 미학'이라고 하는데 그 허세를 뒤집어서 말하면 내가 사고 싶고, 먹고 싶고, 가고 싶은 것들을 '욕망'하는 것에서 모든 것이 기인한다고 보면 된다. 즉, 그러한 것들을 자랑하면서 올리는 것이 일반 인스타그램 유저들의 마음이고, 상품을 판매하는 우리들은 고객들의 '욕망'을 자극해야 한다. 그렇기 때문에 내가 인스타그램에 사진이나 영상을 올릴 때는 어떻게 하면 욕망을 자극할 수 있을까를 계속해서 고민해야 한다.

● ● ●

1 │ 사진의 설계와 비주얼 스토리텔링

　앞 섹션에서 프로필을 설계한다는 표현을 썼는데, 사진 콘텐츠를 올릴 때도 마찬가지이다. 철저하게 연출된 사진을 올리는 것이 관건이다. 그러려면 사진의 기본적인 구도에 대해서 이해를 해야 하고, 구도를 배우고 익히는 최고의 방법은 벤치마킹에 있다고 할 수 있다. 특히 내 상품과 비슷한 것을 다루는 외국 계정에 답이 있기 때문에, 먼저 참고할 만한 계정들을 많이 찾아놓는 것이 좋다. 다음 그림은 메리케이의 미국 계정으로 상품을 어떻게 보여주어야 할지를 제대로 벤치마킹할 수 있다. 미국에서는 CIO(Chief Instagram Officer)를 구한다는 기사가 나왔을 정도로, 인스타그램에 인증샷이 찍혀서 올라갈 것을 감안해서 제품을 설계한다는 말이 빈말은 아닐 것이다. 예를 들어 '꽃등심'이란 아이템이 있다고 한다면 일반적인 꽃등심선물세트가 아니라 고기 주위에 화려한 꽃을 장식하여 포장을 한다면, 선물을 받아본 이들은 반드시 인증샷을 찍어서 올리지 않겠는가?

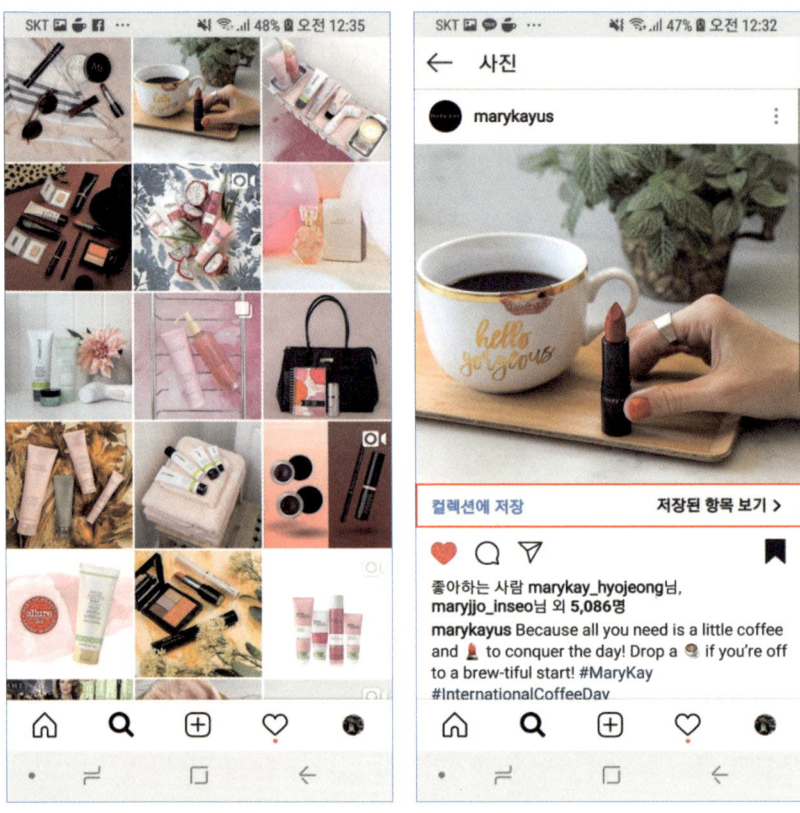

[그림2] 메리케이(@marykayus) [그림3] 컬렉션 기능

설립자인 케빈 시스트롬은 원래 사진광이었다고 한다. 아날로그 사진에 대한 이해가 깊었기 때문에 인스타그램에서 정사각형 틀을 적용하고 다양한 느낌을 주는 필터들을 활용하여 감성을 표현할 수 있게끔 하였다. 사진 한 장이 백마디 말보다 낫다는 말이 있듯이, 글이나 영상으로 표현하기 어려운 것을 사진은 감각적으로 표현해 낼 수 있다. 인스타그램에서 사진에 감성을 불어넣어주는 도구들은 레이아웃(여러장 이어붙이기 기능), 필터(자체 필터와 외부 앱), 부메랑(움짤을 만들어주는 기능), 하이퍼랩스(hyperlapse, 타임랩스 기능) 등이 있다. 각 서비스의 기능들을 극대화시켜서 이용할 수 있도록 해야겠다.

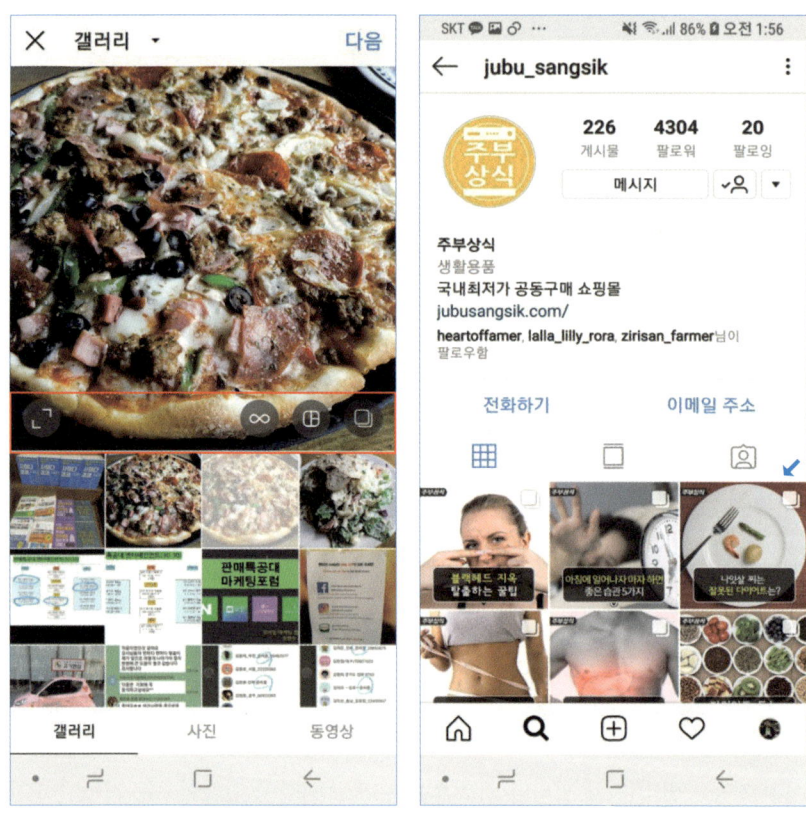

[그림4] 사진에 관련한 기능들   [그림5] 사진을 10장 올리기 사례

그림4에서 보듯이 사진 기능에는 원본 사진을 올리거나(직사각형), 부메랑을 이용하여 움짤 만들기, 레이아웃을 이용하여 사진을 이어붙이기 그리고 10장의 사진을 한꺼번에 올리기 등의 기능이 있다. 특히 사진을 10장 보여줄 수 있는 것은 레시피류를 보여주기에 좋은 방법이 아닌가 싶다. 그림5는 주부들에게 필요한 상식을 카드뉴스 형태로 보여주고 있는 계정의 사례이다.

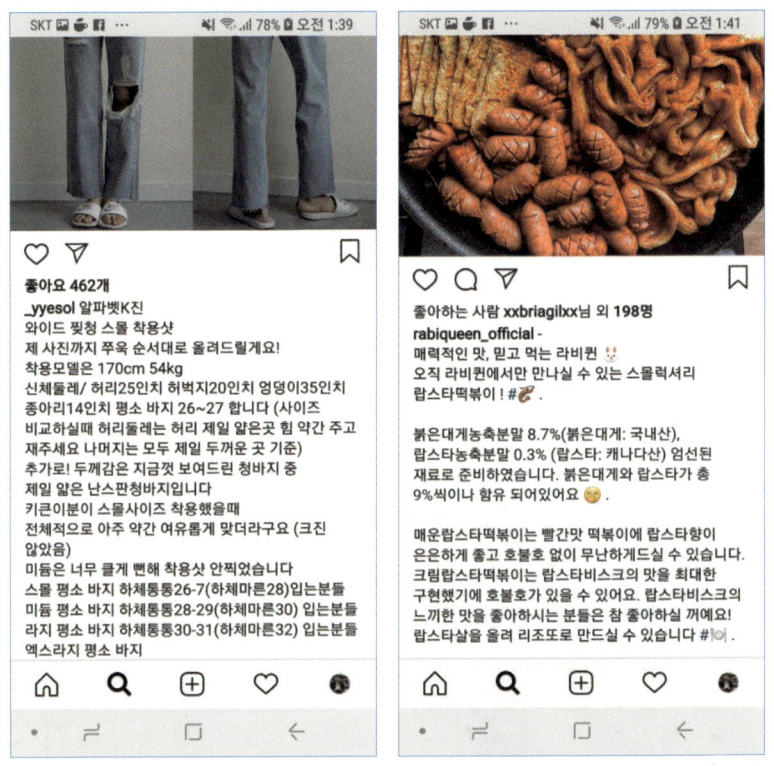

[그림4] 예소라트(@_yyesol)   [그림5] 라비퀸(@rabiqueen)

　　보통 인스타그램은 사진과 동영상을 올리고 간단하게 설명글을 넣은 다음 해시태그만 넣으면 된다고 생각한다. 하지만 위의 두 계정을 보면 하나의 게시물에 상당히 많은 양의 캡션(설명글)이 들어가 있음을 알 수 있다. 사진으로 감성적인 측면, 무엇을 보여줄려고 하는지 바로 알 수 있지만, 구체적으로 표현을 해주어야 어떠한 상황인지를 알 수가 있다. 인스타그램은 모바일로만 게시물을 올릴 수 있기 때문에, 이렇게 많은 양의 글을 쓴다는 것은 굉장히 고된 일이다. 하지만 팔로워를 늘리고, 신뢰를 쌓는 것들은 이러한 디테일에서 차이가 남을 명심해야 한다.

2 | 60초 동영상의 활용과 인스타그램 라이브

최대 길이가 15초였던 동영상이 60초로 늘어난 것은 2016년 3월 29일부터이다. 이때부터 많은 사람들이 인스타그램 동영상의 매력에 푹 빠지지 않았나 싶다. 특히 스마트폰으로 바로 찍어서 별도의 편집없이 보여주어야 했기에 생생한 느낌을 전달하기에는 이보다 더 좋은 수단이 없었다.

[그림8] 오늘뭐먹지(@greedeat)   [그림9] 영상으로 옷을 보여주고 있다.

페이스북에서 제일 유명한 페이지인 오늘뭐먹지 같은 경우는 인스타그램 계정에서 콘텐츠의 절반 이상이 영상으로 되어 있다. 음식이기 때문에 강렬한 비주얼을 사진으로 보여주는 것이 보통이지만, 영상으로 음식의 느낌을 전달하고 있는 것이다. 그림9는 동영상의 장점을 극대화한 경우라고 할 수 있는데, 직접 입고 나와서 어떤 느낌인지를 보여준다. 우리가 패션 쇼핑몰에서 아무리 자세하게 사진을 찍어놓았더라도 영상으로 입었을 때의 핏(fit)이나 느낌들을 보여준다면 이보다 더 좋은 설명은 없다.

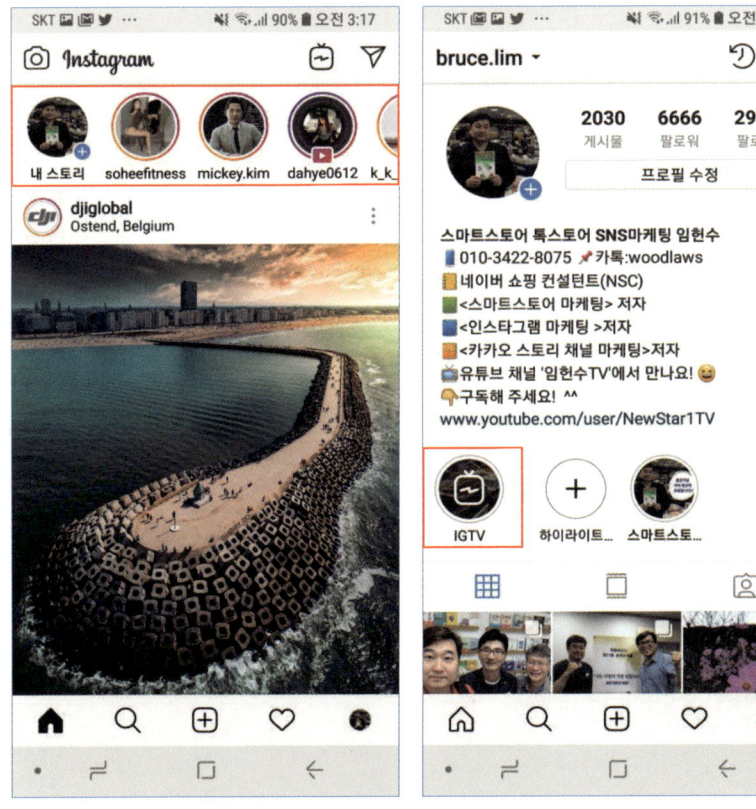

[그림10] 인스타그램 스토리   [그림11] IGTV

인스타그램에서 가장 많은 변화가 일어나는 곳은 피드 상단에 보여지는 스토리일 것이다. 인스타그램 라이브 방송을 할 수 있기도 하며, 또 이곳에서는 IGTV와 DM 버튼이 있는 곳이기도 하다.

인스타그램 스토리는 스냅챗에서 많은 것을 따왔다. 거의 서비스를 그대로 모방했다고 할 정도로 비슷한 모습이다. 중요한 특징은 게시물이 24시간이 지나면 없어지는 것인데, 뭔가 팔로워들의 시선을 끌기에 이것만큼 좋은 것도 없다. 왜냐하면 피드의 상단에 배치되어 있기 때문에 먼저 살펴볼 수밖에 없기 때문이다.

[그림12] 인스타 라이브

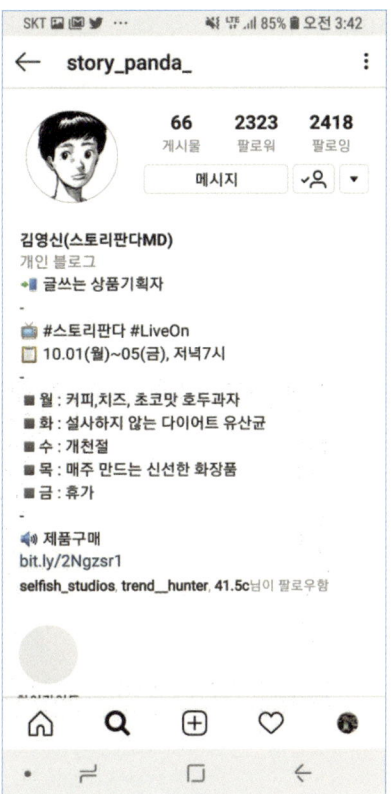

[그림13] 라이브를 극대화한 스토리판다

인스타그램은 개인이 이끌어가는 SNS이고 '인플루언서'라는 용어를 확립하게 해준 곳이다. 그렇기 때문에 운영자가 직접 라이브 방송을 하는 것은 팔로워들에게 강한 신뢰감을 줄 수밖에 없다. 자신 있게 얼굴을 공개하여 내 상품을 홍보할 수 있도록 연습하는 게 필요한 시기이다.

지난 2018년 6월 20일 인스타그램은 IGTV를 출시하였다. 새로운 동영상 플랫폼이 나온다 하여, 과연 어떤 방식으로 구현이 될 것인가가 초미의 관심사였다. 뚜껑을 열어본 결과 별도의 앱을 설치하되, 인스타그램에서 연동되어 보여지는 구조였다. 제일 중요한 특징은 사람들이 모바일에서 동영상을 세로로 시청하는 방식에 '자연스럽게 알맞은' 방식으로 여백없이 세로형 전체 화면으로 영상을 올리고 재생할 수 있게 해준 것이다. 또한 인스타그램 동영상이 1분으로 제한이 되어 있던 것을 최대 1시간까지 올릴 수 있게 해주었다.

[그림14] IGTV를 소개하고 있는 케빈 시스트롬 (출처.인스타그램 공식 홈페이지)

구글의 유튜브가 동영상 시장을 지배하고 있는 상황에서 치열한 경쟁을 벌이고 있는 마크 저커버그는 페이스북에 동영상 플랫폼인 와치(watch), 인스타그램에 IGTV를 런칭함으로써 본격적인 경쟁 구도를 만들고 있다.

[그림15] IGTV 앱 [그림16] IGTV 채널 개설하기

　IGTV는 앱을 다운받고, 내 채널을 개설하는 것부터 시작한다. 기존의 1분 동영상에 대한 아쉬움을 달랠 수 있고, 또 스마트폰의 세로 화면에 익숙한 환경에서 세로 풀스크린으로 영상을 보여줄 수 있기 때문에 보다 창의적인 콘텐츠를 선보일 수 있을 듯하다.

팔로워 1,000명 늘리기 위한
해시태그 전략

사진이나 동영상을 올린 후 설명하는 문장을 넣은 후(캡션) 보통 해시태그를 넣는다. 해시태그 이외에는 @태그를 넣어서 다른 사람을 소환하거나 링크시키는 방법이 주로 쓰인다. 해시태그는 트위터에서 처음 그 용어가 출발했지만, 인스타그램에서 상용화가 되었다 싶을 정도로 강력한 기능을 갖추고 있는 도구이다.

인스타그램 마케팅의 꽃은 #해시태그이기 때문에, 이번 장에서는 해시태그를 효과적으로 사용하여 팔로워를 늘리는 방법에 대해서 알아보고자 한다.

1 | 해시태그란 무엇인가

[그림1] #우리고기한상이라는 해시태그를 무언으로 요청하는 꼬마자동차

　필자는 해시태그란 말을 처음 알려줄 때 하도 못 알아들어서 井(우물 정) 마케팅을 해보자고 했었다. 그도 그럴 것이 휴대폰의 맨 밑에 있던 #(샵) 버튼의 #이 언젠가부터 해시태그라고 불리기 시작했다. 이제는 TV 의 프로그램에서는 물론이거니와, 뭔가 자신을 홍보해 달라고 아우성치 는 듯한 느낌이 들 정도로 익숙한 것이 되지 않았나 싶다. 외식업에서는 음식을 먹은 후 인증샷을 찍어서 올려주면 음료를 서비스로 주는 등 활 발하게 활용되고 있고, 건물 내 외부 인테리어에 특정 해시태그를 아예 제시해 주기도 한다.

- 해시태그 : #(샵 기호)와 특정 단어를 붙여 쓴 것!

　　　　　인스타그램, 트위터, 페이스북 등 소셜미디어에서 특정 키워드를
편리하게 검색할 수 있도록 하는 메타데이터의 한 형태!

- 사용법 : 해시태그는 사용자들이 사진을 올릴 때 다는 태그로 단어 앞에 '#'을
　　　　　붙인다. 인스타그램에서 이 해시태그를 검색하면 같은 해시태그가 달
　　　　　린 사진을 한 번에 모아서 볼 수 있다. 관심 있는 분야의 사진을 찾고
　　　　　싶을 때 유용하다.
　　　　#기호 뒤에 단어나 문장을 띄어 쓰면 안 된다.
　　　　　예) #임스타그램친구들, #임스타그램_친구들
　　　　단어를 분리시켜야 할 경우에는 단어 사이에 _를 넣는다.

- 역할 : ① 포털 사이트의 검색어와 비슷
　　　　　　검색창에 원하는 검색어를 입력하는 것처럼 SNS에 해시태그를
　　　　　　입력하면 원하는 정보를 얻을 수 있다.
　　　　② 내가 작성한 해시태그를 통해 같은 관심사를 가진 사용자끼리
　　　　　　SNS상에서 관계가 형성되고, 내 SNS가 다수의 사용자에게 노출됨
　　　　③ 남이 작성한 해시태그를 클릭하면 해당 해시태그와 관련된 다른
　　　　　　사용자들의 게시물도 모아볼 수 있다(링크의 역할).

- 활용 : ①자신의 일상 게시물을 다른 사용자들에게 보이도록 하는 놀이수단
　　　　　　예) #먹방 #데일리룩 #셀스타그램
　　　　②정보를 알리기 위한 수단 혹은 캠페인

- 의미 : 정보가 넘쳐나는 시대에 내 관심사와 원하는 정보를 빠르고 정확하게
　　　　　찾을 수 있게 해주는 큐레이션의 역할!

인스타그램이 전 세계 10억 명이 넘는 사람들이 사용할 정도로 폭발
적인 성장을 하는 데는 관심사 기반의 SNS라는 측면이 가장 큰 이유가
아닌가 싶다. 페이스북이나 카카오 스토리 같은 경우는 지인 관계를 기
반으로 해서 팔로워가 확장되기 때문에, 불필요한 관계가 많이 형성되어

피로감이 증가한다. 현재 페이스북에 많은 분들이 식상해져 있는 이유는 바로 이때문이다. 하지만 원하지 않는 사람과 관계가 맺어지는 것이 아니라 철저히 내가 관심 있는 분야로만 친구를 맺을 수 있기 때문에 계속해서 흥미가 유발되는 것이다.

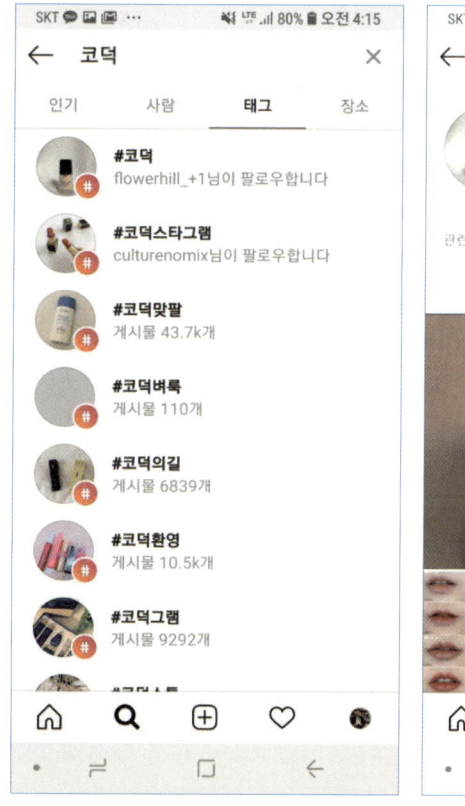

[그림2] 인스타그램에서 코덕을 검색했을 때

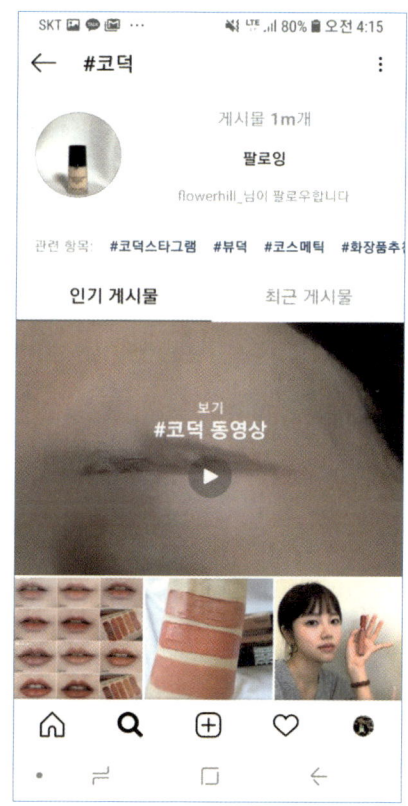

[그림3] '코덕' 관련 인기게시물

인스타그램 검색창에서 '코덕'이라 쳐보면 100만개(1m)가 넘는 게시물을 확인할 수 있다. '코덕'이란 말을 처음 들어봤다면 요즘 친구들이 '코스메틱덕후'를 줄여서 코덕이라고 부르는 것을 알아야 하고, 이게 인스타그램에서 뷰티제품 관련 사진이나 영상을 올릴 때 필수적으로 들어가는 해시태그라는 것도 확인할 수 있다.

2 | 해시태그는 잠재고객을 찾는 보물찾기

앞에서 보았듯이 해시태그는 나의 관심사를 사진이나 동영상으로 올리고 다른 사람들이 볼 수 있도록 해주는 일종의 장치이다. 그렇기 때문에 해시태그를 잘 분석하다보면 내 상품을 살 만한 사람들을 골라낼 수 있다. 필자는 잠재고객의 저수지를 발견한다는 표현을 쓰는데, 마치 한곳에 몰려 있는 물고기떼와 같은 느낌이 들기 때문이다.

개띠맘은 아이들이 어린 것으로 보아 올해(2018) 태어난 아기 엄마들이 게시물을 올렸을 것이다. 혹시나 이렇게 개띠맘이라는 해시태그를 발견했다면, 육아용품을 파는 판매자들은 쾌재를 부르게 된다. 왜냐하면 잠재고객군이 올린 게시물이 453k나 되기 때문이다! 여기에 #조동모임은 어떤가? 군대 동기보다 더욱 끈끈하다는 조리원동기모임의 약자가 아니던가? 귀여운 아기들이 빙 둘러서 찍은 사진들이 많이 보이는데, 느낌이 오지 않는가? 필자는 #원숭이띠맘 #닭띠맘 #조동 같은 해시태그를 발견했을 때 '유레카'를 외치지 않을 수 없었다. 다른 SNS에서는 흉내낼 수 없는 부분이기 때문이다. 블로그나 페이스북을 찾아보아도 이처럼 잠재고객군이 한꺼번에 몰려 있는 경우는 없기 때문이다.

[그림4] #개띠맘

[그림5] #조동모임

인스타그램 공동구매와
결제 문제의 해결(SNS Form)

사람이 모이게 되면 서로 필요한 것들이 생기고, 필연적으로 시장이 형성되는 것을 많이 보아왔다. 그동안 네이버나 다음의 카페에 회원들을 많이 모아두고, 공동구매를 많이 하였으며 블로그를 통해서도 판매를 많이 하였다. 요즘은 '블로그마켓'이란 말이 통용될 정도인데(네이버 월간 검색조회수 기준 PC 6730, MOBILE 11,200) 실로 엄청난 양의 키워드 조회수가 아닌가 한다. 카카오스토리 채널, 밴드, 페이스북을 통해서도 공동구매를 많이 진행하고 있는데, 인스타마켓 또한 성장세가 놀라울 정도이다.

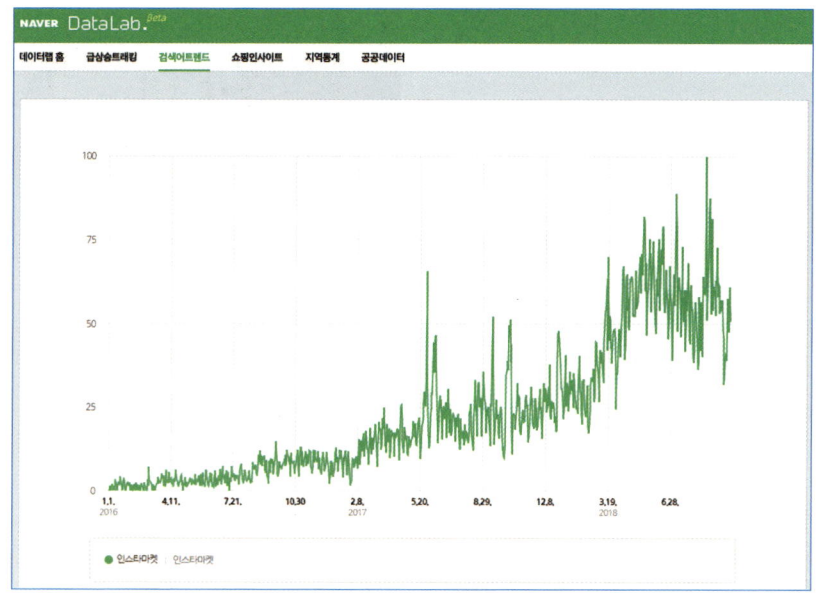

[그림1] 네이버 트렌드 "인스타마켓" 키워드 조회수의 변화

　　카카오스토리나 밴드 같은 SNS를 운영하는 목적은 여러 가지가 있겠지만, 그중에서도 상당수는 판매와 관련된 부분이 아닌가 싶다. 2012년 출시되어 한때는 페이스북을 위협할 정도로 성장했던 카카오스토리만 보아도, 처음에는 SNS 본연의 기능에 충실했었다. (나의 일상을 공유하는 용도) 하지만 현재는 홈쇼핑을 방불케 할 정도로 커머스를 하는 사람들이 점령하게 된 것이 사실이다. 여러 가지 원인이 있겠지만, 물건을 살 만한 연령대(40~60대 주부)가 주로 사용하기 때문이다. 밴드도 마찬가지로 비슷한 연령대가 많이 사용하고 있기 때문에, '밴드 마켓'이라 불릴 정도로 원래의 목적인 '모임앱'의 성격보다 커머스 공간으로서의 역할을 하고 있다고 볼 수 있다.

[그림2] 카카오스토리 채널 공동구매   [그림3] 밴드 공동구매

　국내에서 인스타그램이 폭발적으로 성장한 것이 2015년 하반기라고 본다면 그때부터 인스타그램을 판매의 공간으로 활용하려는 노력들이 많이 있어 왔다고 보는 것이 맞을 듯하다. 이는 페이스북 경영진 내부에서도 고민하던 주제였을 것이고, 이것이 서비스로 드러난 것이 #쇼핑태그라고 보면 된다. 이번 장에서는 팔로워를 많이 모아놓았을 때 공동구매 형식으로 제품을 파는 방법을 알아보고자 한다. 판매에 있어서 가장 중요한 것은 신용이고, 신용의 핵심은 결제문제를 쉽게 해결해 주는 것

이라 생각한다.

간편결제 서비스는 카페나 블로그에서 공동구매를 할 때부터 필요성이 부각되던 서비스였으나, SNS가 폭발적으로 성장하면서 함께 발전해 왔다고 볼 수 있다. 여기서는 코스닥 상장업체인 SNSform에 대해서 간략히 알아보고자 한다.

[그림4] 관리자 화면과 상품 URL생성

1) 상품 URL(주문서 링크) 공유

상품 등록 후 즉시 주문서가 생성되어 간편한 복사로 빠르게 주문서 링크를 공유할 수 있다. 인스타그램 프로필이나 #쇼핑태그에 링크를 걸어줄 수 있다.

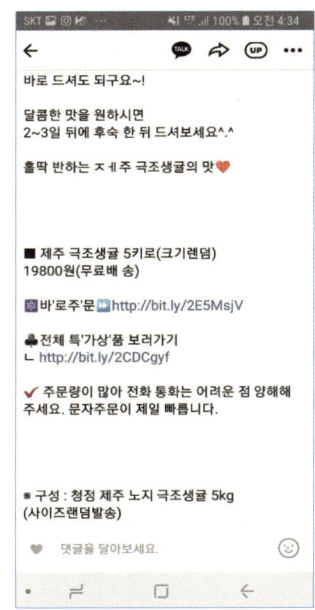

[그림5] SNS 계정

[그림6] 상품상세 페이지

[그림7] 주문서 작성/결제

2) 구매자가 주문서 작성/결제 완료

구매자가 결제시 복잡하게 느끼지 않도록 일반 쇼핑몰과 동일한 주문
서를 제공한다.

[그림6] 관리자 화면에서의 배송 처리 과정

3) 주문관리에서 확인 후 발주 및 배송조회

판매자 샵의 관리자 화면을 보면 주문 및 배송처리 과정을 직관적으로 볼 수 있다.

SNSform 가입절차 부분에 관해서는 해당 홈페이지에 자세히 안내되어 있으니, 참고하시길 바란다. (https://www.snsform.co.kr/) 인플루언서의 힘이 점점 더 강화되는 요즘에는 팔로워를 많이 늘려놓은 개인들이 영향력을 발휘할 수밖에 없는 상황이다. 혹시 그동안 계정을 열심히 운영하여서 팔로워가 많으신 분들은 위의 서비스를 이용하여 공동구매에 도전해 보시기 바란다. 관건은 내 인스타그램의 정체성과 잘 맞는 상품 선정인데 상품이 필요하신 분들은 필자가 운영하는 카페에서 아이템을 얻어보시길 바란다.

현재 SNS에서 유통되는 좋은 상품의 벤더사들이 매일같이 트렌디한 아이템들을 공급해 주고 있기에, 큰 도움이 되실 거라 믿는다.

[그림7] SNS로 10억 벌기 카페의 SNS 상품 소싱 코너 참조

인스타그램 콘텐츠 운영 전략
인스타그램의 특성을
가장 완벽히 활용한 모범생, 위드의집

'인스타그램 마케팅의 본질은 욕망 비즈니스이다.'

몇 년째 인스타그램을 연구하고 강의하면서, 필자가 인스타그램은 한마디로 정의하면 뭔가라는 질문에 해주는 말이다. 인스타그램은 '허세의 미학'이고 사람들은 본인들이 욕망하는 것들을 인스타그램에 그대로 올려놓는다. 따라서 그 욕망을 어떻게 해석할 것인지가 팔로워를 늘리는 방법이고, 잠재고객들의 '욕망'을 자극하는 것이 인스타그램 마케팅의 본질이라고 할 수 있다.

저 음식을 먹고 싶다. 저 장소에 나도 여행가고 싶다. 저 제품을 나도 사고 싶다. 이렇게 고객들의 숨겨진 욕망을 제대로 자극해야 내 제품이나 서비스를 홍보할 수 있는 셈이다.

[그림1] 위드의집 프로필

[그림2] 고객의 후기 리그램

　위드의집은 인테리어 액자를 파는 곳이다. 김민영 대표는 디자이너 출신으로 본인의 능력을 살려서 사업을 해보고 싶어했는데, 인스타그램은 그녀의 삶을 바꿔놓는 기폭제가 되었다.

　지난 몇 년째 불고 있는 #집밥 #집꾸미기 #홈트 등은 집이 내 삶의 터전이면서 모든 것들을 할 수 있는 공간으로 재탄생시켰다. 그렇기 때문에 보여지는 공간으로서 #집꾸미기에 대한 욕망은 당연한 것이었다.

[그림3] 위드의집 인스타그램 콘텐츠 　　　[그림4] 해외에서도 구매가능한 쇼핑몰 구축

　　김민영 대표는 본인이 새댁임을 어필하면서, 어떻게 하면 집을 예쁘게 꾸밀 수 있는지 마치 잡지를 보여주듯이 하나하나 정성스럽게 올리고 있다. 또한 해당 인테리어 제품을 살 수 있는 출처까지 알려줌으로써, 팔로워들에게 편의도 제공하고 있다. 지금은 해외에서의 문의도 많이 들어와 영문쇼핑몰도 운영중이다. 인스타그램은 욕망 비즈니스라는 것을 보여주는 전형적인 사례이니, 참고해 보시길 바란다. (@wid_home)

인스타쇼핑과
쇼핑태그 활용하기

chapter

5

인스타그램의 구조적 특징과 네이버 스마트스토어

1 | 인스타그램의 구조적 특징은 무엇인가

인스타그램은 다른 SNS들과는 다른 구조적 특징이 2가지 있다. 이 특성으로 인해서 인스타그램만의 독특한 마케팅 환경이 만들어지고 있는데, 이를 잘 활용하면 굉장히 좋은 효과를 거둘 수 있다.

인스타그램에서 사진이나 동영상을 첨부하면서 쓸 수 있는 것은 1.글 2.해시태그 3.@태그 4.이모지가 전부이다. 여느 다른 SNS처럼 내 제품을 팔기 위한 링크를 걸 수가 없다. 그렇기 때문에 내 제품에 관심이 있는 사람들은 프로필 사진을 클릭하여 나의 프로필로 다시 와야만 했다. 하지만 이런 구조적인 요인 때문에 이것이 장점으로 작용하는 것이다.

인스타그램이 다른 SNS와 다른 구조적인 특징 2가지

(1) 게시물 공유가 되지 않는다.

블로그는 스크랩, 페이스북과 밴드 등은 모두 게시물을 공유할 수 있는 버튼이 있고, 맘에 드는 게시물을 내 계정으로 공유해 올 수 있다. 하지만 인스타그램은 컬렉션을 통해서 별도의 공간으로 저장할 수는 있으나, 내 피드에 직접 올릴 수는 없다. 그래서 필수적으로 외부 앱을 이용해야 하는데, 이때 사용하는 것이 리그램 앱이다. 리그램 앱을 이용하면 필요한 게시물을 큐레이션해 오거나 후기를 퍼올 수 있다. 또한 체험단 이벤트도 리그램 앱을 통해서 게시물을 확산시킴으로써 가능하다.

(2) 게시물 본문에 링크가 달리지 않는다.

카카오스토리, 밴드, 페이스북 등 모든 SNS는 게시물 본문에 링크를 달 수가 있다. 열심히 홍보글을 올리고 그 밑에 링크를 연결함으로써 나의 쇼핑몰이나 홈페이지로 유입될 수 있게 만들 수 있다. 하지만 인스타그램은 게시물 본문에 쇼핑몰 링크가 걸리지 않기 때문에, 제품을 사고 싶으면 프로필로 다시 가서 링크를 클릭해야만 한다.

그림1을 보면 @dokdolove091은 파란 글씨로 활성화되어 링크의 역할을 하는 반면에 그 밑에 있는 URL은 활성화가 되어 있지 않다. 그래서 계정 옆의 사진을 클릭하여 프로필로 이동한 다음에 쇼핑몰로 연결되는 링크를 클릭할 수밖에 없다.

여기에서 알 수 있는 팁 하나는 게시물에 내용을 다 적은 후에 @dokdolove091을 넣어줌으로써 팔로워들이 나의 프로필로 쉽게 링크를 타고 넘어갈 수 있게 해주는 것이다. 사진이나 동영상을 보고 본문을 확인한 다음에 바로 프로필로 갈 수 있기 때문에 굉장히 도움이 된다.

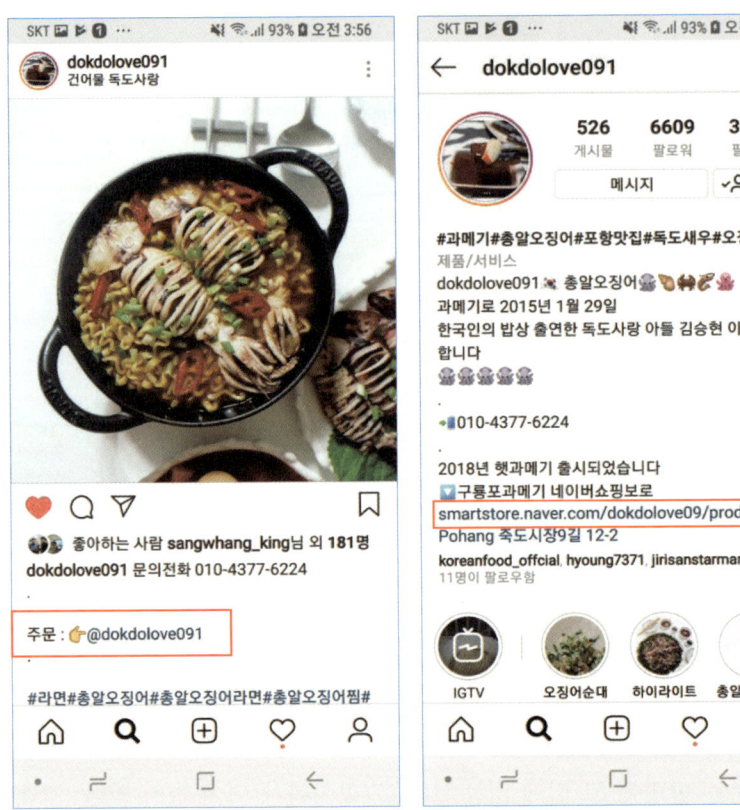

[그림1] 게시물 작성과 본문   [그림2] 인스타그램 프로필에서 홍보

2 │ 네이버쇼핑 상위 노출을 위한 3가지 조건과 인기도 올리기

> **Tip**
>
> 네이버쇼핑 상위 노출을 위한 필수 3가지 요인
>
> (1) **정확도** : 정확한 카테고리에 정확한 상품명을 등록하는 것을 의미한다.
> (2) **최신성** : 상품을 지난달 등록한 사람보다 현재 등록한 사람이 더 유리한 점수를 부여받는다. 다른 오픈마켓에는 없는 네이버만의 특성으로 일종의 혜택이라고 보면 된다. 통상 한달 정도의 유예기간을 주는 것으로 알려져 있다.
> (3) **인기도** : 인기도는 판매량과 리뷰수에 근거한다. 단, 판매량과 리뷰수가 많으려면 내 스토어로 사람들이 많이 방문을 해야 하는데, 이때 중요한 것은 트래픽이다! 즉 네이버 스마트스토어에서는 한 제품으로 몰리는 트래픽의 양에 의해서 인기도가 올라가는 경향이 있다. 2015년부터 인스타그램과 스마트스토어를 계속해서 연구해온 필자는 이 트래픽을 올리는 방법으로 인스타그램이 최적의 SNS라고 생각한다.

(2)의 이유 때문에 인스타그램은 네이버의 스마트스토어와 최적의 궁합을 자랑한다. 필자의 '스마트스토어 마케팅'에서 이미 밝힌 바가 있지만, 여기서는 좀 더 구체적으로 알아보도록 하겠다.

여기서 중요한 것은 프로필의 링크를 꼭 한 개의 상품링크를 주라는 것이다. 내 쇼핑몰의 주소로 링크를 걸면 고객들은 또다시 내 쇼핑몰에서 해당 제품을 찾기 위해서 헤맬 수밖에 없다. 하지만 내 쇼핑몰의 상품 중에서 해당 게시물에 해당되는 제품을 콕 집어 하나만 링크시켜 준다면 이것은 네이버쇼핑에서 1등을 만드는 데에 큰 역할을 하는 셈이 된다. 한 게시물에 좋아요가 100개씩 달린다는 가정하에 하루에 3개의 게시물을 올린다면 특정 한 상품으로 총 300클릭(트래픽)이 일어나는 셈이 되기 때문에, 이것은 네이버쇼핑 상위 노출에 절대적으로 유리하다.

인스타그램 프로필은 오프라인 전단지와 같다! 이모지를 적절히 활용하여 내가 무엇을 하는 사람인지를 정확히 알리고, 내 쇼핑몰로 들어올 수 있도록 설계를 하자!

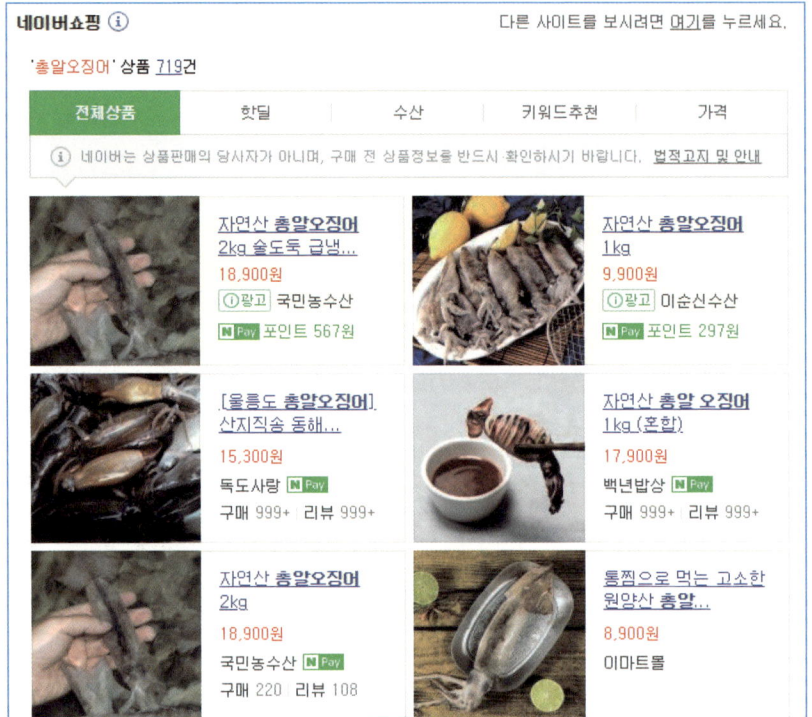

[그림3] 네이버쇼핑에서 '총알오징어' 키워드로 1등을 차지하고 있는 '독도사랑'

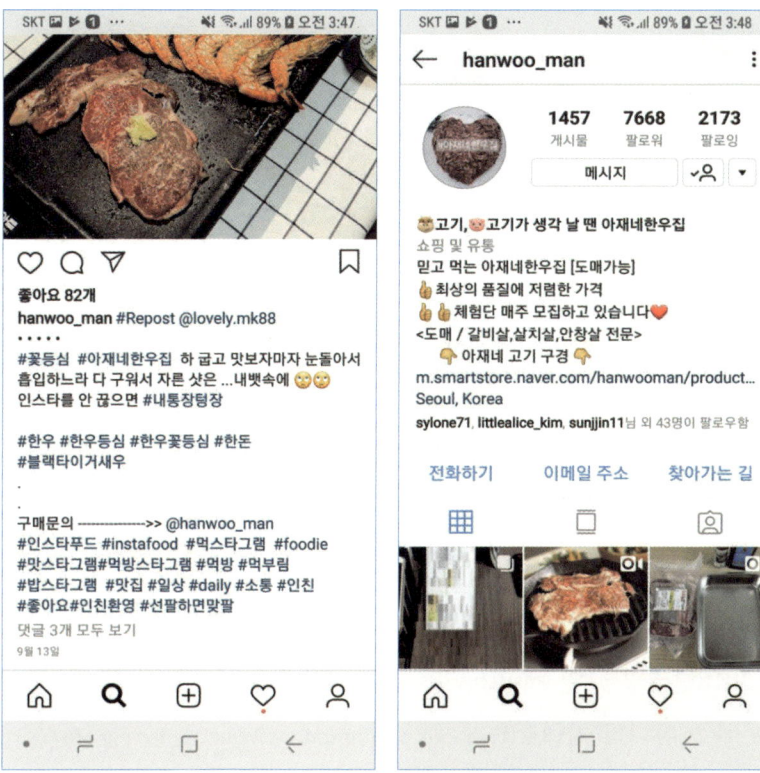

[그림4] 게시물 작성과 본문   [그림5] 아재네 한우집 프로필

　　필자가 당부하는 바는 팔로워가 1,000명이 넘지 않을 때는 굳이 비즈
니스 프로필로 전환하지 말라. 인스타그램의 구조적인 특징을 역으로 이
용해서 스마트스토어의 특정 상품 1개로 트래픽을 집중시켜 준다면 이
보다 더 더할 나위 없이 좋은 일은 없다. 상품의 개수가 제한적이거나 특
정 1가지 상품을 네이버쇼핑에서 1위로 만들고자 하는 분들에게는 훨씬
좋은 방법이 되지 않을까 한다. 팔로워 수가 어느 정도 확보되어 있고,
상품 가짓수가 많은 경우라면 #쇼핑태그를 적극적으로 활용해볼 필요가
있다!

인스타그램
쇼핑태그 세팅 방법

2018년 5월 31일 페이스북은 한국어 서비스 10주년을 맞이해서 '페이스북 커뮤니티 커넥트(Facebook Community Connect) 행사를 개최하였다. 아시아 최초로 진행된 이번 행사는 페이스북, 인스타그램, 오큘러스 등 주력 서비스의 최신 기능과 도구를 직접 경험해볼 수 있는 시간이었다. 특히 주목할 만한 점은 이번 행사를 통해서 '인스타그램 쇼핑 기능'이 국내에 정식 출시되었다는 사실이다. 미국에서는 이미 2016년 테스트를 시작하여 2017년 4월에 정식 출시한 바 있다. 우리나라는 1년 늦게 나온 셈이다. 인스타그램 광고를 비롯하여 수많은 기능들이 비교적 늦게 도입되는 상황에서 드디어 올 것이 왔다는 반응이 나온 것은 당연한 일이다.

1 | 인스타그램 쇼핑태그란 무엇인가

[그림1] 사진 위에 쇼핑백 표시

[그림2] 제품을 보려면 누르세요

　피드의 사진 위에 쇼핑백 모양이 있는 게시물을 클릭하면 그림2처럼 나타난다.

[그림3] 해당 제품에 흰색 원이 표시됨   [그림4] 제품 이름과 가격이 표시된다.

　　쇼핑백 모양을 클릭한 후 조금 기다려보면 흰색 동그라미가 표시되는데, 해당 제품을 나타낸다. 아이콘을 다시 클릭하면 제품이름과 가격이 표시되고, 그림5처럼 웹사이트로 이동하는 버튼이 생성된다.

　　쇼핑태그는 인스타그램에서 바로 쇼핑이 가능해졌음을 의미하는 것이다. 네이버페이나 카카오페이같이 직접적인 결제수단이 붙어 있지 않아서 바로 구매가 가능한 것은 아니지만, 페이스북 페이지와의 연동을 통해서 간접적으로 내 쇼핑몰로 연결할 수 있는 것이다. 인스타그램의 쇼핑 기능은 비즈니스 계정에서 이루어지며 앱 내에서 브랜드 웹사이트 (쇼핑몰)로 연결이 가능하다. 인스타그램 광고를 해야만 해당 게시물의 구매 유도 버튼이나 더 알아보기 등을 통해서 랜딩 페이지로 넘어갔다면, 현재 쇼핑 기능은 광고 집행 게시물이 아니더라도 제품 태그를 이용해서 링크를 유도할 수 있다.

[그림5] 웹사이트에서 보기

[그림6] 쇼핑몰로 연결

그동안 인스타그램에서 해당 상품을 사고 싶으면 계정의 프로필로 이동을 하여 웹사이트를 클릭했었는데, 이제 인앱(In_App) 결제 기능을 추가한 상태이기 때문에, 고객이 구매를 원할 때 별도로 결제 정보를 입력할 필요없이 구입할 수가 있게 된 셈이다. 구매전환이 훨씬 높아질 것은 자명한 일이다.

2 | 쇼핑태그 설정 방법

인스타그램과 페이스북을 통합적으로 이해해야 하는 부분이 바로 이 때문이다. 인스타그램에서 바로 쇼핑몰 링크를 연결시키는 것이 아니라 페이스북 페이지를 만들고 메뉴 기능중에서 샵(shop)에 내 제품을 등록해야 한다. 페이스북 페이지에 대해서는 앞의 챕터 1에서 다뤘으므로 여기서는 자세한 것은 생략한다.

> (1) 페이스북 페이지를 만들고 제품 카탈로그 등록하기
> (2) 인스타그램 계정을 개인 프로필에서 비즈니스 프로필로 전환한다.
>   (페이스북 페이지 연동 필요)
> (3) 페이스북 승인 기다리기
> (4) 인스타그램 게시물에 상품 태그 연결하기

인스타그램 쇼핑태그에 적용이 되지 않는 콘텐츠

제품을 판매하는 쇼핑몰을 가지신 분들이라면 모두 쇼핑태그를 진행하고 싶겠지만, 아래 표의 페이스북과 인스타그램에서의 상거래 정책을 보면 금지된 콘텐츠들이 있다. 꼼꼼히 확인하길 바란다.

참고 : https://www.facebook.com/policies/commerce

금지된 콘텐츠

Facebook과 Instagram 상거래 제품에서는 다음과 같은 항목의 판매가 금지됩니다.

(1) 커뮤니티 규정

상거래 게시물은 Facebook 커뮤니티 규정을 준수해야 합니다.

(2) 불법, 처방 또는 향정신성 약물

게시물은 불법, 처방 또는 향정신성 약물의 판매를 홍보할 수 없습니다.

(3) 담배 및 관련 제품

게시물은 담배 또는 관련 제품의 판매를 홍보할 수 없습니다.

(4) 안전하지 않은 보조 식품

게시물은 Facebook의 단독 재량에 따라 안전하지 않다고 판단되는 보조 식품의 판매를 홍보할 수 없습니다.

(5) 무기, 탄약, 폭약

게시물은 무기, 탄약, 폭약의 판매나 사용을 홍보할 수 없습니다.

(6) 동물

게시물은 동물 판매를 홍보할 수 없습니다.

(7) 성인용품 또는 서비스

게시물은 성인용품 또는 성인 서비스의 판매나 사용을 홍보할 수 없습니다.

(8) 주류

게시물은 알코올 판매를 홍보할 수 없습니다.

(9) 의료 제품

게시물은 의료 기기, 니코틴을 함유한 금연 제품, 인체 일부, 체액 등을 비롯한 의료 제품 및 서비스 또는 '비포 앤 애프터' 이미지를 포함하는 게시물을 홍보해서는 안 됩니다.

(10) 실제 화폐를 사용한 도박 서비스

게시물은 온라인 카지노, 스포츠 도박, 빙고, 포커(금품을 걸고 승부하는 경우) 등 온라인 도박, 스킬 게임, 복권을 홍보하거나 조장할 수 없습니다.

(11) 사기성이거나 오해의 소지가 있거나 거짓 정보를 제공하거나 불쾌감을 주는 게시물

게시물은 사기성이 있거나 거짓이거나 오해의 소지가 있거나 불쾌감을 주는 서비스 또는 제품을 포함할 수 없습니다.

(12) 명백하게 성적으로 노골적인 제품

게시물을 통해 성적 자극을 주는 방식으로 제품이나 서비스를 보여줄 수 없습니다.

(13) 구독 또는 디지털 제품

게시물은 다운로드할 수 있는 디지털 콘텐츠, 디지털 구독 또는 디지털 계정 판매를 홍보할 수 없습니다.

(14) 디지털 미디어 및 전자 기기

게시물은 디지털 콘텐츠를 무단으로 스트리밍하거나 전자 기기 기능의 방해를 조장 또는 장려하는 기기의 판매를 홍보할 수 없습니다.

(15) 실제, 가상 또는 위조 화폐

게시물은 실제, 가상 또는 위조 화폐 판매를 홍보할 수 없습니다.

(16) 상업적 의도가 없는 게시물

게시물은 제품 또는 서비스를 구매하거나 판매할 의도가 없는 뉴스, 유머 또는 기타 콘텐츠를 홍보할 수 없습니다.

(17) 제삼자 권리 침해

게시물은 저작권 또는 상표권 등 제삼자의 지적 재산권을 침해하거나 위반하는 콘텐츠를 포함할 수 없습니다. 이러한 콘텐츠에는 상표권(이름 또는 로고) 또는 다른 회사 제품의 고유한 특성을 복제하여 정품을 모방하는 모조품의 홍보 또는 판매 등이 포함됩니다.

(18) 차별

게시물에 인종, 민족, 피부색, 국적, 시민권, 종교, 나이, 성별, 성적 지향, 성 정체성, 가족 사항, 혼인 여부, 장애, 건강이나 유전적인 상태 등(이를 포함하나 이에 국한되지 않는) 개인적인 특성을 보고 사람을 부당하게 차별하거나 차별을 조장하는 내용을 담을 수 없습니다. 게시물은 차별을 금하는 모든 관련 법을 준수해야 합니다. 본 내용은 주거지 관련 차별도 포함하나 이에 국한되지는 않습니다.

제한된 콘텐츠

Facebook과 Instagram 상거래 제품에서는 다음과 같은 항목의 판매가 제한됩니다.

(1) 이벤트 또는 입장 티켓

게시물은 Facebook의 사전 서면 허가를 받은 경우를 제외하고 티켓 판매를 홍보할 수 없습니다.

- 콘서트, 축제 또는 기타 이벤트 티켓
- 스포츠 이벤트 티켓
- 기차, 항공 및 크루즈 티켓을 포함한 교통 티켓
- 박물관, 유적지 및 공원 티켓을 포함한 입장 티켓

(2) Marketplace 서비스

가정 방문 서비스는 Facebook의 서면 허가를 받아야만 게시할 수 있습니다.

- 잔디 관리 서비스
- 전기 기술자 서비스
- 배관 서비스
- 청소 서비스

일부 서비스는 Facebook의 단독 재량에 따른 결정에 따라 Facebook 페이지에서만 제공됩니다.

- 사진 서비스
- 자동차 서비스
- 이벤트 서비스
- 개인 관리 서비스
- 피트니스 서비스

지금부터 쇼핑태그-샵 기능을 설정하는 방법을 차분히 알아보도록
하자.

1단계 : 페이스북 비즈니스 페이지에 제품 카탈로그 등록하기

1) 페이지의 샵(shop)에서 등록하기

페이스북의 비즈니스용 계정인 페이지는 앞의 챕터 1-1에서 알아보
았다. 그동안 인스타그램만 운영하셨던 분들은 새로 페이지를 만들면 되

고, 기존에 페이지를 운영하셨던 분들은 왼쪽 메뉴에서 샵(shop)을 클릭해서 제품을 추가하고 카탈로그를 만들면 된다. 만약 메뉴바에 샵 섹션이 없다면, 페이지의 템플릿을 '쇼핑'으로 바꾸면 생성된다.

[그림7] 페이지의 샵 메뉴 확인, 카탈로그에 제품을 등록한다.

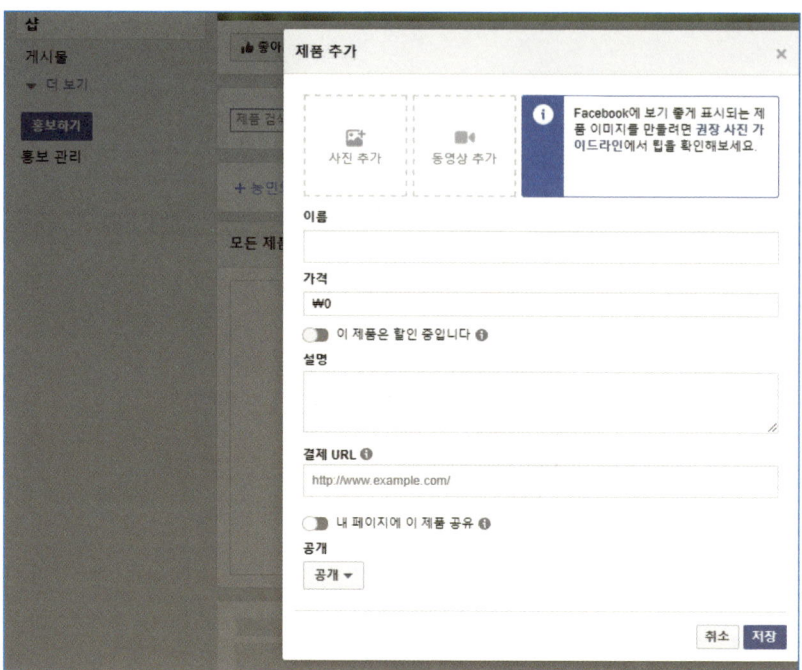

[그림8] 제품 추가

제품을 추가하는데 있어서 가격은 한국의 원화로 표시 그리고 결제 URL을 스마트스토어로 넣거나 쇼핑몰의 URL 주소를 넣어주면 된다. 승인이 되면 페이지에 제품이 노출된다.

2) 페이스북 광고관리자에서 '자산' 탭에서 카탈로그 등록하기

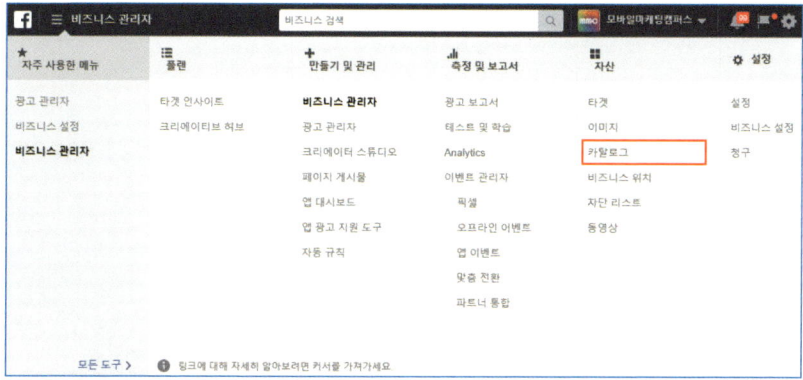

[그림9] 자산 탭에서 '카탈로그'를 선택한다.

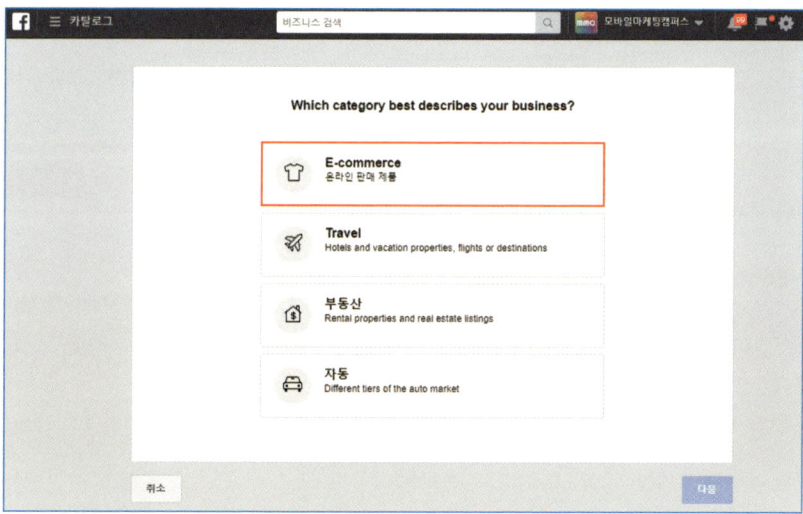

[그림10] 카탈로그에서 E-Commerce 선택

물량이 많은 경우, 상품 목록을 체계적으로 관리할 수 있는데 CVS, TSV, RSS XML의 포맷이 지원된다.

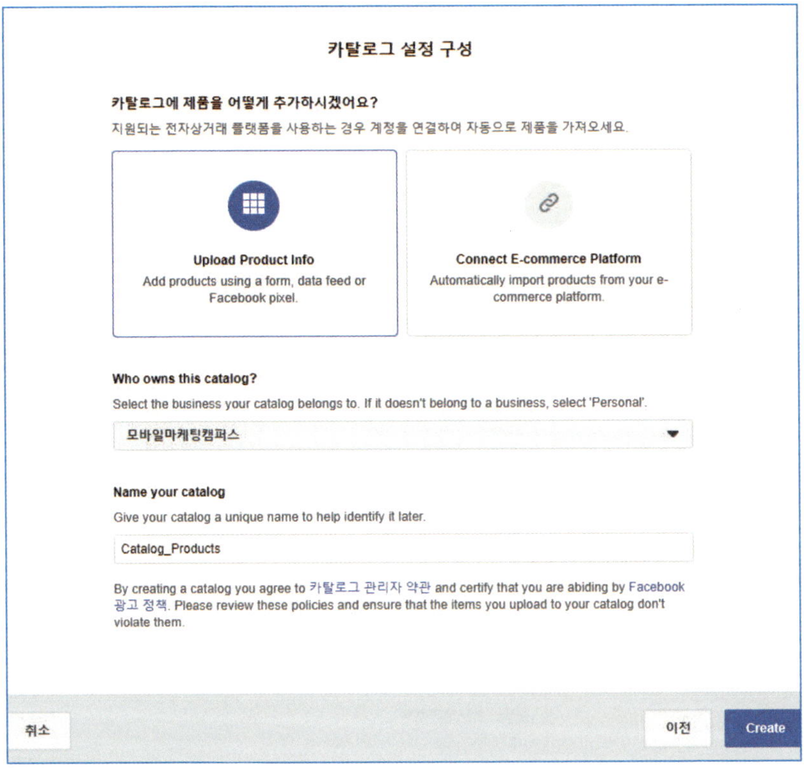

카탈로그 설정 구성

카탈로그에 제품을 어떻게 추가하시겠어요?

지원되는 전자상거래 플랫폼을 사용하는 경우 계정을 연결하여 자동으로 제품을 가져오세요.

Upload Product Info
Add products using a form, data feed or Facebook pixel.

Connect E-commerce Platform
Automatically import products from your e-commerce platform.

Who owns this catalog?
Select the business your catalog belongs to. If it doesn't belong to a business, select 'Personal'.

모바일마케팅캠퍼스 ▼

Name your catalog
Give your catalog a unique name to help identify it later.

Catalog_Products

By creating a catalog you agree to 카탈로그 관리자 약관 and certify that you are abiding by Facebook 광고 정책. Please review these policies and ensure that the items you upload to your catalog don't violate them.

취소 | 이전 | Create

[그림11] 카탈로그 설정 구성

2단계 : 인스타그램 비즈니스 프로필로 전환하기

	페이스북	인스타그램
개인 계정	프로필	프로필
비즈니스 계정	페이지	비즈니스 프로필

쇼핑태그를 설정하기 위해서는 인스타그램 비즈니스 프로필 전환이 필수이다. 인스타그램과 페이스북의 비즈니스 계정끼리의 연결이라고 이해하면 쉽다.

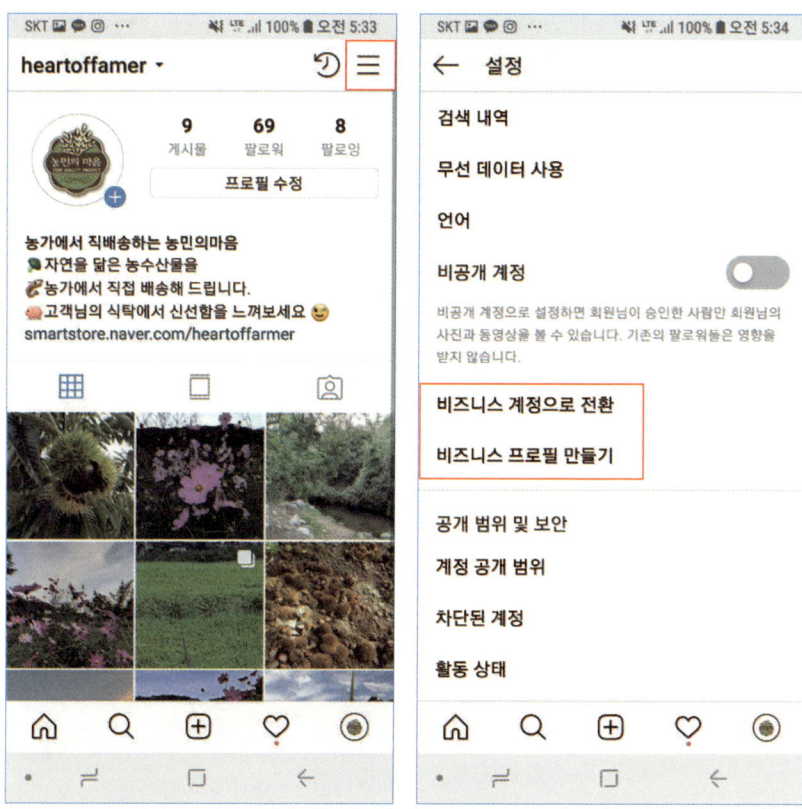

[그림12] 개인 프로필   [그림13] 비즈니스 프로필 만들기

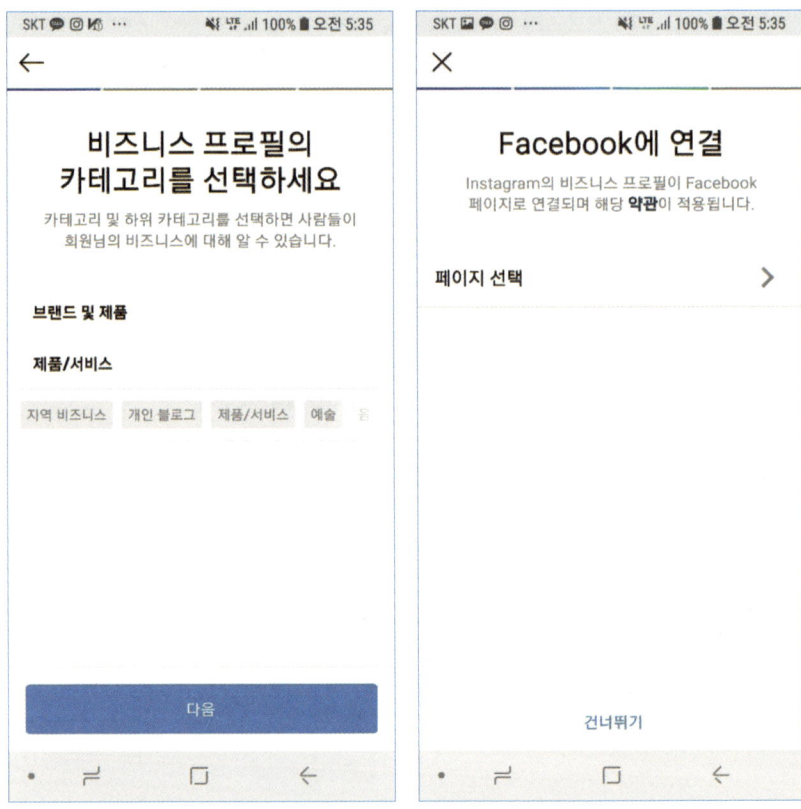

[그림14] 카테고리 선택   [그림15] 페이스북 페이지 연결

　　비즈니스 카테고리는 지역 비즈니스, 개인블로그, 제품/서비스, 예술, 음악가/밴드로 나뉘어 있는데 우리는 제품을 판매할 것이므로 제품/서비스로 등록을 하면 된다. 이후 페이스북 페이지를 연결하는데 페이지는 해당 인스타그램 계정과 똑같은 브랜드로 만든 것을 연결하면 된다.

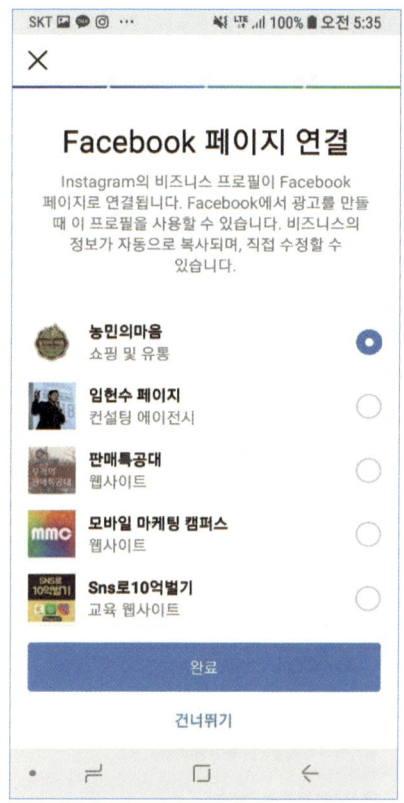
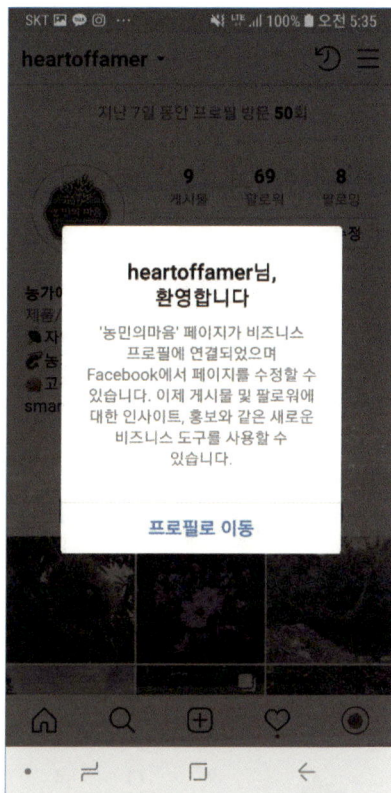

[그림16] 페이지 연결   [그림17] 페이지가 비즈니스 프로필에 연결

3단계 : 페이스북 승인 기다리기

페이스북 광고관리자에서 '카탈로그'에 상품을 등록하였다. 페이스북의 승인을 거치려면 시간이 어느 정도 소요가 된다. 3일 이내에 되는 분들도 있고, 한달이 지나도 승인이 안 나는 경우가 있는데, 보통은 2주 이내에 승인이 난다.

페이스북에서는 판매자의 동의서와 상거래 정책을 준수하는 물리적 제품을 판매하는지, 샵(Shop)서비스를 사용 가능한 국가에 해당하는지 등을 파악해서 승인을 내준다고 한다.

4단계 : 인스타그램 사진에 상품 태그 연결하기

인증이 완료되면 다음 그림18처럼 '사람 태그하기' 하단에 '상품 태그하기'가 보이게 된다. 이미지를 업로드할 때 '상품 태그하기' 버튼을 누르면 태그하고 싶은 위치를 지정할 수 있다. 위치를 정하고 나면 페이스북 카탈로그에 등록해 둔 상품 목록이 뜨고, 해당 이미지와 관련된 상품을 선택하면 된다.

[그림18] 제품 태그 가능 알림

[그림19] 샵 버튼 생김

[그림20] 사람태그 & 제품 태그

[그림21] 사진을 눌러 제품 태그하기

[그림22] 제품 카탈로그 선택

[그림23] 상품명과 가격이 태그됨

리그램을 활용한 콘텐츠 큐레이션과 후기 마케팅

1 | 리그램 앱을 이용하여 후기 공유하기

블로그는 스크랩, 페이스북이나 카카오스토리, 밴드 등은 공유라는 형태로 다른 사람이 올린 게시물을 내 계정에 올릴 수 있다. 그에 반해 인스타그램은 다른 사람이 올린 게시물을 내 계정에 공유할 수가 없다. 그래서 리포스트(리그램이라고도 함.이하 리그램으로 통칭)라고 하는 별도의 앱이 필요하다. (플레이스토어에서 Repost라고 검색해서 다운받는다.)

스마트폰과 인스타그램 그리고 리그램 앱만 있으면 내가 사진을 한 장도 갖고 있지 않더라도 인스타그램 계정을 운용하고, 또 돈을 벌 수도 있다. 컨셉이 제대로 잡혀 있고, 수익모델만 제대로 설계한다면 가능한 이야기이다. 리그램 앱을 이용해서 할 수 있는 것은 크게 3가지인데 하나씩 알아보자.

[그림1] 리포스트(Repost)로 할 수 있는 것들

(1) 콘텐츠 공유(콘텐츠 큐레이션)

(2) 후기 스크랩하기

(3) 체험단 구축하기

　특히 이번 장에서는 콘텐츠 큐레이션으로 인스타그램 계정을 운영하는 방식과 후기를 적절하게 퍼다가 내가 올린 글들과 교차시킴으로써 신뢰도를 높이는 방법을 알아보자.

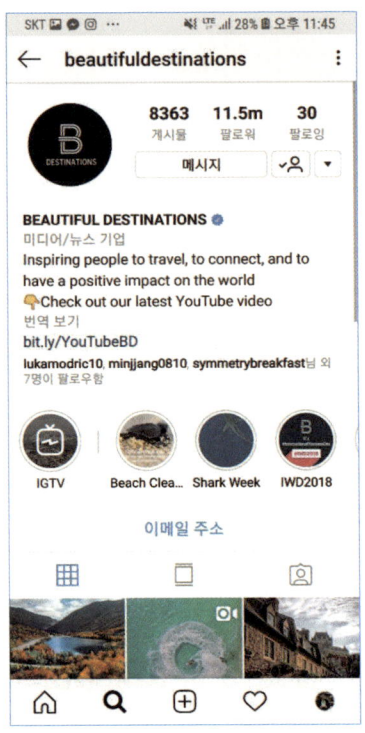

[그림2] 바디온코리아(bodyonkorea)　　[그림3] beautifuldestinations

　　바디온코리아는 국내 최대 몸매(Body)를 살려주는(ON) #짐패션 플랫폼을 지향하고 있는 곳이다. (참고로 @bodyon_bikini 도 운영) 필자가 강조하는 인스타그램의 프로필 설계가 잘 되어 있고, 또 운영 목적이 명확하다. 그리고 모든 사진에 대한 저작권은 해당 사진의 운영자에게 있음을 밝히고 있다. (ⒸAll credit to owners)

　　beautifuldestinations는 전 세계의 멋진 여행지 사진을 끌어모으고 있는 곳이다. (구독자만 1,100만 명이 넘는 엄청난 규모의 계정) 재미있는 것은 이 회사가 운영하는 계정이 하나가 아니라 @beautifulhomes, @beautifulcuisines, @beautifulmatters, @beautifulhotels도 있다는 사실이다. 주제별로 전 세계의 사진을 모아놓은 곳인데, 엄청난 팔로워를 보유하고 있다. 당연히 이 많은 팔로워들을 바탕으로 다양한 사업의 전개가 가능하다.

이렇게 국내외를 막론하고 내가 찍은 사진 한 장이 없어도 인스타그램 계정을 운영하는 곳은 부지기수로 많다. 설계만 제대로 되어 있고, 꾸준한 탐색을 통해서 관련 사진이나 영상들을 큐레이션할 수만 있다면 앞에서와 같은 계정 운영이 가능하다. 문제는 2가지이다. 첫 번째는 사진을 퍼오는 방법에 관한 것(리그램 앱 이용), 두 번째는 저작권에 관한 문제를 어떻게 해결할 것인가이다. 먼저 저작권에 관한 부분을 살펴보자.

● ● ●

2 | 사진 저작권 문제의 해결과 콘텐츠 큐레이션

[그림4] #감천문화마을 사진에 붙은 글

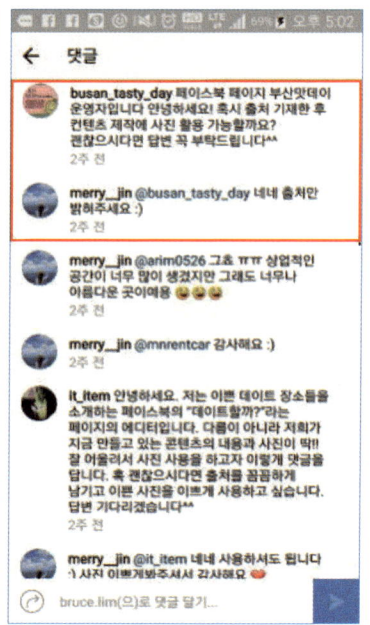

[그림5] 사진 사용허가를 구하는 댓글

그림4와 그림5를 보면 한 사진에 2개의 업체가 댓글을 단 것을 볼 수 있다. 페이지를 운영하고 있는 에디터인데, 사진 사용의 허락을 구하고 있다. 재미있는 사실은 사진의 소유권자가 흔쾌히 허락을 하고 있다는 점이다. 이러한 현상은 왜 일어나는가? 인스타그램의 기본적인 속성을 잘 생각해 보아야 하는데, 내가 먹고 입고 가본 것들을 다른 사람들과 공유(자랑)하기 위해서 올린 것이고, 내가 자랑하려고 올린 것을 또 한번 홍보(?)해 주겠다니 별 신경을 쓰지 않는다. 어떤 경우에는 오히려 반기는 경우도 있다. 간혹 저작권에 관련된 법적 조치를 하겠다면서 크게 화를 내는 분들이 있는데, 이런 경우에는 정중히 미안하다고 사과한 후, 다른 사람의 게시물을 찾아보면 된다. 왜냐하면 인스타그램은 현재 전 세계 최대의 사진 공유 사이트가 되었고, 원하는 모든 사진은 다 구할 수 있을 정도이다. 영어나 일본어, 스페인어를 할 수 있다면 더 다양한 사진들을 구할 수 있는 것은 당연한 일이지 않는가?

다음은 제주도에 대한 관광지, 맛집, 카페, 숙박 정보를 제공하고 있는 '오빠랑 제주도 갈래'의 페이스북 페이지의 게시물이다. 제주도 사진과 함께 주요 관광지의 상징적인 사진을 보여주고 있는데, 해당 사진들을 보면 출처가 모두 인스타그램이다. 여기서도 알 수 있지만 컨셉을 제대로 잡고 설계를 잘 한다면 내가 제주도에 살지 않아도 해당 커뮤니티를 운영해 나갈 수 있다는 사실이다.

인스타그램의 콘텐츠를 운영함에 있어서 이러한 보이지 않는 노력들이 어려운 부분이지만, 열심히 인스타그램에서 검색을 하고 정중한 댓글을 단다면 사진을 획득하는 것이 수월해질 수 있다.

[그림6] 오빠랑 제주도 갈래   [그림7] 사진 위에 출처 표시   [그림8] 출처에서 동의 확인

다음 페이지의 그림을 순서대로 보면 이해하기가 쉬울 것이다.

그림 9 : 공유해오고 싶은 사진의 링크를 복사한다.

그림10 : 링크를 복사하면 Repost앱에 사진이 옮겨져 있다.

그림11 : 해당 사진에 출처가 남는다. 출처를 없애고 싶다면 앱을 구
입하면 된다. (출처가 아예 남지 않기 때문에, 마치 사진을 내가
직접 올린 듯한 느낌이다).

그림12 : 원 저작자가 올린 본문 내용까지 복사가 된다.

그림13 : 인스타그램을 열면(Open Instagram) 그 다음부터는 내가 인스
타그램에 사진을 올리는 과정과 똑같다.

그림14 : 내 인스타그램 계정에 다른 사람이 올린 사진이 옮겨져 와
있다.

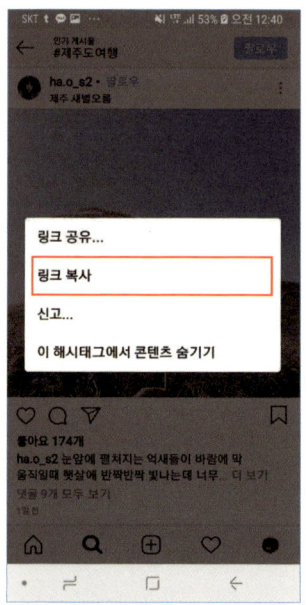

[그림9] 링크 복사

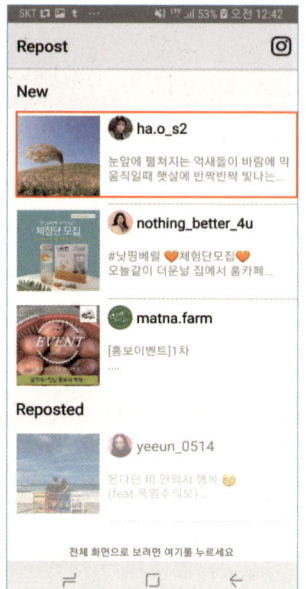

[그림10] 복사된 사진

[그림11] 출처표시

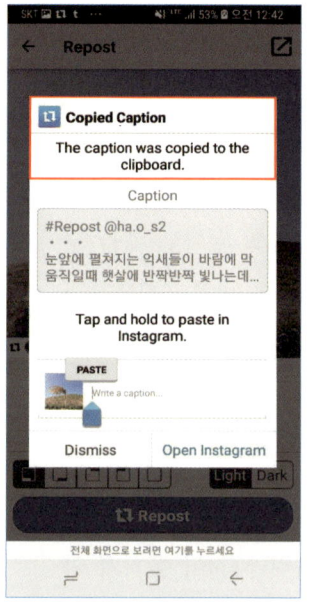

[그림12] 본문 내용 복사

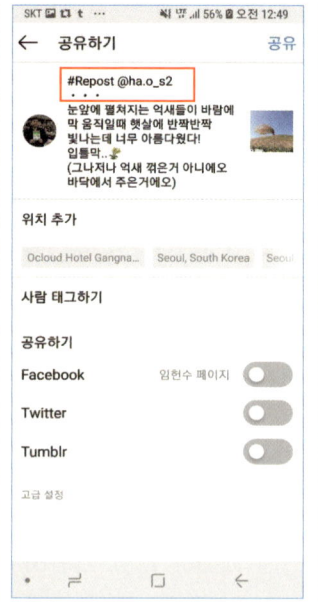

[그림13] 내 인스타에 업로드

[그림14] 게시물 공유 완료!

354 페이지 인스타그램 통합 마케팅

다음 페이지의 @just.baby는 전 세계의 귀여운 아기 사진들을 모으는 계정이고, @palangup은 국내의 귀여운 아이들 사진을 모으는 계정이다. 이런 계정들은 처음에 설계해서 초반 팔로워를 늘리는 것이 어렵지만 어느 정도 팔로워가 모인 이후에는 플랫폼의 역할을 하기 때문에 직접적인 판매나 홍보 대행 등 다양한 비즈니스로 연결시킬 수 있다. 여기에서 중요한 것은 큐레이션인데, 큐레이션의 기본적인 원리를 정확히 이해하고 사람들이 좋아할 만한 관심사를 제대로 짚어낼 수만 있다면 다양한 커뮤니티를 운영해 나갈 수 있음을 알 수 있다.

[그림15] 저스트 베이비

[그림16] 팔안굽

Tip

큐레이션(curation)

다른 사람이 만들어놓은 콘텐츠를 목적에 따라 분류하고 배포하는 일을 뜻하는 말이다. 콘텐츠가 많아질수록 선별된 양질의 정보에 대한 수요가 커지며 큐레이션은 이런 수요를 충족시키기 위한 것으로 신규 비즈니스의 기회가 창조적 작업(콘텐츠 제작)에서 콘텐츠의 분류, 편집 및 유통으로 확대되는 것을 의미한다. 다양한 자료를 자기만의 스타일로 조합해내는 파워블로거, 각계각층의 사람들이 거대한 집단지성을 형성한 위키피디아, 스마트폰을 통해 주제에 따라 유용한 정보를 모아 제공하는 애플리케이션 등이 큐레이션의 한 형태라고 볼 수 있다.

출처 : [네이버 지식백과]

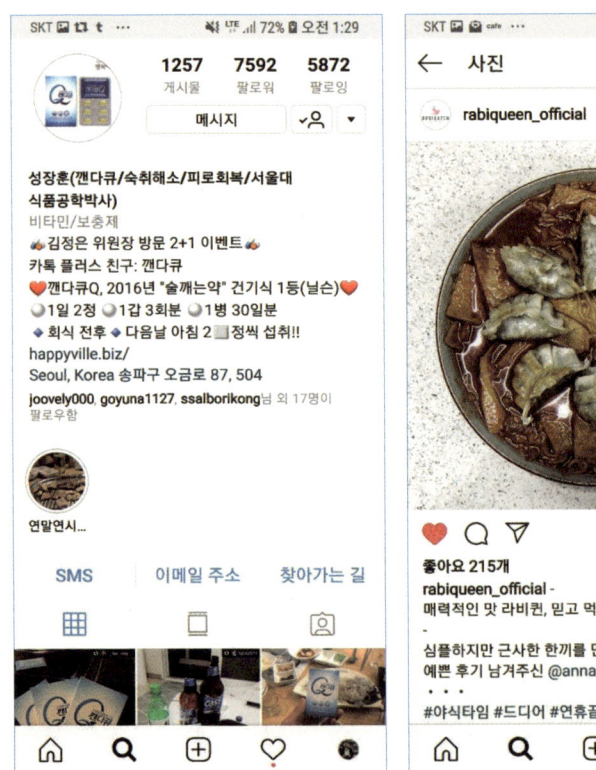

[그림17] 깬다큐   [그림18] 라비퀸

앞서의 예들이 콘텐츠를 큐레이션하는 것이었다면 그림17, 그림18은 후기를 퍼오는 것에 대한 이야기이다. 깬다큐는 술깨는 약을 파는 곳으로 성장훈 대표는 한동안 매일 저녁 술집 근처를 나가서 술깨는 약을 테이블마다 나누어 주었다고 한다. 그러면 젊은 친구들이 술을 먹으면서 너도나도 인증샷을 올려주었다. 성장훈 대표가 하는 일은 #깬다큐로 올라온 인증샷들을 주워(?) 오는 것이었다. 이 얼마나 신박한 인스타그램 운영 방식인가! 인스타그램은 허세(자랑하기)의 미학이고, 인증샷이 자연스럽게 올라갈 것이라는 것을 응용한 사례라고 보면 되겠다.

그림18은 라비퀸으로 요리를 맛있게 올리신 분들의 후기를 리그램 앱을 이용해서 퍼오고 있다. 요리를 잘 하시는 분들은 자신이 만든 요리를 뽐내게 마련이고, 나는 그 분의 요리 사진을 감사한 마음으로 퍼오기만 하면 되는 셈이다. 자랑하고픈 사람의 심리를 잘 이해한다면 왜 이런 패턴이 가능한지 바로 이해가 가능하다. 라비퀸에서 더욱 돋보이는 것은 원작자의 의도를 파악하여 퍼온 사연을 정성스럽게 써준다는 점이다. 이렇게 함으로써 고객들과의 유대관계를 더욱 좋게 하고 충성고객으로 만들어 나가게 된다.

[그림19] 떡미당 스마트스토어   [그림20] 상세 페이지 내의 인스타그램 후기

　　인스타그램에서 생성된 구매 후기는 다양한 용도로 활용이 가능하다. 특히 스마트스토어 운영자라면 인스타그램의 후기를 캡쳐하여 상세 페이지 내에서 활용이 가능하다. 경우에 따라서는 내가 찍은 사진보다 훨씬 더 잘 찍은 사진들이 올라오기 때문에 이를 상세 페이지에 녹여낸다면 고객들의 신뢰감을 쌓는데 큰 도움이 될 수 있다. 위의 떡미당은 사진 사이즈를 엄청 크게 캡쳐를 해서 상세 페이지에 넣었는데, 모바일에서 보면 확연히 드러난다. 직접 확인해 보시길 바란다.

떡미당 (https://smartstore.naver.com/ricepieorg/)

인플루언서를 끌어들여
내 상품의 마케터로 만들기

1 | 인플루언서 마케팅이란 무엇인가

현재 대한민국에서 가장 영향력이 센 SNS를 꼽으라면 유튜브와 인스타그램, 페이스북을 들 수 있다. 이 중에서 즉각적인 효과를 볼 수 있는 매체를 꼽으라면 단연 인스타그램이라고 할 수 있다. 페이스북은 어느 정도 정보를 주면서 좋아요 팬을 늘려나가야 하는 매체이고(그나마 광고를 해야 게시물이 도달된다) 유튜브는 협찬을 받으면 그 제품을 영상에서 표현해 내기가 굉장히 까다롭다. 하지만 한 장의 사진으로 보여주는 인스타그램은 해당 제품을 들고 있는 사진과 멘트만으로도 판매에 즉각적인 반응을 일으킬 수 있다.

특히나 요즘은 '인플루언서'라 하여 연예인은 아니지만, 상당한 영향력을 주는 사람들이 많아졌다. 먼저 인플루언서의 의미를 살펴보면 다음과 같다.

그럼 왜 유독 '인플루언서 마케팅'이 현재 대세가 되었는지 알아볼 필요가 있다. 현재는 상품이 넘쳐나는 시대이고, 모자람이 없다. 하루에도 수없이 쏟아지는 광고에 우리의 눈은 쉬지를 못할 지경이다. 그렇기 때문에 햄릿증후군(Hamlet Syndrome)이라 부르는 현상이 나타날 정도로 뭔가를 선택하기가 정말 어려워졌다. 바쁜 일상에서 시간을 들여서 뭔가를 선택하는 것은 참 어려운 일이다. 그래서 어떤 이들은 타인에게 결정을 맡겨버리는 현상까지 발생하는 것이 아닌가? 이때 내가 관심을 가지고 팔로잉하고 있는 인스타그램 운영자는 큰 도움이 된다. 그가 제시하는 상품이나 정보는 왠지 믿을 만하기 때문에, 별다른 고민 없이 선택을 하게 된다는 점이다. 요즘 많은 사람들이 SNS에서 상품을 구입하고 있는데, 그것은 앞서 말한 내가 믿고 따르는(팔로 하는) 사람들의 취향을 좋아하기 때문이다. 공중파의 광고를 더 이상 믿지 못하고(아니 공중파 시청을 거의 안한다고 표현하는 것이 맞겠다!) 가짜 뉴스가 범람하는 이 시대에 '인플루언서'의 영향력이 증대하는 것은 자연스러운 일이 아닌가 싶다. '인플루언서 마케팅'이라는 말이 나온 이유이자, 상품 판매를 해야 하는 우리로서는 그 원리를 알고 잘 응용을 해야 한다. 사례를 짚어보면서 인스타그램에서 어떻게 할지 알아보도록 하자.

[그림1] 독도사랑 프로필

[그림2] 독도사랑 콘텐츠

그림1은 포항에서 건어물과 수산물 사업을 하는 독도사랑의 인스타그램 계정이다. 프로필을 지나서 콘텐츠 부분을 보면 음식 사진 중간에 예쁜 여성분이 과메기를 들고 사진을 찍은 것을 볼 수 있다. 피드의 대부분이 과메기 사진으로 올라오고 있는 와중에 약간은 생뚱맞아 보이지 않는가? 하지만 사진을 자세히 보면 모델 서진아님임을 알 수 있다.

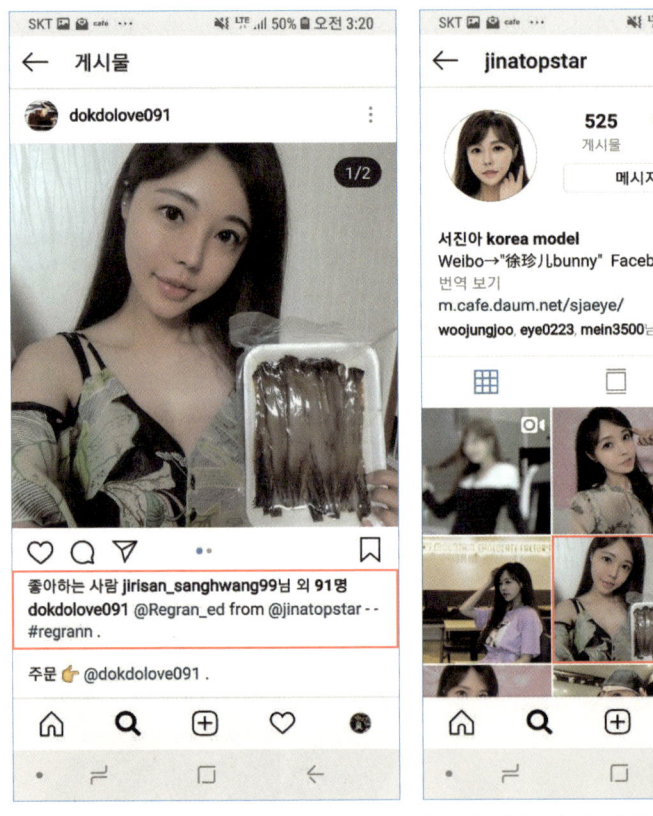

[그림3] 리그램으로 퍼온 게시물   [그림4] 서진아님 피드의 게시물

2 │ 협찬의 개념과 DM발송 실전 사례

어떻게 이러한 일이 가능한가? 짐작했겠지만, 이것은 인스타그램의 쪽지 기능인 DM을 통해서 협찬 문의를 보냈기 때문에 가능한 일이다. 인스타그램에서는 인플루언서에게 정중하게 친분을 쌓으면서, 때가 되었을 때 DM을 보내서 도움을 요청할 수 있다. DM은 대화형식이 카카오톡과 비슷한 구조이기 때문에, 나의 상황을 잘 어필하면 큰 돈을 들이지 않고도 인플루언서의 힘을 이용할 수 있다. 문제는 '인플루언서'들의 힘이 엄청 세졌기 때문에, 과도하게 금전적인 요청이나 기타 물품을 요구하는 경우도 많아졌다는 점이다.

그래서 평소에 내 상품을 홍보해 줄 수 있는 인플루언서들을 잘 관리(?)하는 것이 필요하다. 갑자기 DM을 보내서 뭔가를 요청하는 것은 상대편에게 귀찮음을 유발하기 때문에, 평소에 좋아요나 댓글을 많이 달아줌으로써 친분을 쌓은 다음에, 협찬을 제안하도록 한다. 중요한 것은 절대로 구걸하는 모양새를 취하는 것이 아니라 내가 이러이러한 것을 당신에게 '협찬'(연예인 협찬이라고 생각하면 됨)하려는 것이니 도움을 줄 수 있는지 가능성을 보는 정도로 하면 된다.

다음의 그림5와 그림6은 아재네 한우집의 인스타그램 계정이다. 현재 인스타그램 체험단과 함께 별도로 DM발송을 통해서 협찬마케팅도 병행하고 있다. 체험단과의 차이점은 체험단은 주기적인 이벤트로써 참여자들을 모은다. (자세한 것은 5-5 참조)

참여자를 모은 다음에 그 중에서 몇몇을 선정해서 말 그대로 체험을 할 수 있게 해주는 반면 협찬은 내가 먼저 인플루언서를 찾아가서 제안을 하는 것이 다른 점이다. 당연한 얘기지만 협찬은 팔로워수가 많고, 활동성이 활발한 분들에게 제공해야 도움이 된다. 그리고 가장 중요한 요소는 아무리 좋은 상품이라고 해도, 내 계정의 정체성에 부합하지 않는 것들은 절대로 피드에 올리지 않기 때문에, 내 상품과 비슷한 패턴으로 피드를 채우는 분들을 찾아내는 것이 관건이다.

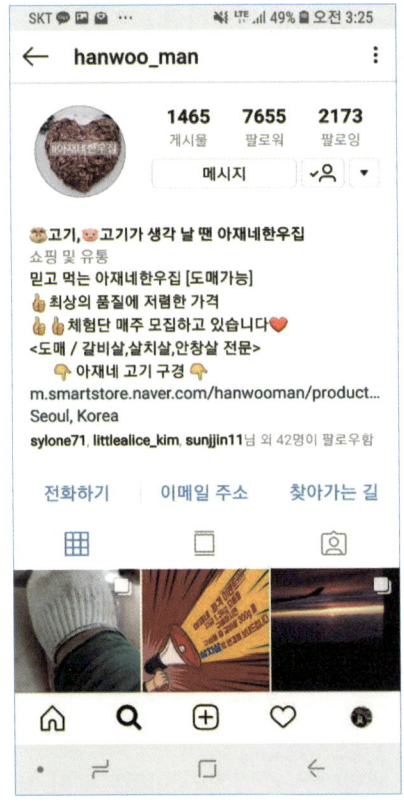

[그림5] 아재네 한우집 프로필

[그림6] 아재네 한우집 체험단 모집글

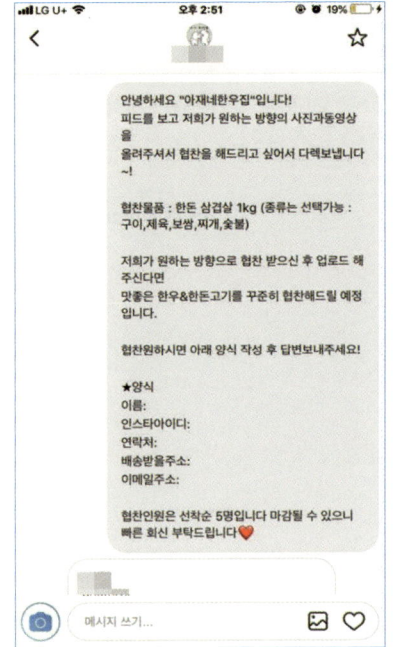

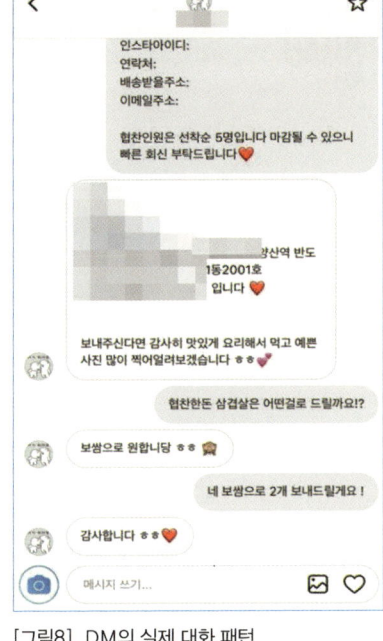

[그림7] 아재네 한우집 DM발송 사례   [그림8] DM의 실제 대화 패턴

그림7, 그림8은 실제 DM의 대화 내용을 캡처한 것이다. 아재네 한우집에서 대화의 첫 물꼬를 틀 때 '피드를 보고 저희가 원하는 사진과 동영상을 올려주셔서 협찬을 해드리고 싶어서 다렉보냅니다'라고 시작하고 있다.

앞서 강조했던 인스타그램은 관심사 기반의 SNS이고, 사람들은 자신들의 관심사에 따라서 매일 신중하게 피드에 사진이나 동영상을 올린다. 그렇기 때문에 내 상품에 관심을 가질 만한 사람을 대상으로 '협찬'을 제안하는 것이 중요하다. '협찬'은 내가 구걸하는 것이 아니라 내가 특별히 당신한테만 이런 호의적인 제안을 하는 것이니 받아줄 것이오? 라고 제안하는 뉘앙스가 중요하다. 연예인을 생각해보면 이해가 되는 대목인데, 인플루언서를 유명인이 된 듯한 느낌이 들게 해주는 것이 중요하다.

인스타그램 체험단 구축하기

● ● ●

1 | 인스타그램 체험단 마케팅의 현황

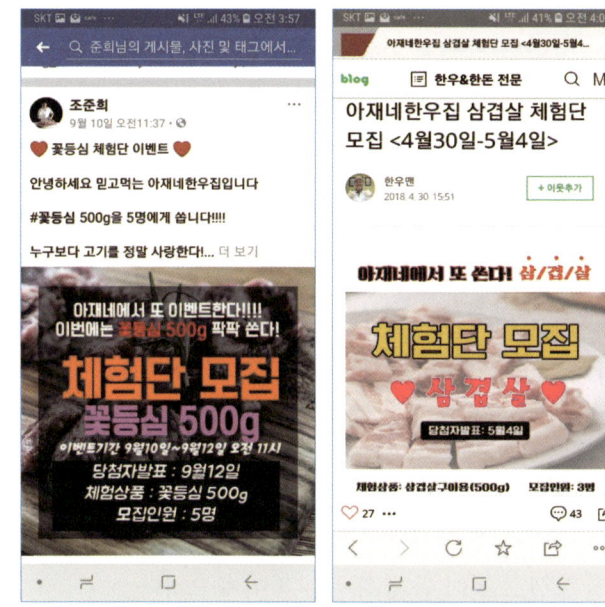

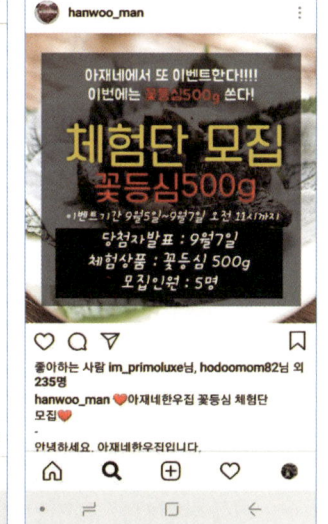

[그림1] 페이스북 체험단 [그림2] 블로그 체험단 [그림3] 인스타그램 체험단

앞서 아재네 한우집은 '인플루언서 마케팅'의 측면에서 '협찬'을 이용한 방법에 대해서 알아보았다. 현재 아재네 한우집은 네이버에서 '한우' 키워드로 2년 넘게 1~2위를 다투고 있는데, 그 핵심 비법은 FBI 체험단에 있다! 필자가 페이스북, 블로그, 인스타그램의 앞 이니셜을 따서 이름붙인 FBI채널 모두에서 체험단을 구축한 것이다. 물론 이것이 한번에 된 것은 아니고 한 체험단이 구축되기까지는 보통 6개월 이상의 노력이 소요되었다. 스마트스토어에서 가장 중요한 것은 '트래픽'이고 이 트래픽을 발생시키는 장치로는 제일 손쉽게 할 수 있는 방법은 광고이지만, 광고 외에는 평소에 내가 SNS를 직접 운영함으로써 트래픽을 유지시켜 줄 수 있다. 물론 내가 순위에서 밀려나면 구매고객들에게 문자 보내기부터 체험단 시스템의 풀가동, 할 수 있는 광고를 모두 쏟아부어야 떨어진 순위를 회복시킬 수 있다.

체험단 마케팅은 블로그에서 많이 보았던 대표적인 마케팅 방법이다. 지금도 활발하게 활용이 되고 있는 마케팅 수단이며, 네이버의 스마트스토어에서 판매를 하시는 분들에게는 굉장히 중요한 부분이 아닐 수 없다. 왜냐하면 네이버 전체에서 나의 브랜드와 상품명을 검색했을 때 관련 '후기'들이 나온다는 것은 그만큼 검증이 되었다는 것을 보여줄 수 있는 방법이기 때문이다.

필자가 '인스타그램 마케팅'(2016.07.04.라온북)을 출간할 당시만 해도, 인스타그램에서의 체험단은 많지 않았다. 왜냐하면 당시까지만 해도 인스타그램의 활용 방법에 대한 노하우가 많이 퍼져 있지 않았기 때문이다. 또한 '블로그 체험단'에 익숙했기 때문에 사진 한 장으로 뭘 보여줄 수 있을지에 대한 의문도 많던 시절이었다. 하지만 뒤의 그림에서도 보듯이 체험단 관련 해시태그만 20만여 개에 가깝다. 그만큼 인스타그램에서도 엄청나게 다양한 아이템들이 체험단을 진행하고 있다는 뜻이다. 필자가 SNS마케팅 교육을 할 때 많은 분들에게 '체험단'을 구축해보라고 권유를 하는데, 아직도 많은 분들이 체험단은 업체들만 할 수 있는 것으로 생각하고 있다. 하지만 업체들이 하는 체험단 패턴을 유심히 들여다 보면 형식상으로 크게 어려움이 없음을 알 수 있다. 중요한 것은 '인스타 그램 체험단'이 움직이는 원리를 이해하는 일이다.

[그림4] '체험단' 해시태그

[그림5] '체험단모집' 해시태그

필자는 '체험단'이 가능한 이유를 3가지 정도로 보는데 첫 번째는 '공짜 마케팅', 두 번째는 '행운을 바라는 심리', 세 번째는 '놀이로서의 문화현상' 이다. 공짜 마케팅은 당연히 공짜를 바라는 심리를 이용하는 것인데, 아무래도 살림에 하나라도 보탬이 되려고 참가하는 경우가 큰 이유를 차지한다.

체험단 상품의 가격이나 가치에 따라 느낌은 다르겠지만, 아무래도 내 돈을 주고 사는 것보다는 공짜로 받으면 기분이 엄청 좋지 않은가? 행운을 바라는 것은 인간의 내면에 누구나가 다 가지고 있는 것으로, 모바일로 간편하게 참여가 가능하기 때문에 나도 당첨되었으면 좋겠다는 심리를 이용하는 셈이다. 세 번째 '놀이'라고 생각하는 이유는 인스타그램 피드에 열심히 게시물을 올리고, 다른 사람 게시물을 눈팅하다 보면 어느샌가 매너리즘에 빠지게 되는데, 이때 친한 사람들끼리 같이 체험단 이벤트에 참여하게 되면 그 자체가 큰 재미요소가 되는 것이다. 실제로 체험단에 참여하는 분들을 인터뷰해 보면 위의 세 가지 정도에서 답변이 많이 나왔었다. 그럼 체험단은 어떻게 구축하는지 실 사례를 보면서 분석해보자!

[그림6] 떡미당 프로필   [그림7] 떡미당 체험단 모집글

Tip

체험단 진행절차

(1) #체험단 등을 검색하여 내 상품과 비슷한 상품을 진행한 게시물을 벤치마킹한다.
(2) 체험단 이미지와 글을 작성하여 올린다.
(3) 체험단 게시물 URL를 복사하여 DM을 보내서 많은 사람들을 참여시킨다.
(4) 체험단 발표를 한다. (발표하는 것도 양식을 잘 맞추면 좋다. 당첨자 태그하기 등)
(5) 체험단 상품 발송 및 안내하기
(6) 후기로 올라온 게시물을 내 계정의 피드에 리그램한다.

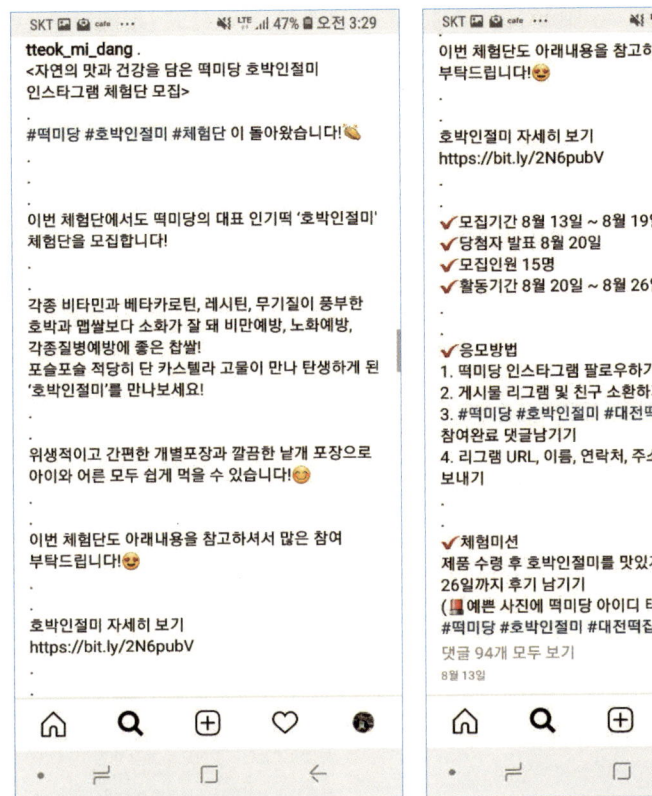

[그림8] 체험단 글   [그림9] 체험단 응모방법

그림8, 그림9를 보면 떡미당에서 진행된 체험단 글의 전문을 확인할 수 있다. 중요한 것은 보통 인스타그램 글은 짧게 적는 편이나, 체험단 글은 길어질 수밖에 없다. 그렇기 때문에 장문의 글을 읽기 편하게 하려면 문단을 잘 나눠주는 것이 중요하다. 보통 마침표(.)를 넣어서 문단을 나누어준다. 그리고 응모방법을 명확하게 제시해 주는 게 핵심이다. 내 인스타그램 계정을 팔로우하는 것은 필수이고, 내가 원하는 해시태그를 제시해 준다. '체험단'의 핵심 원리 중 하나는 내가 올린 게시물이 다른

사람들에게 많이 퍼져나가는 데에 있다. 그래서 여기서도 내 체험단 글을 리그램으로 퍼 날라주는 것을 기본적인 목표로 해야 한다. 팔로워가 많은 분들이 참여를 하게 된다면 이렇게 퍼 날라주는 것 때문에 참여자가 자발적으로 늘어날 수밖에 없는 구조이다. 인스타그램에서 '바이럴'이 일어나는 과정이라고 보면 된다.

[그림10] 체험단에 참여하는 분들

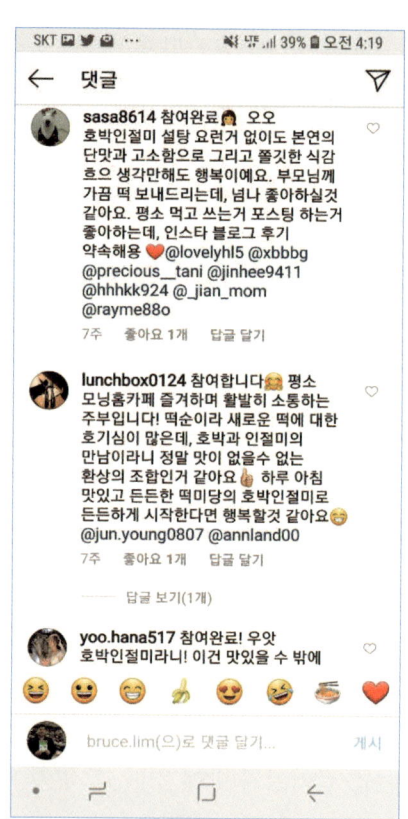

[그림11] 태그를 통해서 친구들을 소환

위에서 보면 해당 체험단 이벤트에 참여하면서 정말 많은 사람들이 다른 인스타그램 친구들을 소환해 오는 것을 볼 수 있다. 이 @태그(소환한다고도 함)가 2차로 바이럴을 일으키는 장치이다. 태그를 당한 사람들은 알람이 뜨기 때문에 해당 이벤트 게시물을 다시 한번 보게 된다. 가끔 상품 하나를 타기 위해서 정말 많은 분들이 이렇게나 열심히 참여해 주시는구나 하고 새삼 놀라기도 한다.

[그림12] 체험단 발표 글

[그림13] 리그램 해온 후기글

체험단을 진행한 뒤에는 반드시 발표글도 올려줘야 한다. 그래야 선정에 있어서의 공정성 논란을 피해 갈 수 있기 때문이다. 특히 발표를 할 때도 다음번에도 계속 이런 재미있는 이벤트가 진행됨을 넌지시 알려준다면, 팔로워들의 호기심을 더욱 유발할 수가 있다.

그림13은 체험단을 진행한 후, 고객이 올려준 후기를 리그램해온 사진이다. 아기가 맛있게 먹는 모습을 보고 반응을 안 보일 엄마들이 얼마나 있겠는가? 떡미당에서는 체험단을 진행할 때 주로 아기가 있는 엄마들에게 체험단에 참여하도록 권유하는데, 이것은 그만큼 이들의 파급력이 크기 때문이다.

[그림14] 패션풀 프로필

[그림15] 패션풀 체험단 이벤트

헐리우드 스타일 쇼핑몰을 운영하는 패션풀에서는 주기적으로 체험단을 운영하고 있는데, 의류 같은 경우는 사이즈도 다 다르고, 원하는 품목도 다르기 때문에 약간은 다른 방식을 사용해야 한다. 즉, 특정 상품 한 개를 주는 것이 아니라 쇼핑몰에서 사용할 수 있는 쿠폰을 줌으로써, 참여자들이 자유롭게 상품을 고를 수 있게 한다. 체험단을 통해서 모델들이 보여주는 사진뿐만 아니라 실제 입어보는 사람들의 착용 샷을 확보할 수 있기 때문에 매우 유용한 후기 획득 방식이다.

스마트스토어 운영 전략

스마트스토어와 인스타그램의 찰떡 궁합
- 독도사랑

포항에서 수산물을 판매하는 '김승현' 대표는 요즘 스마트스토어를 통해서 큰 매출을 일으키고 있다. 스마트스토어를 운영하시는 분들은 '독도사랑'에서 3가지 배울 점이 있다.

스마트스토어 운영자들이 참고할 3가지

(1) 프로필에 특정 상품 URL를 걸어서 인기도를 높여보자!
(2) 이벤트와 인플루언서를 활용하여 충성고객을 늘려나가자!
(3) 쇼핑태그를 스마트스토어로 연결시켜 트래픽을 유발하자!

[그림1] 독도사랑 프로필

[그림2] 독도사랑 스마트스토어

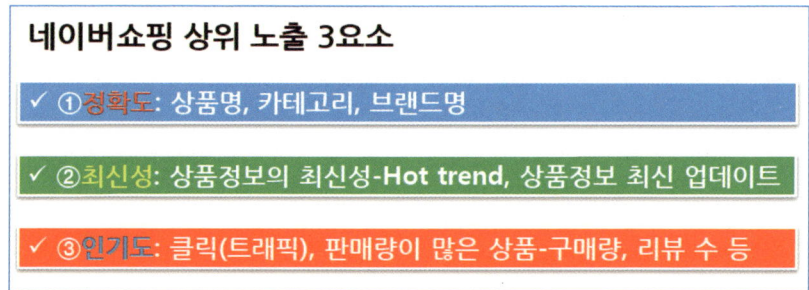

[그림3] 네이버쇼핑 상위 노출 3요소

네이버쇼핑 상위 노출에서 가장 중요한 요소인 인기도는 집중적인 트래픽이다! 그래서 인스타그램 프로필에서 특정 상품 1개로 URL를 링크시키는 것은 매우 중요하다.

[그림4] 키워드 조회수가 높은 '총알오징어'가 네이버쇼핑에서 1위 중(2018.10.10.현재)

네이버쇼핑에서 '총알오징어'를 검색했을시 나오는 화면이다. 첫 번째와 두 번째가 쇼핑 검색광고로 광고의 영역이라면 세 번째가 1등이다. 현재 전국적으로 스마트스토어에 대한 관심이 뜨겁고, 내 상품을 1등 만들기 위한 노력들이 한창이다. 김승현 대표는 블로그 체험단과 인스타그램을 활용하여 주력 제품들을 노출시키고 있다.

　스마트스토어가 네이버와 네이버쇼핑에서 노출이 되다보니, 블로그의 후기가 요즘 더욱 중요해졌다. 그래서 블로그 체험단을 지속적으로 운영한다. 또한 요즘에는 '인스타그램'에서 검색하는 사람들이 더욱 많아졌기 때문에 #독도사랑 #총알오징어 #총알오징어라면 등으로 나의 해시태그가 많이 나오도록 유도를 하고 있다.

총알오징어 강황리조토 #독도사랑 총알오징어 구♪　2018.07.06.
총알오징어는 동해안 오징어 새끼를 말합니다. 총알만한 사이즈는 아니지만 작아서 그런지 아님 총알처럼 빨라서 그런지 이 애기들의 이름은 총알오징어...♪ 사이즈가...
식탐많은 야매레시피　blog.naver.com/lee700415/221313881566

독도사랑의 총알오징어 신선하게 홀깃하게　2018.07.10.
독도사랑의 총알오징어를 정말 빠른 배송으로 만나봤습니다 출발한다고 연락을... 중에서 오징어를 가지고 요리하는 프로그램을 봤었는데 그때 그렇더라구요 어떤...
생글생글 말랑말랑　blog.naver.com/newspringm/221315833000

독도사랑 총알 오징어 +_+!!!　2018.06.28.
총알 오징어는 일반 오징어보다 작고 모양이 총알 같아요. 게다가 신선한 이 친구!! +ㅁ+ 받자마자 데쳐서 짜잔~ 예쁘게 찍고 싶었는데 -_-;;;흑... 사진은 못 찍었지만 맛은...
우리가 쏜 화살은 ....　forutorever.blog.me/221308272368

총알오징어 찜 그냥 쪄서 먹어도 맛나요　2018.07.01.
몇일전, 민쭈언니 리뷰보고 이건 먹어야겠다고 생각에 구입한 총알오징어 원래 오징어를 좋아하다보니 횟집 가서 종종 회,찜 등으로 먹었었는데 집에서 찜으로...
롤로미의 Daily Lif...　blog.naver.com/mjh8289/221310483502

보들~쫀득~별미 독도사랑 '총알오징어'　2018.06.09.
다시마육수에 국간장이랑 참치액약간 넣고 무를 나박썰기해 듬뿍 넣고 끓이다 총알오징어 통째로 넣어...'오징어뭇국'도 끓였지요. 요렇게 이쁘장하게 잘 끓고...
쭈니네　blog.naver.com/johnkick/221295251201　　블로그 내 검색

[그림5] 블로그에서 '총알오징어'를 쳤을 때 나오는 후기들

[그림6] 무료나눔 이벤트

[그림7] 항상 하단에 태그를 달아준다.

　　주기적인 이벤트는 충성고객들을 유지시켜주는데 큰 도움이 된다. 무
료나눔 이벤트는 팔로워들에게 나도 당첨될 수 있다는 기대감을 불러일
으키기 때문에 매우 유용한 장치라고 할 수 있다. 또한 앞의 5-4 섹션에
서 다루었던 것처럼 팔로워가 많은 '인플루언서' 들과 유대관계를 맺고
있다보니, 내 상품을 본격적으로 홍보할 때 짧은 시간에도 큰 반응을 이
끌어 낼 수 있다. 인플루언서들에게 한번 노출되면 매출이 급격하게 느
는 것은 당연한 결과이다.

마지막으로 그림7, 그림8처럼 쇼핑태그를 스마트스토어로 연결하였다. 자체 쇼핑몰이 있음에도 스마트스토어로 연결을 시킨 이유는 네이버페이를 이용한 결제가 쉽기 때문이다. 또한 네이버쇼핑 상위 노출 3요소 중 인기도를 높이기 위해서 지속적인 트래픽 발생이 중요하기 때문에, 자사몰보다는 '스마트스토어'로 연결시킨다. 스마트스토어를 운영하시는 분들이라면 '독도사랑'의 운영방식을 벤치마킹할 필요가 있으니 참고해보자!

[그림8] 쇼핑태그가 적용된 부분

[그림9] 쇼핑태그를 스마트스토어로 연결

인스타그램 맞춤 타겟과
세일즈 타겟 광고하기

chapter

6

구매전환율과 랜딩 페이지

1 | 구매전환율이란 무엇인가

    요즘 SNS마켓이 엄청난 화두이다. 그중에서도 페이스북과 인스타그램 광고를 활용하여 매출을 올리는 케이스가 점점 더 많아지고 있다. 굳이 다른 마케팅 채널을 이용하지 않고서도 페이스북 시스템과 쇼핑몰 랜딩 페이지를 통해서 매출을 일으키게 된다. 매출을 많이 일으키기 위해서 꼭 알아야 할 것들을 다시 한번 짚어보도록 하자.

> **Tip**
>
> **온라인에서의 매출 공식**
>
> 매출 = 유입(트래픽) X 구매전환율 X 객단가

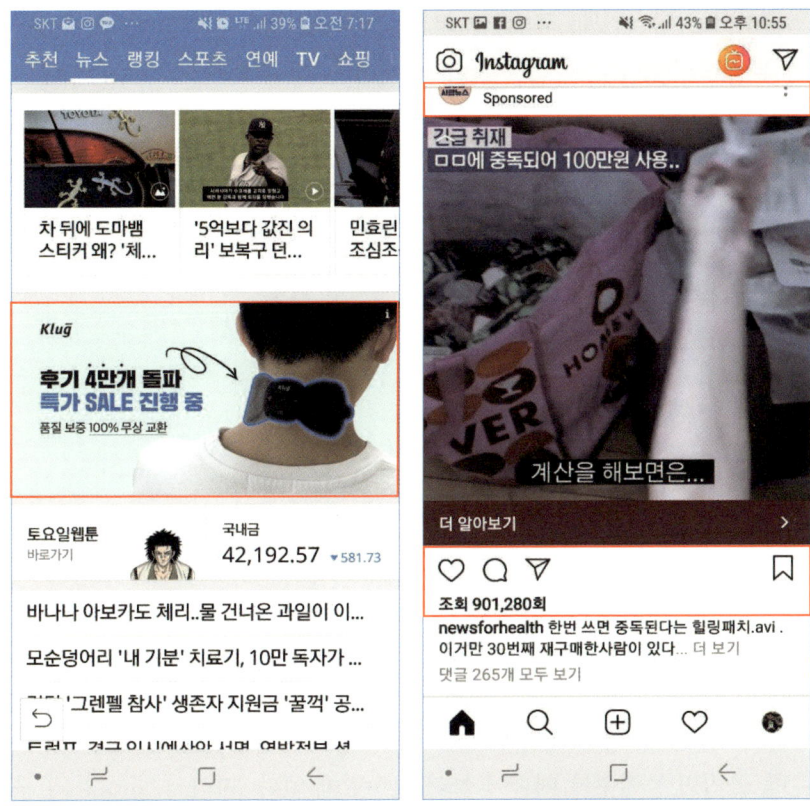

[그림1] 네이버 모바일 메인 화면   [그림2] 인스타그램 광고

매출 공식은 굉장히 심플한 구조이다. 내 쇼핑몰로 사람들이 들어와야 상품이 팔릴지 안 팔릴지 기회라도 생기기 때문에, 일단은 고객들을 내 쇼핑몰로 유입시키는 것이 관건이다. 내 쇼핑몰로 고객을 유입시키는 방법에는 키워드 검색을 통한 상위 노출 방식이 있고, 지면에 노출시키는 방식 크게 2가지로 나누어진다. 이 중에서 지면에 노출시키는 방식의 대표적인 것은 그림1에서 보듯이 포털이나 웹사이트 등에 노출시키는 방법이다. 두 번째는 사람들이 매일같이 드나드는 SNS의 뉴스피드에

노출시키는 방식인데, 그림2를 보면 인스타그램 피드에 노출된 동영상의 조회수가 90만 회가 넘음을 알 수 있다. 노출을 시키는 목적은 무엇인가? 내 쇼핑몰로 오기 위한 클릭(트래픽)을 유발해서 구매를 일으키기 위함이 아닌가? 영화 '킹스맨'의 명대사 '매너가 사람을 만든다'를 패러디해서 표현해 보면 '트래픽이 매출을 만든다' 라고 표현해 볼 수도 있다.

내 쇼핑몰로 데리고 온 다음은? 구매전환율이 중요하다.

구매전환 : 노출된 상품이 구매로 이어지는 것
구매전환율 : 노출 수 대비 구매가 이루어진 건 수의 비율
구매전환율 1% : 100명에게 노출시켰을 때 1명이 사는 것

보통 온라인 쇼핑몰의 구매전환율이 1%가 나오면 무난하다는 평가를 한다. 3% 이상이 나오면 대박 상품이라고 할 수 있는데, 이때에는 유입 수를 늘리면 늘릴수록 매출이 늘어날 수밖에 없다. 따라서 내 상품의 구매전환율이 어느 정도인지를 먼저 파악하는 게 중요하다. 그래야 마케팅 광고비 예산을 책정할 수 있기 때문이다. 내 상품에 대한 구매전환율이 파악이 안 된 상태에서 광고를 집행하는 것은 밑빠진 독에 물 붓는 격이나 마찬가지이다. 그렇다면 구매전환율을 높이는 방법은 무엇인가? 당연히 상품의 질을 개선하고(상품 자체의 업그레이드), 내 상품의 장점을 상세 페이지(랜딩 페이지, 앞으로 랜딩 페이지로 통칭)에 제대로 녹여내야 한다. 이벤트를 하거나 상세 페이지를 개선하는 것은 모두 구매전환율을 높이기 위함이다.

2 | 랜딩 페이지의 역할과 후기의 중요성

> 랜딩 페이지 ☞ 유입된 고객이 만나는 곳, 들어온 고객이 구매를 할 수 있도록 해야한다.

랜딩 페이지의 궁극적인 목적은 판매로 이어지게 하는 것이다. 그렇기 때문에 광고를 진행하기에 앞서서 랜딩 페이지를 제대로 만드는 것을 다시 한번 점검해 보시길 바란다. 특히 중요한 것은 구매 고객들의 후기이다. 즉, 나의 랜딩 페이지에 상품을 신뢰할 수 있도록 해주는 구매 후기가 어느 정도 확보가 된 다음에, 광고를 집행하는 것이 좋다는 의미이다. 필자는 '스마트스토어' 강의를 할 때 심한 경우 '구매 후기도 상세 페이지다'라고 표현할 때도 있다. 소비자인 내가 상품을 구매할 때를 생각해보면 쉽다. 후기가 많이 달린 곳에서 구매를 하지 않던가? 온라인 판매는 결국은 '리뷰싸움'이라고 할 정도로 구매전환율을 높이는 가장 중요한 장치라고 할 수 있다. 객단가는 랜딩 페이지에 녹아들어가 있으므로 광고비가 집행되는 것까지를 고려하여 책정하길 바란다.

남대광, '콘텐츠+커머스'로 '5천 억짜리' 블랭크코퍼레이션 키우다

블랭크코퍼레이션이 전자상거래 시장의 새로운 흐름인 '콘텐츠'와 '커머스(상거래)'의 융합을 주도하며 가파른 성장세를 보이고 있다.

남대광 블랭크코퍼레이션 대표는 제조사들과 협업을 통한 참신한 기획제품 생산과 사회관계망 서비스(SNS)를 활용한 동영상 콘텐츠 마케팅으로 스타트업 성공 신화를 만들었다.

16일 벤처캐피탈업계에 따르면 블랭크코퍼레이션은 매출 성장세와 시장 점유율을 고려했을 때 앞으로 신주 투자 유치에서 5천억 원 수준의 기업가치를 인정받을 수 있을 것으로 전망됐다.

블랭크코퍼레이션은 불과 2년 전 남성 화장품 브랜드 '블랙몬스터'로 시작해 현재 '바디럽', '닥터원더', '공백0100' 등 뷰티, 생활건강, 애견, 패션 등 18개의 자체 브랜드를 보유하고 230여 가지의 제품을 판매하는 기업으로 성장했다.

출처 : 비즈니스 리포트 기사 中 일부 발췌 (2018.09.16).

참고 : 블랭크코퍼레이션 (http://blankcorp.kr/)

위 기사는 블랭크코퍼레이션 남대광 대표의 기사를 일부 발췌한 것이다. 국내에서 대표적으로 페이스북과 인스타그램을 활용해서 '미디어 커머스'를 하는 곳으로, 랜딩 페이지를 만드는 데 많은 참고가 되니 꼭 체크해 보시길 바란다.

인스타그램 앱에서
광고하기

앞서 개인 계정인 프로필을 비즈니스 프로필로 바꾸는 과정에서 페이스북 페이지가 필요함을 알 수 있었다. 인스타그램에서 광고를 집행하려면 반드시 비즈니스 프로필로 전환이 되어 있어야 하고, 전환이 완료된 상태에서는 언제든 앱에서 광고가 가능하다.

이번 장에서는 간단하게 인스타그램 앱에서 광고하는 방법과 주의 사항을 알아보도록 하겠다.

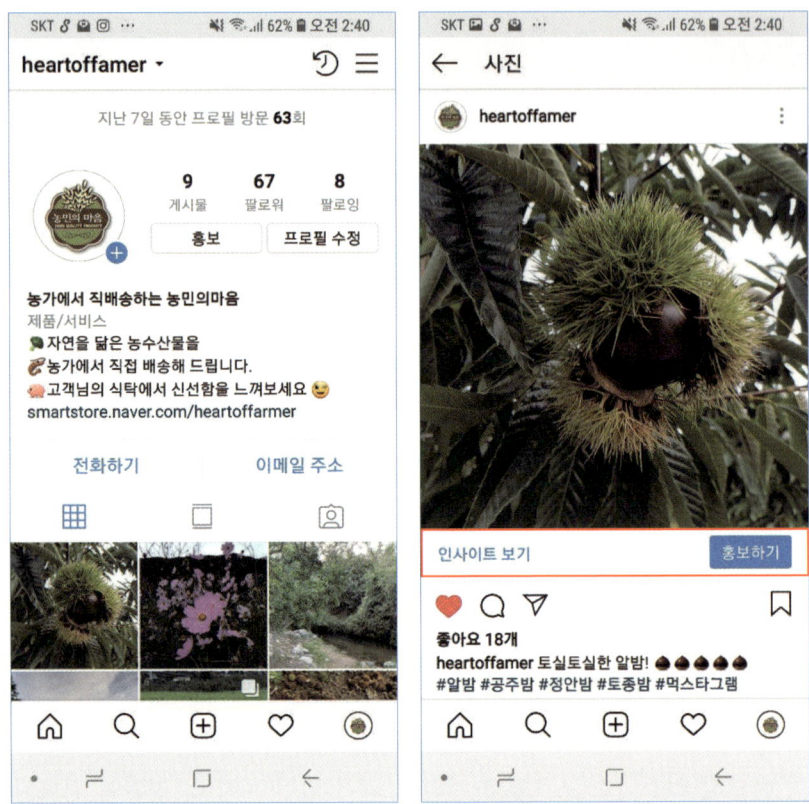

[그림1] 농민의마음 프로필   [그림2] 홍보하기 버튼

비즈니스 프로필로 전환된 상태에서는 언제든 홍보가 가능하다. 그림 2에서 보듯이 '홍보하기' 버튼이 생성되고, 버튼을 클릭해서 순차적으로 진행하면 되기 때문이다.

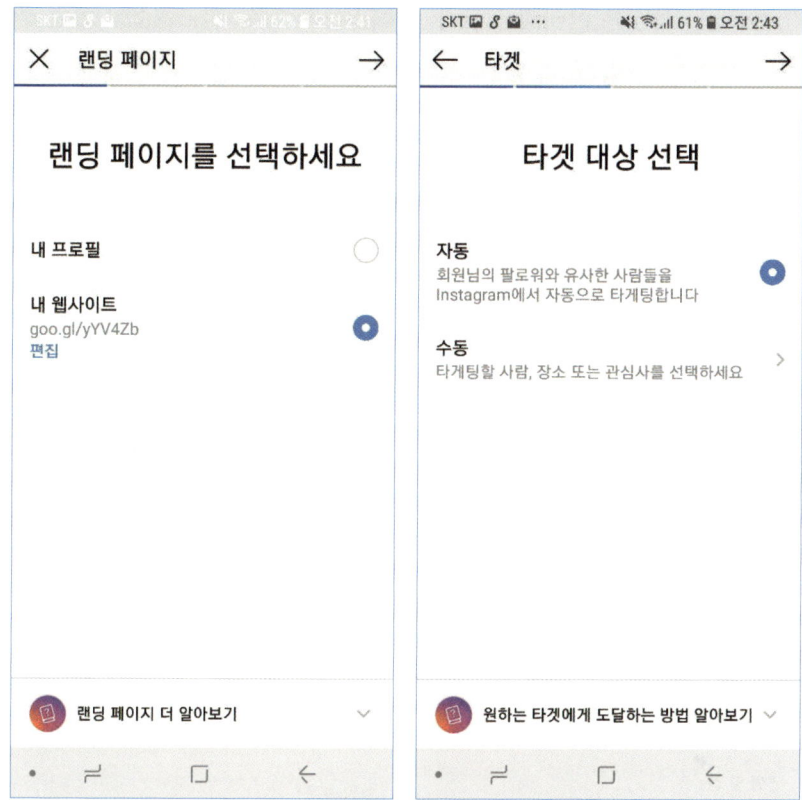

[그림3] 랜딩 페이지 선택   [그림4] 타겟 대상 선택

　그림3은 랜딩 페이지를 선택해야 하는 상황이다. 홍보의 행동 유도 버튼을 'Instagram 프로필 방문' 으로 표시하려면 내 프로필 옵션을 선택하면 된다. 프로필을 제대로 설계했다면 내 프로필로 직접 고객들을 불러들여 팔로워를 늘리거나, 이벤트 등을 보여줄 수 있다.

　내 웹사이트 옵션을 선택하면 인스타그램 앱 내의 브라우저를 통해서 사람들을 웹사이트(쇼핑몰)로 보낼 수 있다. 게시물 하단에 '더 알아보기' 나 '지금 구매하기' 와 같은 행동 유도 버튼을 선택할 수 있다.

그림4는 타겟을 선택해야 한다. 페이스북은 인공지능 기술이 최고 수준까지 올라온 회사이다. 대부분의 경우는 타겟을 자동으로 하는 편이 낫다. 페이스북이 나의 팔로워와 유사한 사람들을 자동으로 타게팅해준다. 이 옵션은 나의 콘텐츠에 참여한 적이 있거나 더 많은 게시물에 관심을 보일 가능성이 있는 사람들이 타겟에 포함된다.

[그림5] 새 타겟

[그림6] 타겟 대상 선택

수동 타겟은 위치, 연령, 관심사 및 성별을 기반으로 직접 타겟을 만드는 것이다. 잠재적인 타겟의 규모를 넓히려면 가능한 한 많은 관심사를 추가하는 것이 중요하다. 내가 파는 아이템이 여성에게 맞는지 혹은 특정 지역에서 더 잘 먹힐지를 항상 고민하는 습관을 가질 필요가 있다. 예를 들어 '제주도'에 여행중인 사람들이 필요로 하는 상품이라면 제주도를 타겟으로 지정하고 광고를 하는 게 좋다.

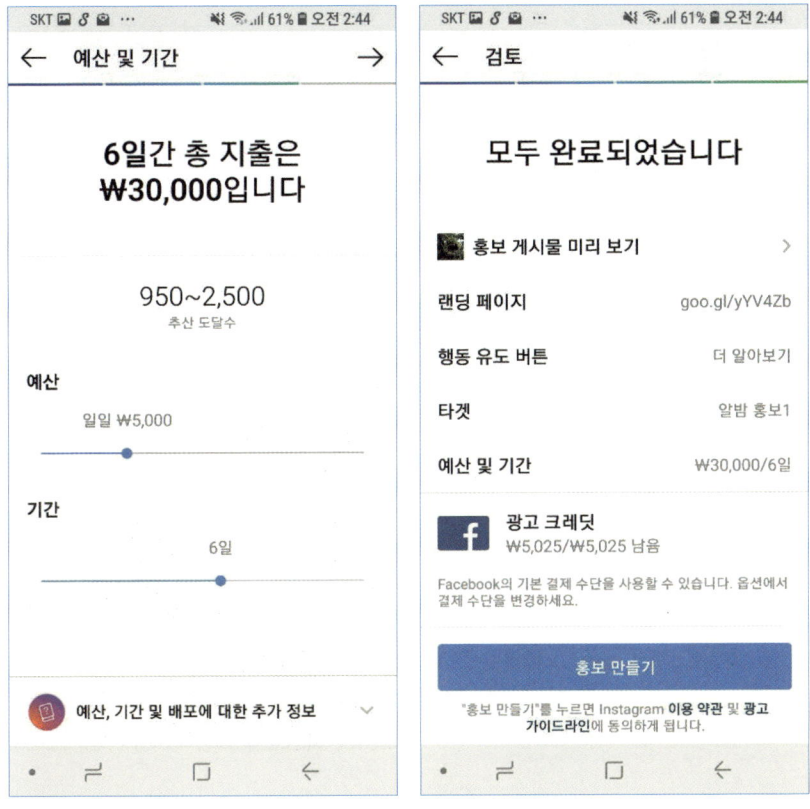

[그림7] 예산 및 기간   [그림8] 검토하기

　　페이스북과 인스타그램의 광고의 가장 좋은 점은 내가 팔로워가 많지 않더라도 예산을 투입하면 내 게시물을 투입한 만큼 많은 사람들에게 도달시켜 준다는 점이다. 보통 1만원 이상의 예산을 사용할 것을 권장하고 있다. 기간에 따라서 홍보 종료 시기 및 게재 방법이 결정되는데, 보통 3일 이상의 기간을 설정하여 시작하는 것이 좋다. 게재 시스템에서 타겟을 찾아주는 기간이 보통 이 정도에서 최적화가 되기 때문이다.

홍보하기 버튼을 누른 이후로 순차적으로 몇 단계만 거쳐서 여기까지 왔다. 내가 홍보하려는 게시물과 타겟 행동 유도 버튼 등이 제대로 세팅이 되었는지, 검토해 보는 시간이다. 광고를 처음 하는 분들은 페이스북 광고 시스템에서 사용할 신용카드를 연결하라는 표시가 뜰 것이다. 카드까지 연결하고 나면 '홍보만들기' 버튼만 클릭하면 홍보가 시작된다.

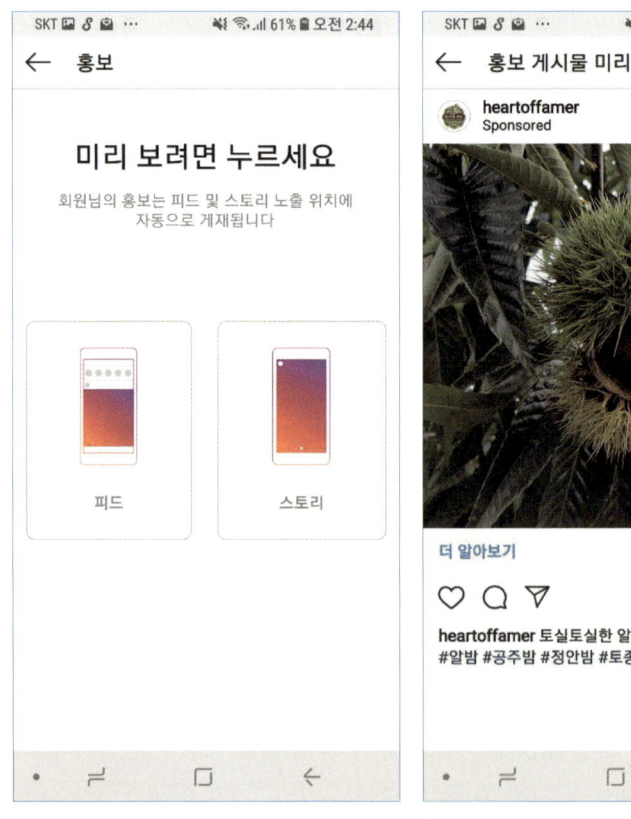

[그림9] 미리보기   [그림10] Sponsered 표시가 된 게시물

홍보 게시물을 미리볼 수 있는 데, 앞서 광고의 절차가 요건을 충족하는 경우에는 별도로 설정하지 않아도 홍보가 인스타그램 피드와 스토리 모두에 표시가 된다. 인스타그램에서 스토리 형식에 맞게 게시물을 조정할 필요가 있다.

인스타그램 앱에서 광고를 진행하는 것은 매우 쉬운 편이다. 하지만 맞춤 타겟을 설정할 수가 없고, 광고 소재를 여러 가지 형태로 변형시켜 볼 수 없는 것이 아쉬운 면이다. 사진이나 영상 등을 제대로 준비한 경우에만 인스타그램에서 광고를 집행해 보기 바란다.

6-3
페이스북 마케팅 퍼널의 구조와 인스타그램 광고

• • •

1 | 마케팅 플랫폼으로 진화한 페이스북

[그림1] 커뮤니티 구축을 위한 10년 계획(출처 : 페이스북 광고 설명회 2017.09)

2012년 페이스북이 인스타그램을 인수한 이후로 계속해서 통합 작업을 진행해 왔다. 위의 10년 로드맵에서 생태계를 구축하기 위한 노력이, 지금도 지속되고 있다. 인스타그램의 스토리 기능이 페이스북에서도 보이고, 또한 인스타그램에서 페이스북 사용자의 인스타그램 활동 여부를 알려주는 모든 것들이 이런 일환으로 진행된 셈이다.

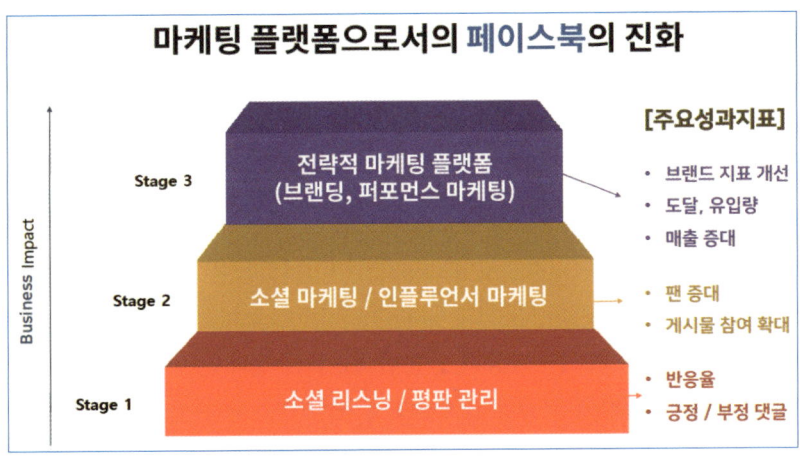

[그림2] 마케팅 플랫폼으로서의 페이스북의 진화 (출처 : 페이스북 광고 설명회)

그림2에서 알 수 있는 것은 현재의 페이스북/인스타그램은 그동안 소셜에서의 평판에 귀 귀울이고, 게시물 참여확대를 통한 팬 증대에서 브랜딩과 퍼포먼스 마케팅을 할 수 있게끔 진화하였다. 이는 최근의 페이스북 마케팅이 페이지를 키우는 것보다 광고를 어떻게 하면 효율적으로 진행할 것인가로 화두가 바뀐 이유를 설명해 주는 일이다.

[그림3] 페이스북의 캠페인 구조와 마케팅 목표 정하기

광고 캠페인 구조는 굉장히 단순한 편이다. 캠페인 단계에서는 마케팅 목표를 명확히 정할 것을 요청하고 있다.

인지도 : 제품이나 서비스에 대해 사람들의 관심을 끌기 위한 목표

관심 유도 : 고객이 비즈니스를 떠올리고 자세한 정보를 찾아보도록 안내할 수 있는 목표

전환 : 비즈니스에 관심을 가진 고객이 제품이나 서비스를 구매하거나 사용하도록 유도하는 목표

2 | 광고지면으로 바뀌는 인스타그램

마케팅 목표를 크게 3가지 분야로 나누어 놓은 이유를 생각해보면 고

객들이 인터넷에서 보여주는 단계별 여정을 고려해서 설계한 것이다. 보통 브랜드 인지 ⇨ 관심 유도 ⇨ 고객획득 ⇨ 구매전환으로 이어지는 과정이기 때문에 페이스북은 마케팅 퍼널이 위와 같은 구조를 가지게 된 셈이다.

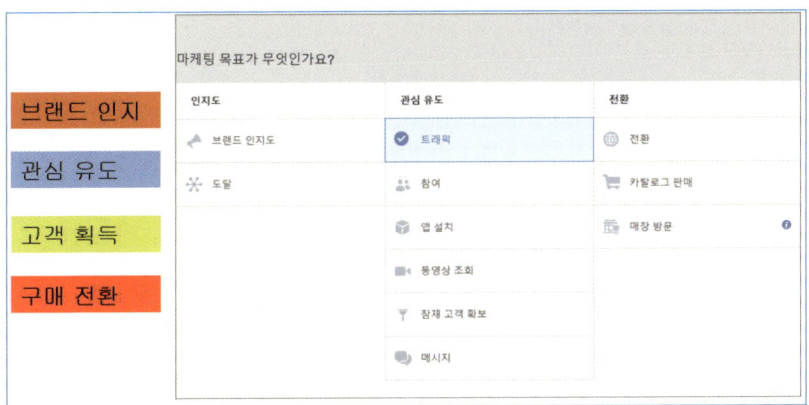

[그림4] 사용자 여정과 단계별 마케팅

[그림5] 페이스북 전체 퍼널에 따른 광고 솔루션 예시(출처 : 페이스북 광고 설명회)

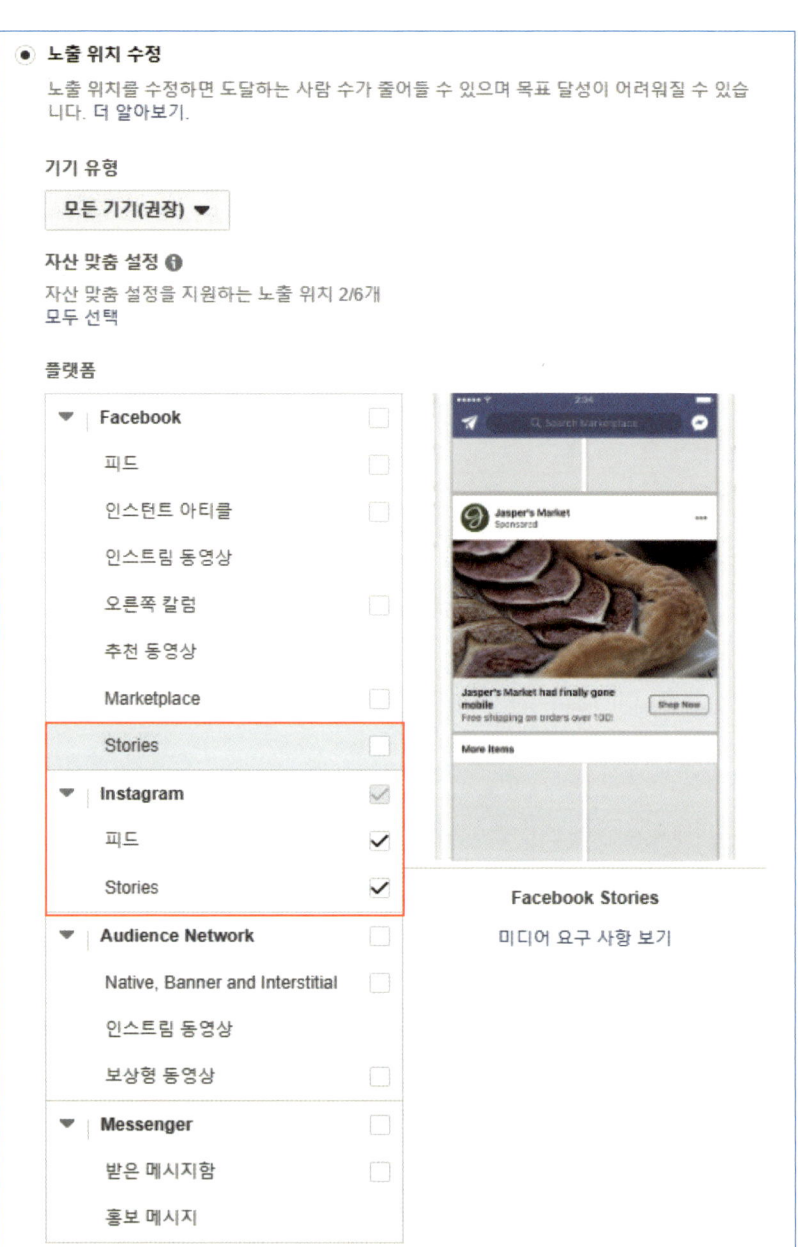

● **노출 위치 수정**

노출 위치를 수정하면 도달하는 사람 수가 줄어들 수 있으며 목표 달성이 어려워질 수 있습니다. 더 알아보기.

기기 유형

모든 기기(권장) ▼

자산 맞춤 설정 ⓘ

자산 맞춤 설정을 지원하는 노출 위치 2/6개
모두 선택

플랫폼

▼	Facebook	☐
	피드	☐
	인스턴트 아티클	☐
	인스트림 동영상	
	오른쪽 칼럼	☐
	추천 동영상	
	Marketplace	☐
	Stories	☐
▼	Instagram	☑
	피드	☑
	Stories	☑
▼	Audience Network	☐
	Native, Banner and Interstitial	☐
	인스트림 동영상	
	보상형 동영상	☐
▼	Messenger	☐
	받은 메시지함	☐
	홍보 메시지	

Facebook Stories

미디어 요구 사항 보기

[그림6] 광고 세트 중 노출 위치에 대한 수정

사용자 여정에 맞춰서 인스타그램과 페이스북을 적절히 교차시켜서 광고하는 예시를 보여준다. 정보를 보여주기보다는 이미지를 빠르게 훑어보는 구조인 인스타그램에서는 이런 제품이 있다는 것을 노출시키는 용도로 광고를 집행한다. 이어 페이스북에서는 '오늘만 이가격' 같은 고객의 마음을 다급하게 만드는 문구 등을 적절히 사용하여 구매전환으로 이어지게 만들 수도 있다. 왜냐하면 보통의 고객들은 어떤 상품을 구매하기까지 평균 5~6번의 고민을 해보기 때문에, 지속적으로 내 상품이 인지되도록 하는 것이 중요하기 때문이다. 하지만 페이스북과 인스타그램을 매일 모니터링하면서 분석하는 전문 직원이 없는 경우에는 하나의 광고 소재를 만들어서 광고를 하는 것만도 버거운 것이 현실이다. 앞의 광고 솔루션 예시는 페이스북의 전체 마케팅 퍼널 구조를 정확히 이해한다면 효과를 극대화시켜서 활용할 수 있다는 것을 제시한 것이니, 차츰 실력을 길러서 실제로 적용할 수 있도록 하자.

앞서 6-2에서 인스타그램 앱에서 광고를 하는 방법을 알아보았지만, 보통 인스타그램 광고도 페이스북 광고 관리자에서 하는 게 훨씬 낫다. 페이스북의 관련 플랫폼 중에서 나머지 부분을 체크하지 않고, 인스타그램만 체크해서 광고를 내보내면 되기 때문이다.

인스타그램
광고 소재 만들기

인스타그램의 광고 소재는 동영상이 대세가 되었다. 특히 60초 동안에 모든 것들을 설명해 주는 빠른 편집의 동영상은 랜딩 페이지로 가기 전에 시선을 끄는 효과로는 최고의 효율을 자랑하고 있는 상황이다.

빠르게 훑어보는 피드 속에서 시선을 확 끄는 문구와 사진으로 승부를 보지 못한다면 내가 내보낸 광고도 흘려보내지기 십상이다. 인스타그램 영상이 15초에서 60초로 늘어난 이후로 이를 활용한 방식이 대세가 되게 되었는데, 그것은 상세 페이지에서 보여주어야 할 내용들을 압축해서 빠르게 보여주는 식이다. 이것은 모바일 스크롤을 내리면서 길게 읽어야 할 부분을 요약해서 보여주는 것이나 마찬가지이기 때문에 해당 상품의 브리핑으로써의 역할을 하는 셈이다. 실제로 잘 만든 영상들을 보면 영상의 첫 3초부터 마지막 부분까지 눈을 떼지 못하게 할 정도로 호기심을 유발하도록 편집되어 있다. 문제는 이렇게 효과가 좋은 영상을 만드는 것이 굉장한 노력이 수반된다는 사실이다. 보통 업체에 맡길 경우 50만원~200만원이 일반적인 상황이다. 상품이 한 개라면 모를까 여러 가지일 경우 굉장히 부담이 되지 않을 수 없다. 그래서 가성비가 탁월한 페이스북 공식 파트너사 쉐이커(https://www.shakr.com/)의 활용방법을 알아볼까 한다.

[그림1] 이미지 광고 소재

[그림2] 동영상 광고 소재

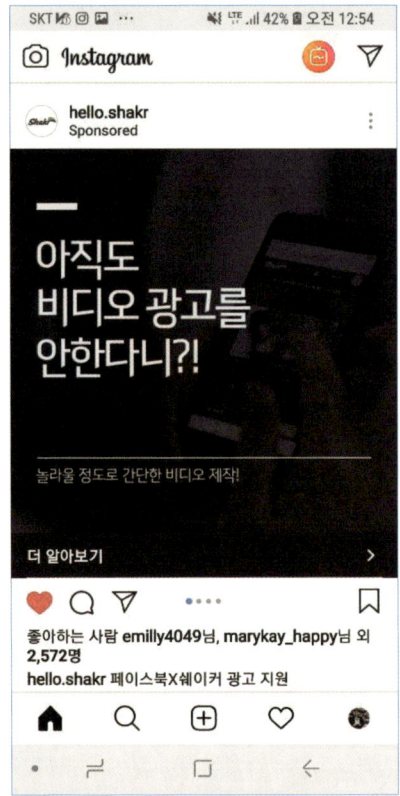

[그림3] 쉐이커의 인스타그램 광고 [그림4] 쉐이커의 소개

　　광고의 핵심은 소비자의 시선을 잡아끄는 것이고, 모바일과 영상이 대세가 된 지금은 필수적으로 비디오 마케팅을 해야 한다. 하지만 회사 내부에 영상을 제작할 전문 인력이 없을 경우에 쉐이커만큼 효과적인 것도 없다.

| 쉽고 빠른 제작 | 다양한 비디오 디자인 | 미디어 라이브러리 | 상업적 이용 가능 음악 | 개인화 템플릿 컬렉션 |

[그림5] 쉐이커의 장점 5가지

- **쉽고 빠른 제작** : 단 5분 만에 완벽한 비디오를 만들어보세요. 마음에 드는 디자인을 고르고, 사용할 비디오 클립이나 사진을 끌어다 넣고 텍스트만 입력하면 끝! 추가적인 프로그램을 설치할 필요 없이, 전부 웹 브라우저 안에서 작업이 완료됩니다.

- **다양한 비디오 디자인** : 2,000개가 넘는 비디오 디자인이 준비되어 있으며, 매주 새로운 디자인이 추가됩니다! "느낌", "템포" 등 다양한 조건으로 나에게 알맞은 디자인을 찾아보세요. Facebook, Instagram 등 노출하고자 하는 각 매체에 최적화된 정사각형, 세로, 가로 등 다양한 형태의 비율로 만들 수 있습니다.

- **미디어 라이브러리** : 제작 중에 100만 개가 넘는 스톡 이미지와 비디오 클립을 바로 검색해 이용할 수 있습니다. 키워드로 검색한 후 마음에 드는 것을 골라 간단하게 비디오에 삽입해보세요.

- **상업적 이용 가능 음악** : 저작권 문제가 없는 음악을 찾기는 하늘의 별 따기처럼 어렵죠. Shakr 비디오 디자인에 사용된 모든 음악은 상업적 목적으로 이용할 수 있는 라이센스가 포함되어 있어, 저작권 걱정 없이 마음껏 비디오를 만드실 수 있습니다.

- **개인화 템플릿 컬렉션** : 사내에서 사용하고 있는 비디오를 템플릿으로 업로드하여 쉽게 사용해보세요. 고객 지원 팀에게 상담요청을 해주시면 전용 템플릿을 준비하는 과정을 안내해 드립니다.

출처 : 쉐이커(shakr)공식 홈페이지

필자가 실제로 쉐이커를 자주 사용하는 이유는 다양한 템플릿이 있고, 저작권 문제가 해결된 음악 부분이 특히 마음에 들어서이다. 소규모의 업체에서 비디오를 직접 제작하기도 힘들거니와 처음부터 모든 것을 다 맡겨서 하기에도 부담이 크기 때문에, 현재 제공되고 있는 템플릿을 최대한 응용해 볼 것을 추천드린다.

5분 만에 쉽게 만들 수는 있지만, 문구와 사진, 영상 클립 등을 모으고 배치하는 것이 굉장히 공이 많이 들어가기 때문에 시간이 꽤 걸릴 것이다. 하지만 몇 번 익숙해지면 페이스북이나 인스타그램에서 많이 보았던 패턴들의 영상들을 만들어 낼 수 있다.

제작 단계를 살펴보면 느낌이 올 것이다.

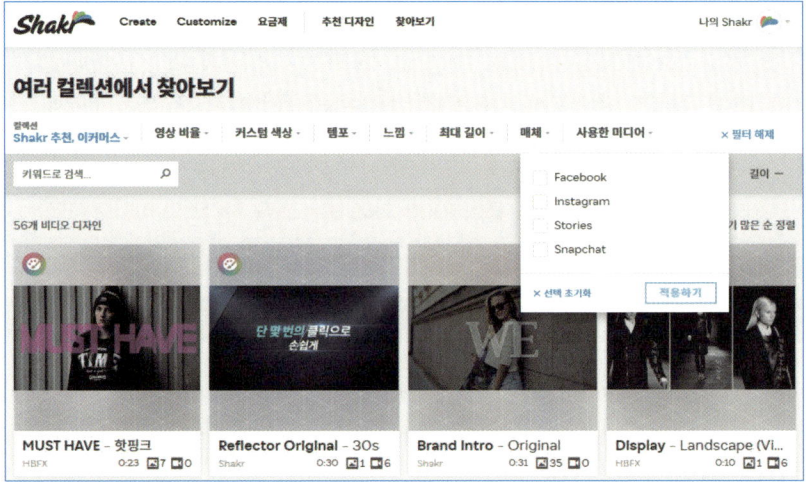

[그림6] 다양한 템플릿

영상이 사용되는 매체를 보면 페이스북, 인스타그램, Stories, 스냅챗 이렇게 4개로 한정이 되어 있다. 정사각형, 가로형, 세로형(Stories, Snapchat)이 매체에 최적화되어 있다는 의미이다.

[그림7] 비교형 템플릿

직관적으로 되어 있기 때문에, 이해하기가 쉽다. 42초의 동영상을 만들 수 있고, 필요한 것은 사진 3장과 영상클립 9개가 요구된다는 의미이다. 비디오 사이즈는 16:9

비디오 제작 버튼을 클릭해서 바로 제작에 들어가면 된다.

[그림8] 실제 제작해 보기

비디오 제작을 클릭하면 나오는 화면이다. 편집단위별로 필요한 요소를 채우는 형식으로 되어 있다. 미디어(사진 또는 영상)가 필요한 부분은 해당 부분에 미디어를 넣고, 멘트를 바꿔야 할 부분에서는 글자만 바꿔주면 된다.

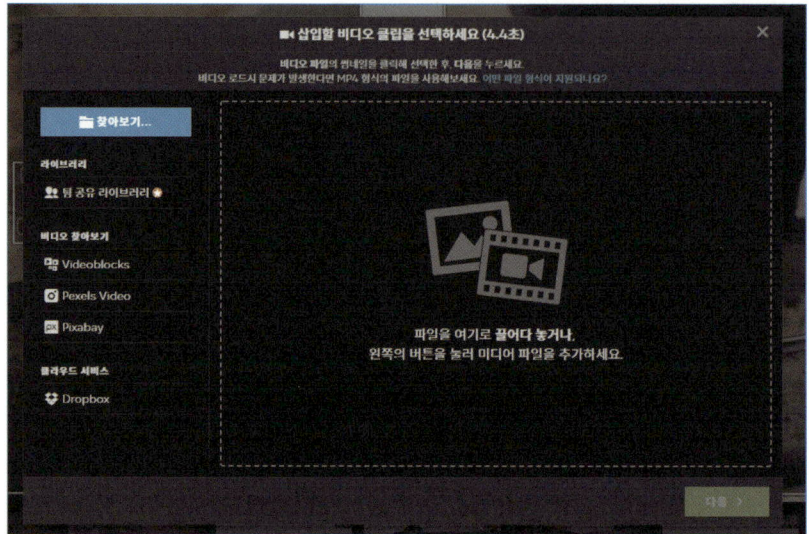

[그림9] 삽입할 비디오 클립 선택하기

비디오의 길이가 몇 초인지, 지원하는 확장자 파일이 무엇인지 확인하고 영상을 삽입하면 된다. Shakr는 mp4 확장자의 파일과 H.264(MPEG-4 AVC) 코덱의 파일을 지원한다.

[그림10] 텍스트 수정하기

　텍스트는 버튼만 클릭하고 해당 글자수만큼 수정하면 된다. 매력적인 문구나 단어를 사용하여 시선을 끌 수 있도록 해야겠다.

　이상 비디오 마케팅을 위한 쉐이커(shakr)의 장점과 실제 적용하는 예를 살펴보았다. 비디오 마케팅을 처음 하시는 분들에게는 최적화되어 있는 툴이고, 또한 페이스북의 공식 파트너이기 때문에 믿고 사용할 수 있다. 인스타그램 광고를 잘하는 방법은 많은 인스타그램 광고를 보면서 분석하는 것이다. 필자는 페이스북이나 인스타그램 광고가 나오면 무조건 캡쳐를 하고, 저장을 해놓는다(인스타그램 같은 경우는 컬렉션에 저장). 상품의 장점을 극대화하여 표현하는 방식에 대해서 지속적인 연구를 거듭해 보자.

트래픽이
매출을 만든다

●●●

1 | 인스타그램 광고 세팅시 유의사항

페이스북이나 인스타그램 광고가 어려운 점은 지속적인 모니터링이 필요하기 때문이다. 앞서 페이스북 비즈니스 관리자 세팅을 먼저 했던 이유는 상황판을 보면서, 내가 내보낸 광고의 효율을 매일 같이 체크해야 했기 때문이다. 여기서는 인스타그램 광고의 효율을 높이고 성과를 측정하는 몇가지 사항을 체크해 보도록 하자.

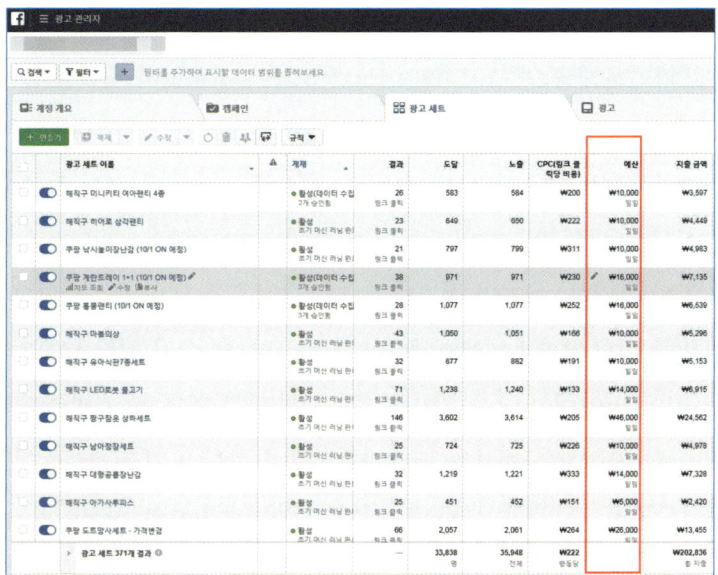

[그림1] 광고 관리자 화면 일부

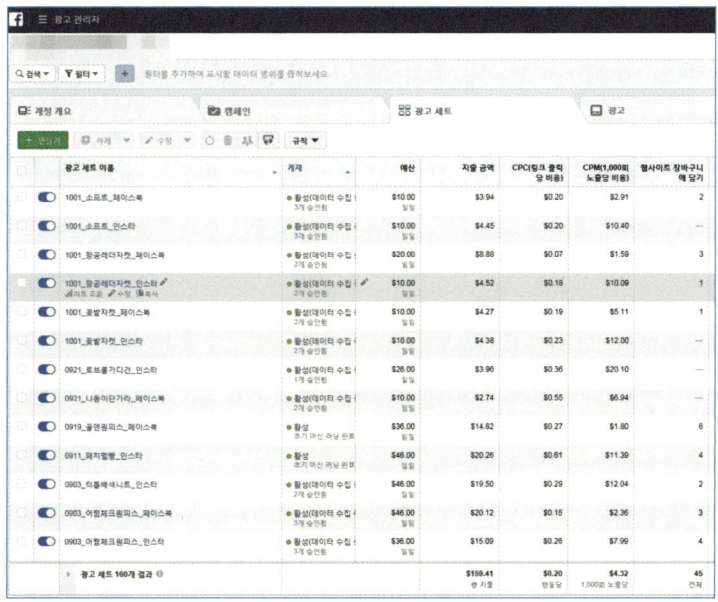

[그림2] 여성의류 쇼핑몰 페이스북 광고 관리자 화면

앞 6-1에서 구매전환율을 먼저 체크했던 이유는 해당 상품의 구매전환율을 파악하게 되면 광고비를 어느 정도까지 지출할지 예산을 잡을 수 있어서다. 온라인에서의 판매란 결국 노출 싸움이고, 내 상품을 노출시키는 데에는 어느 정도 광고비 지출은 예상하고 있어야 하는 요즘이다. 내가 아무리 파워블로거라고 해도 하루에 1,000명을 방문시키는 것은 쉬운 일이 아니다. 하지만 인스타그램은 적절한 비용을 지불하여, 내 상품을 원하는 고객(타겟 고객)에게 맞춤으로 내보낼 수가 있지 않은가? 앞의 그림1은 아이템이 많은 유아동 제품군을 파는 분의 광고 관리자 화면으로 한 상품당 하루 예산은 10,000원으로 설정이 되어 있음을 알 수 있다. 한 클릭당 151원에서 300원 내외로 엄청난 효율을 자랑하고 있다. 특정한 한 가지 상품을 집중해서 홍보해야 하는 경우라면 모르겠지만, 이처럼 아이템이 많은 경우에는 아이템별로 광고를 모두 집행해 보는 것도 나쁘지 않다. 일일 예산을 정하고 광고 효율이 잘 나오는 것은 예산을 증액할 수 있고, 반응이 좋지 않은 것은 꺼버리면 되기 때문이다. 앞의 광고는 스마트스토어로 링크를 보내고 있는데, 네이버쇼핑에서 1위를 하는 게 아님에도 불구하고, 인스타그램 광고만으로 매출을 일으키고 있다.

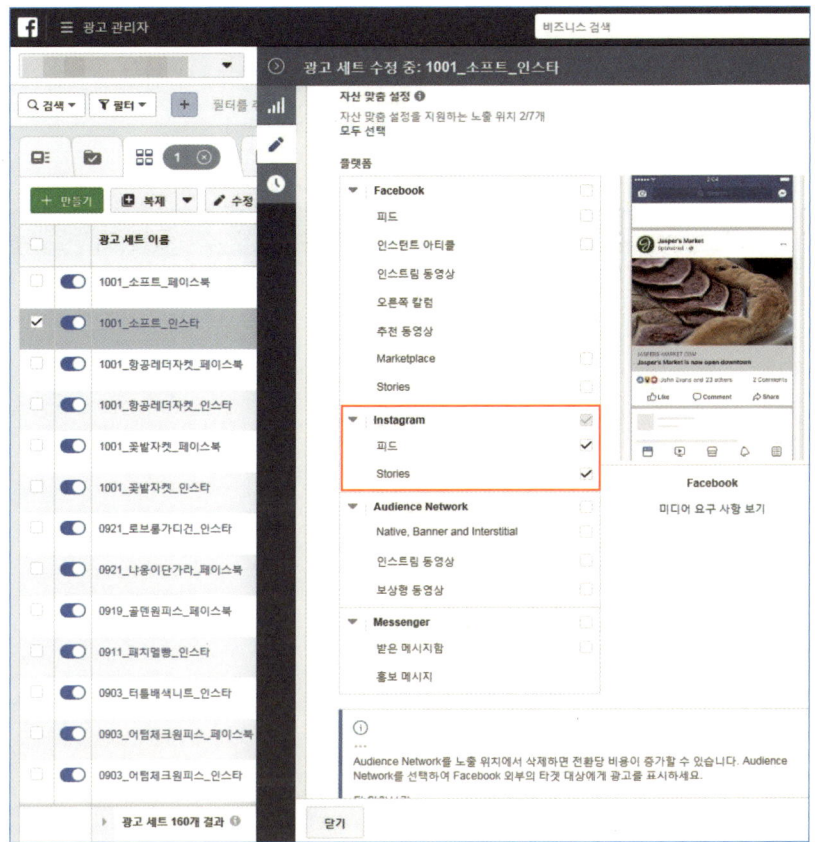

[그림3] 광고 노출 위치 (인스타그램만 체크)

그림2는 카페24 솔루션을 이용하는 여성복 쇼핑몰을 홍보하기 위한 광고의 일부를 캡처한 것이다. 아이템별로 페이스북과 인스타그램에 노출시키는 아이템이 다름을 알 수 있다. 당연하겠지만 페이스북과 인스타그램의 주 사용 연령대가 다르기 때문에 해당 타겟에 맞춰서 다르게 내보내는 셈이다.

앞서 페이스북의 광고를 다루는 부분에서 픽셀을 내 쇼핑몰에 삽입하는 방법을 배웠고, 위 여성복 쇼핑몰은 픽셀이 심겨져 있다. 그래서 웹사이트 장바구니에 위시리스트를 담는 사람들이 추적되고 있기 때문에, 이를 바탕으로 리타게팅 광고까지 가능하다. 위 쇼핑몰에서 광고타겟을 설정할 때 중요하게 봐야 할 점을 살펴보면 다음과 같다.

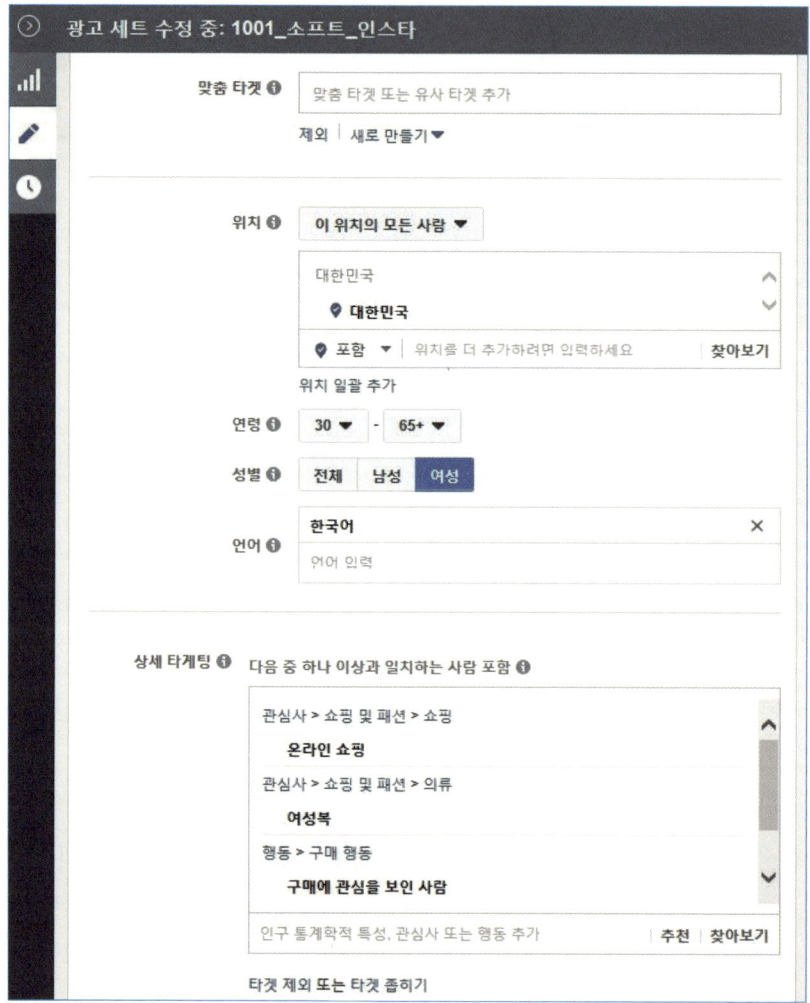

[그림4] 상세 타게팅

2 | 인스타그램 광고 효율 체크하기

특정 아이템들은 인스타그램에서 좋은 효과를 낼 수 있다. 위 여성복 쇼핑몰의 아이템들도 인스타그램에 잘 먹히는 것들은 광고 노출 위치에서 인스타그램 피드와 스토리에만 광고를 노출시킴을 볼 수 있다. 필자가 여기서 강조하고 싶은 것은 앞의 6-2에서 알아봤듯이 인스타그램 자체적으로도 광고를 할 수 있지만, 페이스북 광고 관리자에서 광고를 하면 훨씬 타겟을 설정하기가 유리하다는 점이다.

그림4에서 알 수 있듯이 해당 광고는 맞춤 타겟은 설정하지 않았고, 연령대는 30~65세 여성으로 폭넓게 적용하였다. 중요한 것은 상세 타게팅에서 관심사와 구매행동 부분에 대한 세팅이다. 관심사로는 '온라인쇼핑', '여성복'에 관심이 있는 사람들을 설정하였다. 그리고 구매행동 부분에서는 '구매에 관심을 보인 사람'으로 세팅하였다. 페이스북이나 인스타그램 광고를 보고 한번이라도 구매를 한 사람들에게 노출을 시키겠다는 것이다.

위 광고는 맞춤 타겟을 설정하지는 않았지만, 맞춤 타겟과 유사 타겟까지 설정하게 된다면 인스타그램 광고를 하더라도, 페이스북 관리자에서 광고를 하는 것이 훨씬 유리함을 알 수 있다. 아직도 많은 초보자들이 인스타그램 자체 앱에서 광고를 집행하면서 아까운 광고비를 허비하고 있는 것이 현실이다. 페이스북 네트워크에서 내 광고가 노출되는 지면이 어디인지를 정확히 알고 세팅하는 것이 중요함을 다시 한번 강조하는 바이다.

[그림5] 광고 미리 보기

아이템에 따라서 인스타그램에서 보여지는 광고 소재를 달리해야 한다. 위는 여러 장의 사진을 넘기면서 보여줄 수 있는 슬라이드 광고를 활용한 것이다. 아무래도 스타일과 상세컷이 필요한 의류이다 보니 단일이미지보다는 훨씬 어필하기가 좋다.

이상 인스타그램 실전 광고에서 꼭 짚고 넘어가야 할 부분들을 알아보았다. 현재 대한민국은 페이스북과 인스타그램이 SNS의 절대강자가되었다. 수많은 기업들이 페이스북 생태계를 이용해서 매출을 올리고 있다. 유튜브를 제외하고는 트래픽을 발생시키고, 구매로 이어지게 하는 최적의 SNS이므로 수많은 A/B 테스트를 통해서 목표한 성과를 이룰 수 있도록 해보자.

트래픽이 매출을 만든다!

인스타그램 광고 운영 전략

옷을 하나도 모르는데 어떻게 옷을 팔 수 있는가?
- 오늘나어때

오늘나어때를 운영하는 백운덕 대표는 옷에 대해서 하나도 모르는 사람이다. 하지만 국내의 모든 광고를 마스터하다보니 어떠한 아이템을 대입하더라도 판매를 이루어낼 수 있는 힘을 가지게 되었다.

오늘나어때는 해외직수입 의류를 소개하는 쇼핑몰이다. 백운덕 대표가 의류쇼핑몰을 시작한 것은 2017년 8월경으로 얼마 되지 않은 시간이다. 그동안 유아동 관련 상품을 주로 다루다가 아이템을 여성 의류로 확장을 한 상태인데, 빠른 시일 내에 시스템을 안정화시켰다. 그것이 가능했던 이유는 모두 광고 덕분이다. 특이 페이스북과 인스타그램 광고 덕을 톡톡히 보았다.

[그림1] 오늘나어때 프로필

[그림2] 오늘나어때 샵(shop)

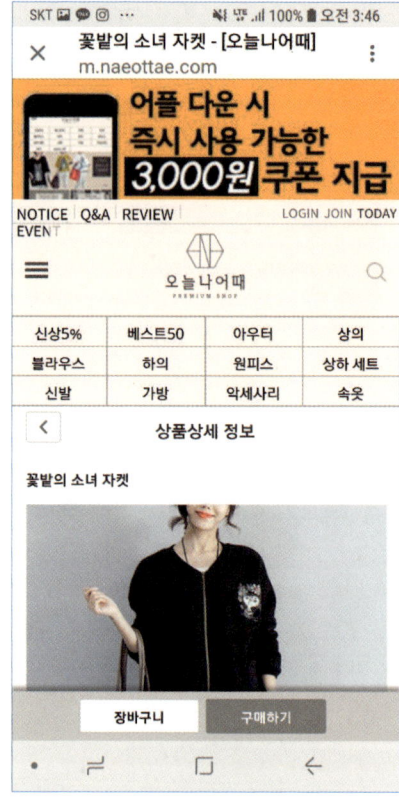

[그림3] 쇼핑태그가 적용된 모습   [그림4] 쇼핑태그 클릭시 쇼핑몰로 이동

백운덕 대표는 처음에는 카카오스토리로 시작을 하였다. 스토리 채널에서 많은 사람들을 모아서 공동구매를 진행하였는데, 2015년부터 시작한 채널이 2017년까지는 효율이 굉장히 잘 나왔다. 하지만 공동구매의 단점은 매일 공동구매 아이템을 찾아야 하는 어려움이 있었고, 점점 줄어만 가는 도달률 때문에 새로운 돌파구를 마련해야 했다. 특히 벤더사들로부터 상품을 공급받아서 판매하는 것은 한계가 명확한 것이었다.

카카오스토리나 밴드 같은 경우는 초반에 구독자나 회원을 모으는데 비용이 많이 들고, 이후로는 모은 구독자들에게 공동구매 형식으로 물건을 팔면 되었기 때문에 비교적 쉬운 방식이었다. 혹자들은 이커머스 역사상 이렇게 쉬운 방식은 없었다고 얘기할 정도로 채널의 주제만 맞는다면 대부분의 아이템이 잘 팔렸다. 하지만 페이스북과 인스타그램은 방향성이 완전히 다른 매체이다. 아이템별로 광고를 집행해야 해당 아이템이 노출되는 구조였기 때문이다.

[그림5] 주식 상황판 보듯 엄청 큰 모니터를 4분할하여 업무를 보는 모습

① 페이스북 비즈니스 관리자
② 메일
③ 광고 효율 측정
④ 페이스북 각 광고별 효과 측정

페이스북과 인스타그램이 익숙하지 않았는데, 광고를 제대로 익히면

서부터는 많은 부분들이 쉽게 풀려나가게 되었다. 브랜드를 만들고 전통적인 방식의 쇼핑몰을 운영하는 것이 크게 어렵지 않은 이유는 '광고시스템'에 있는 것이다. 네이버나 페이스북이 광고 상품을 왜 만들었겠는가? 어떤 사람들은 아이템만 제대로 갖춰지면 이 시스템을 이용해서 상품을 노출시키고, 언제든 판매를 할 수 있는데 말이다.

그림5는 백운덕 대표 사무실의 모습이다. 커다란 모니터를 4분할하여 매일같이 광고 효율을 측정하고 있다. 직원에게 맡겨보기도 하였으나 광고비를 집행하는 부분에서 의사결정을 내리는 데에 힘들어하여, 직접 한다고 한다. 스마트스토어의 상품을 네이버쇼핑에서 1등을 만들지 않고도 광고를 통해서 판매를 이루어내고, 또 익숙하지 않은 아이템들도 판매가 가능한 이유는 '광고'가 왜 생겼는지를 명확히 인식하고 그것을 완벽히 다룰 수 있도록 노력했기 때문이라고 백운덕 대표는 말한다.

책을 읽는 독자분들도 광고에 대해서 부정적인 인식을 버리고, 어떻게 하면 광고를 마스터해서 내 비즈니스를 키울 수 있을까에 포커스를 맞추어 보셨으면 하는 바람이다.

결론 : 페이스북·인스타그램 통합 마케팅의 남은 과제

광고나 마케팅을 같이 공부하는 분들의 오픈 채팅 대화방을 들어가보면 광고비 단가를 놓고 심각한 문답 토론이 벌어지는 모습이 비교적 자주 눈에 뜨인다. 예를 들어보면 이런 식의 대화다.

> A. 질문 하나 있습니다. 보통 페북 광고하면 CPC 단가가 어느 정도 나오는지요? CPM 6불 기준으로 보면 될까요?
> B. 제 경우는 350원~600원 정도 하던데요. 저는 주로 CPM으로 해서 단가가 낮습니다. 대부분 맞춤 타겟으로 하고, 유사 타겟 1%로 하고 있습니다.
> A. 저는 CPC로 하는데 처음에는 700원 정도 하다가 요즘은 250원 전후로 했어요…
> (후략)

사실 이런 질문은 네이버를 비롯해 마케팅 카페나 전문 커뮤니티에 가보면 일상처럼 하는 이야기들이라서 굳이 새삼스러운 건 아니다.

"CPM 이나 CPC 금액(단가)이 평균보다 낮으면 과연 좋은 걸까요? 혹은 그게 잘한 광고일까요?"

이 질문에 대한 답은 "예"일 수도 있고 "아니오"일 수도 있다.

기본적으로 광고 단가는 디스플레이 광고(DA)냐 키워드 검색 광고(SA)냐에 따라 크게 달라진다. 또한 같은 디스플레이 광고라 해도 산업군이나 업종에 따라 편차가 크게 나타날 수 있고, 각 나라의 사정에 따라 국가별로 다르게 나타나기도 한다.

검색 광고의 경우 광고주들간 경쟁 입찰(비딩)에 의해 경매로 판매가 이루어지기 때문에 같은 키워드라 해도 시시각각 금액이 달라지기도 하고, 노출 순위에 따라 천차만별로 금액 차이가 벌어지기도 한다. 따라서 우리가 흔히 위의 도표들에서 보는 바와 같이 '평균' 광고 단가라는 것은 대략 비교를 위한 참고용일 뿐, 그 자체로 광고 성과가 높다 낮다를 가르기엔 매우 허술한 기준이다.

무릇 모든 광고의 효과 혹은 성과 평가는 그 캠페인을 통해서 내가 목표로 했던 바가 무엇이었는지 확인하고 무엇을 기준으로 비교할 것인지를 정해놓고 이야기해야 한다.

페이스북 광고는 주로 뉴스피드 내 포스트 형태로 광고 콘텐츠를 노출하고(게시물 6개 중 한 개꼴), 광고 포스트에 관심을 느낀 사람들의 클릭을 유발하는 디스플레이 광고 형태를 띤다. 디스플레이 광고는 노출과 도달을 가장 우선적인 성과 측정 기준으로 삼는다.

페이스북은 사용자 로그인 정보를 기초로 광고 효과를 추적한다. 때문에 어떤 광고가 같은 사람에게 도달되었는지 안 되었는지 혹은 같은 사람에게 몇 번 노출되었는지 다른 어떤 디스플레이 광고보다 정확하게 추적할 수 있다. 이런 장점 덕분인지 페이스북은 광고에서 노출 수보다 도달 수를 더 중요하게 취급하고 표시해서 보여준다.

광고 캠페인을 진행할 때 기본적인 목표를 (1)노출 횟수(도달 횟수)에 두었는지 혹은 (2)클릭 수(방문 유입수)에 두었는지, 아니면 (3)전환 행동(결과 발생수)에 두었는지에 따라서 광고 단가는 3가지 이상 다양하게 발생할 수 있다. 캠페인의 1차적 목표를 노출 수에 두었다면 CPM 단가를 중심으로 산정하여 비교해보는 게 좋고, 유입 클릭 수에 두었다면 CPC

로 비교하는 게 좋다. 만약 전환에 목표를 두었다면 전환당 광고단가나 광고 수익률(광고지출액 대비 매출액 혹은 마진액)을 기준으로 판단하고 비교하는 게 좋다.

결론적으로 내가 하는 광고의 평균 CPM이나 CPC 단가가 얼마 정도로 나오는지 아주 무시할 건 아니다. 하지만 어떤 캠페인이든 궁극적으로 광고 클릭 방문자의 전환을 최종 목표로 한다고 가정할 경우, 가장 중요한 성과 측정 지표는 결국 '전환당 광고비 단가'이다! 즉, 광고비 대비 얻은 매출액(손익액)을 따져보고, 지출 금액 대비 본전을 뽑고 있는지를 살펴보는 게 가장 중요하다.

여기서 치명적인 문제가 발생한다. 내가 집행한 특정 광고가 실제 전환을 얼마나 일으켰는지 어떻게 알 수 있느냐는 문제이다. 전환을 일으킨 특정 광고에 대한 추적을 시작(유입 경로)부터 끝(목표 달성)까지 하지 못하면 안타깝지만 개별 광고별 전환 단가를 알아낼 수 있는 방법은 없다! 광고별 전환 효과를 측정하려면 개별 광고별로 "추적용 꼬리표(캠페인 URL 매개변수)"를 달아서 내보내고, 광고 개시 시점부터 결제완료 시점까지 추적 관찰을 해야 한다. 해당 꼬리표가 붙은 광고를 클릭한 고객이 첫 진입 페이지부터 목표 달성 페이지에 이르기까지 어떻게 이동하는지를 쇼핑몰 곳곳에 '내비게이션 추적 카메라(추적 픽셀)'를 설치해놓고 행동을 전부 녹화해서 분석해봐야 한다.

전환 결과 수를 측정해 내려면 무엇보다 우선 우리 웹사이트(쇼핑몰)의 특정한 부위(웹페이지)에서 발생한 전환의 종류 및 내역(상품 상세보기 → 장바구니 넣기 → 주문서 작성 → 결제 완료) 데이터를 추적하여 기록할 수 있어야 한다. 이런 목적을 위해 가장 적은 비용으로 큰 효과를 낼 수 있는 도구는 다름 아닌 '구글 애널리틱스'이다.

페이스북도 광고 전환 성과를 측정할 수 있도록 기본 픽셀 이외에 '표준 이벤트 코드'와 '매개변수'를 제공해준다. 스크립트 코드를 잘 다루지 못하는 분들을 위해 URL 기준으로 전환을 추적할 수 있도록 「맞춤 전환」이라는 도구도 함께 제공한다. 하지만 맞춤전환 도구로 추적할 수 있는 건 단지 몇 명의 전환이 발생했다는 것일 뿐, 실제로 어떤 사람들이 어떤 유입경로로 몇 번 들어와 어떤 페이지들을 보다가 며칠 만에 구매하는지 등의 세부적인 행동 패턴까지 추적해서 보여주지는 않는다.

이 어려운 일을 해주는 도구가 바로 구글 애널리틱스(GA)다. GA만 잘 활용해도 누군가 단 한 번이라도 우리 사이트에 접속하면 그 접속 흔적을 잡아내 잠재고객의 타겟 목록(맞춤 타겟)을 만들 수 있고, 어떤 매장이나 어떤 상품에 눈독을 들이고 가는지 사람들의 행동 패턴에 따라 특정 그룹으로 나누어 해당 그룹만을 상대로 좀더 효과적인 상품 제안(광고 또는 프로모션 이벤트 등)을 할 수 있다.

물론 이 추적 과정을 배우고 익히는 것이 쉽지는 않다. 그렇지만 어렵다고 지레 겁 먹고 포기할 일도 아니다. 어설프게 설정하여 버리는 광고비가 아깝다면 배움에 도전해 볼 가치가 충분하다! 강조컨대 광고 성과를 추적 분석할 수 있는 능력을 갖추는 것이야말로 디지털 마케터가 갖춰야 할 최소한의 요건이다!

페이스북 광고를 배우려면 어디서 무엇을 공부할까

페이스북 광고는 지금도 새 기능이 계속 개발되고 날로 새로워지고 있어 계속해서 꾸준히 공부하지 않으면 새로운 기능이나 옵션을 따라잡기 힘들다. 이와 관련, 페이스북과 인스타그램 광고를 더 깊이 공부하고 싶을 때 참고할 만한 사이트를 추려서 추천해드린다.

(1) **페이스북 블루프린트** : 페이스북 광고 및 마케팅 방법 전반에 관한 온라인 강좌 프로그램 www.facebook.com/blueprint

(2) **페이스북 비즈니스 성공 사례** : 페이스북 광고 및 마케팅 업종별 성공 사례 소개 사이트 www.facebook.com/business/success

(3) **페이스북 광고주 지원 센터** : 페이스북 광고 운영 관련 각종 도움말 및 자주 묻는 질문 응답 자료 www.facebook.com/business/help

(4) **페이스북 광고 관련 문의처** : 페이스북 광고 집행시 에러나 문제 신고, 사용법 등 질문 문의처 www.facebook.com/business/resources

(5) **페이스북 코리아 뉴스레터** : 페이스북 마케팅 관련 업데이트 정보나 에이전시 대상 자료 공유 그룹

www.facebook.com/groups/713358212013428

(6) **최규문의 페이스북 가이드** : 페이스북 마케팅 및 광고 관련 신규 업데이트 정보 및 소식 페이지 www.facebook.com/korealike

(7) **최규문의 소셜코칭** : 페이스북, 구글 등 타겟 광고 운용 방법 및 성과 추적 관련 정보 제공 블로그 www.sonet.kr

(8) **페이스북 & 구글 타겟 광고 공부방** : 페이스북, 구글 등 타겟 광고 학습을 위한 페이스북 공개 그룹 www.facebook.com/groups/targetadclub

(9) **해외 페이스북 전문 블로그** : 고급 페이스북 마케터를 위한 존 루머의 비즈니스 홈페이지 www.jonloomer.com

(10) **인스타그램 고객센터** : https://help. instagram.com/

(11) **인스타그램 블로그** : 최신 소식, 업데이트, 모범 사례

https://business.instagram.com/blog

(12) **오픈애즈** : 국내 온라인 광고 상품별 클릭률/전환율 등 랭킹 비교 분석, 광고 전반 큐레이션 자료 www.openads.co.kr

세상에
공짜는 없다!

페이스북 광고든 인스타그램 마케팅이든 교육을 '파는' 적지 않은 강사나 코치들이 페이스북 광고가 쉽다고들 말한다. 꼭 틀린 말은 아니다. 하지만 대부분의 경우 사실이 아닐 가능성이 매우 높다. 페이스북 광고는 웹 서비스나 모바일 앱을 기초로 고객들의 행동 정보와 특성 정보를 추출하여 각각의 목적에 따라 맞춤 타겟을 만들어내고, 각 타겟의 행동 여부에 따라 '맞춤 광고'를 집행할 수 있는 타겟 광고 시스템이다. 지금까지 인류가 만들어낸 가장 진화된 광고 시스템이고 그만큼 알아야 할 기술적인 요소나 준비해야 할 것들이 많은 '최고급' 수준의 광고이다.

따라서 이 광고를 자유롭게 운영한다는 것은 웬만한 지식과 경험으로 쉽사리 터득할 수 있는 일이 절대 아니다! 아울러 제아무리 타겟이 정교하고, 멋진 광고 소재를 만들었다고 하더라도 고객들이 광고주의 의도에 따라 그대로 반응하거나 행동해준다는 보장은 어디에도 없다. 모든 게 상대적인 확률 게임이다. 그리고 그 확률은 끊임 없는 테스트와 에러(시행착오)의 반복을 통해서만 비로소 하나씩 깨달아지고, 그 가운데 아주 서서히 높아지게 된다.

다행인지 불행인지 페이스북도 구글도 인공지능 기술을 광고에 도입하면서, 이제는 사람들의 행동 전체를 처음부터 끝까지 추적하여 유사한 전환 행동을 하는 사람들의 모수가 충분히 확보되면, 그 사람들의 행동 특성을 분석하여 광고주가 원하는 전환 행동에 가장 가깝게 행동할 것으로 추정되는 사람들만을 자동으로 묶어서 타게팅해주는 시대로 진입하고 있다.

페이스북 광고에서 특정 타겟을 골라서 셋업을 할 만한 실력이나 자신이 없으면 기본적인 광고 옵션 설정을 모두 페이스북의 '자동 최적화(oCPM)' 옵션으로 놓고 진행하는 편이 힘들게 타겟을 고르고 관심사를 찾아내는 수고보다 더 좋은 결과를 낳을 수도 있다. 결국 마케터들이 해야 할 일은 사라지고, 페이스북은 광고 예산을 더 많이 집행할 수 있는 대형 광고주들의 독과점 광고 수단으로 전락해 버릴 위험도 없지 않다.

다만 언제나 틈새 시장은 존재하고, 대형 자본이나 대형 광고주 틈바구니에서도 살아남는 영리한 상인들은 있게 마련이다. 이들은 언제나 새로운 플랫폼에 대해 미리 공부하고 준비하며, 선제적으로 대응한다. 시장에서 이길 수 있는 최고 전략은 독점이 아니면 선점이라 했다! 이들 전략 이후에 택할 수 있는 후발 경쟁 전략은 모두 한 발 늦은 추격전이고 어려운 싸움을 감수해야 하는 고된 작업이다.

그러므로 페이스북 광고를 절대 쉽다고 이야기하지 않았으면 좋겠다. 더욱이 페이스북 광고와 연동하여 광고 성과를 추적하고 살펴볼 수 있는 구글 애널리틱스나 구글 태그 매니저에 대한 학습으로 넘어가면 공부해야 할 양과 질은 우리의 수준과 한계를 넘어설 만큼 훨씬 더 늘어나고 깊어진다. 이 모든 것을 독자들 스스로 해결하는 것은 기대하기 힘든 일이다. 매순간 포기하고 싶은 유혹이 더 커질 수 있다.

필자들의 바람은, 비록 어느 순간 넘기 힘든 절벽이 느껴지더라도 거기에서 미리 포기하지 않았으면 하는 것이다. 온라인 쇼핑몰은 어떤 플랫폼을 택하든 오프라인에서 매장을 낼 때 기본적으로 필요로 하는 장소임대료, 인테리어 비용, 각종 관리 운영비와 비교해보면 백 배는 더 싸고 경제적인 공간이다. 그러나 그건 어디까지나 온라인 가게를 '오픈'하는 데 드는 비용일 뿐이다.

오프라인 가게는 그 가게 앞을 지나는 유동인구가 있으면 가만 있어도 노출이라도 되지만, 도메인 주소 한 줄밖에 없는 온라인 상점은 전혀 차원이 다르다. 광고나 홍보를 하지 않는 한 그런 존재가 어디 있는지, 아니 존재하는지조차 알릴 방법이 없는 곳이다. 따라서 온라인 상점을 노출하고 홍보하는 일은 오프라인 상점을 노출하고 홍보하는 일보다 어려우면 어렵지 절대 쉬운 일이 아니다.

행여 온라인 쇼핑몰 운영을 만만하게 보고 시작했다면 그건 실패를 예약한 것이나 다름 없다. 요컨대 오프라인 매장을 차릴 돈이 없어서 당장에 쉬워 보이는 쇼핑몰을 택한 것이라면, 부족한 예산만큼 끊임 없는 학습과 손품, 발품을 각오해야 한다. 몸으로 때워서라도 그 부족분을 메우지 않으면 온라인 쇼핑몰로 성공하기를 기대하는 것은 희망사항일 뿐이다. 그런 노력이 뒤따르지 못하는 분들에게는 미안하지만 위로해줄 어떤 말도 없다. 왕도는 없다! 하나씩 공부하고 하나씩 넘어서라!

2018년 늦은 가을에
임헌수, 최규문 드림

페이스북 인스타그램
통합 마케팅

초판 1쇄 인쇄 ㅣ 2018년 11월 20일
초판 10쇄 발행 ㅣ 2019년 09월 10일

지은이 ㅣ 임헌수 최규문
기   획 ㅣ (주)엔터스코리아(책쓰기 브랜딩스쿨)
            yang@enterskorea.com
펴낸이 ㅣ 최화숙
편집인 ㅣ 유창언
펴낸곳 ㅣ **이코노믹북스**

등록번호 ㅣ 제1994-000059호
출판등록 ㅣ 1994. 06. 09

주소 ㅣ 서울시 마포구 월드컵로8길 72, 3층-301호(서교동)
전화 ㅣ 02)335-7353~4
팩스 ㅣ 02)325-4305
이메일 ㅣ pub95@hanmail.net ㅣ pub95@naver.com

ⓒ 임헌수 최규문 2018
ISBN 979-89-5775-192-3 03320
값 23,000원

구독자를 위한 혜택

▶▶▶ SNS로 10억 벌기 카페에 가입해 주세요.
(https://cafe.naver.com/shopmanagement)

▶▶▶ 책의 변경사항이 있거나 추가 설명이 필요한 경우 실시간 업데이트됩니다. 또한 다양한 협업, 지역별 스터디, 스마트스토어 진단 등의 커뮤니티 활동을 하실 수가 있습니다. 온라인 사업을 하는데 있어서 다양한 전문가와 동료들을 만나게 됨으로써 큰 힘을 얻게 됩니다.

▶ 유튜브에서 "임헌수 TV"를 검색하셔서 구독해 주세요. 급변하는 마케팅 환경에 맞추어 필요한 정보들을 동영상 강의로 알려드립니다.

알람신청도 꼭 해주세요! ^^